李在万作品集

第一辑

李在万◎著

UNITY PRESS 团结出版社

图书在版编目(CIP)数据

李在万作品集 / 李在万著. —北京:团结出版社,
2020.9

ISBN 978-7-5126-8176-7

Ⅰ.①李… Ⅱ.①李… Ⅲ.①中国文学－当代文学－
作品综合集 Ⅳ.①I217.2

中国版本图书馆 CIP 数据核字(2020)第 161858 号

李在万作品集·第一辑

出 版:团结出版社
(北京市东城区东皇城根南街 84 号 邮编:100006)
电 话:(010)65228880 65244790
网 址:http://www.tjpress.com
E-mail:65244790@163.com
经 销:全国新华书店
印 刷:三河市南阳印刷有限公司

开 本:170×240 毫米 1/16
印 张:14.5
字 数:210 千字
版 次:2020 年 9 月 第 1 版
印 次:2020 年 12 月 第 1 次印刷

书 号:978-7-5126-8176-7
定 价:100.00 元(第一、二辑)

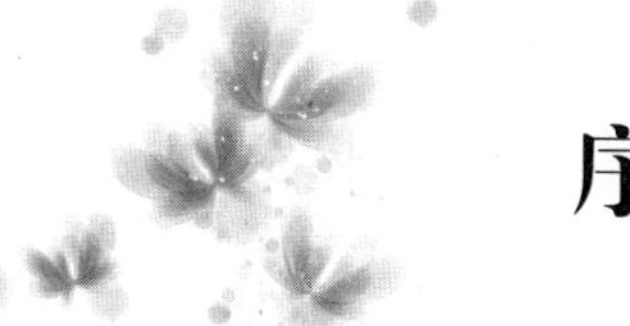

序

我不管曾是个“教书匠”，还是个社会法律工作者，或者是个记者及普法教育宣传者，天生有一个爱好：喜欢和“书”打交道，读书、教书、买书、藏书，与“书”结下了不解之缘。

读别人的书很重要，那是与人类智慧的对话，是攀登思想高峰的阶梯，是摆脱愚昧的途径。但是，仅仅读别人的书，自己就会成为别人思想的跑马场，一架装载知识的活机器，最多落个“读书郎”而已。其实，每个人都是一部书。所以，求人，不如求己；读人，不如读己。打开了，读进去，你就会发现生命原来如此精彩！

梭罗一生写了许多著作，但让他名垂青史的却是在经历了几十年的人生风雨后，来到康科德城小湖边，搭建小木屋，开垦土地种植庄稼和蔬菜，在与众隔绝的宁静中阅读自己，写出的那本《瓦尔登湖》；卢梭在法国曾以平民出身的知识界巨子而著称，但到 50 岁后，他的处境发生巨变，大理院下令焚烧他的著作，把他当成蛮人和疯子进行迫害。那时，整个欧洲都把他当成邪恶的化身，品德恶劣的小人。卢梭最后逃到了圣彼得岛，开始了深刻的反思：自己到底是个什么样的人？他把自己的一生当作一本书，一页一页地认真阅读自己，完整地记录下来，写出了伟大的巨著《忏悔录》，卢梭也因此书而获得了在世界文学殿堂里长久地受人景仰的崇高地位；还有，《理想国》是柏拉图与自己心灵的对话；《论语》是孔子心路历程的记录……

大多数人不是名人，更不是圣人。但是，凡人阅读自己照样有心灵的震颤，灵魂的升华；照样有成功的喜悦、失败的痛苦。打开自己这部书，一章一节地读：少儿时的纯真，成年后的彷徨；学生时代的奋发，而立之后的散漫；激情四射的青春,平淡如水的中年;辉煌时刻的人生高度,失意关头的情感低谷;对名利得失的感悟,对人生转折的冥思;得意时马蹄急的洒脱,坎坷时空自叹的沮丧;曾经拥有过的梦想,正在消失中的追求;已经成为过去的历史,正在构思中的未来……

自己就是一部书。天天有新笔墨,月月有新篇章;笔可不著言论,行必托诸文字;不落文字书自成,无心著述却成书。不知,不了解自我;不翻,不知晓得失;不读,不知道妙处;不品,不辨别美丑。阅读自己就是对灵魂的拷问。

爱默生说得好:“当一个人能够直接阅读上帝的时候,那时间太宝贵了。不能将时光浪费在别人阅读后的手抄本上。”这上帝,不就是我们自己吗?

目　录

第六集 人间真情 / 117

第七集 新闻纪实 / 157

第八集　小记者专辑 / 189

第一集・文学作品

01　《白杨情怀》

相识白桦树，最早是在文学中，白桦的传说，白桦的电影，白桦的诗歌，尤其是电影《白桦林中的哨所》插曲中那动听的旋律，流露北大荒开垦者心声“高高的白桦林里，有我的青春在流浪”歌曲中那忧怨的情调，以及时下朴树演唱的《白桦林》情歌中那缠绵的意境，让我对白桦林陡增了许多美妙的想象，它是白杨树的近亲，还是红豆杉的远邻？它是有人的灵魂，还是有神的秉性？它是亭亭玉立的北国少女，还是威风凛凛的边防战士？不过，好多年过去了，我并不曾有走近白桦林的机会。终于在前年金色的七月里，我如愿以偿。在漠河的大兴安岭里，在鄂伦春的嘎仙洞岩石上，在牡丹江的林海边，我终于领略了白桦青春的芳容、挺拔的英姿、耿直的风采。

白桦真美丽啊！成片的白桦林酷似一道粉墙绿瓦的长城，头顶着辽远的蓝天，足立在广阔的草地，悠然吞云吐雾，巍然挡风遮雨，怡然迷蝶藏鸟。单株的白桦树宛若一位身着雪色连衣裙的青春美少女，情蔻初开地擎着开放的绿伞；也如一个穿着素洁西服的英俊小伙子，潇洒自如地戴着高挑的草帽。白桦树干正直挺拔，表现出蓬勃峥嵘、奋勇向上的精神；白桦树身粉白纯洁，显现出阳春白雪、高洁不俗的气质；白桦树皮洁白光滑，嵌现出深邃有神、勾魂摄魄的凤眼；白桦树枝婀娜多姿，呈现出血气方刚、热情洋溢的活力；白桦树叶椭圆心形，凸现出博爱无私、默默奉献的胸怀。秋季的白桦林，恰如元曲中所描述的“碧云天，黄花地，北雁南飞”风景，片片黄金似的落叶纷纷扬扬地从枝头曼舞下来，与银白的树干，湛蓝的天空交相辉映，俨然一幅欧洲风格的油画。冬天的白桦林，更是一派银雕玉琢的世界，掉光叶子、浑身洁白的桦枝上覆盖着蓬蓬松松的冰雪，犹如从童话传说中走来的白雪公主，神圣奇妙，风姿绰约，妩媚迷人。无论你来自北方还是南方，无论你是男还是女，无论你是老还是少，只要你首次面对白桦树，看上一眼闭上双目，就想做激情燃烧的美梦，往日积淀在心中的尘埃得以净化，人与自然相互依存的理念不断升华，灵魂深处的境界逐渐趋向真善美。

白桦真正直啊！白桦树们乐于群聚，几乎是密匝匝地长着，谁也不妨碍谁，谁也不嫉妒谁，互相依偎、互相平行、互相鼓励、互相攀高地成长着；于是，白桦林便有了这样天生的大气色：树干是正直的，树枝是正直的，大树小树都是正直的；活树是正直的，枯树是正直的，半活半死的树也是正直的，正直的形象、倩丽的身影定格在北方的黑土地上，擎着一种意念、一份凝重、一片追求，诠释着历史年轮的交融，标志着自然生命的延续。看着眼前的白桦林，我蓦然领悟了一个道理：正与直是它们赖以生存的首要条件，哪棵树在生长中偏离了这个方向，即意味着失去阳光和死亡。正是由于每棵树都正直生长、和睦相处、奋发向上，它们才能聚成森林，形成北方田野中最靓丽的一道风景线。

白桦真坚强啊！不管在草原还是在山岭上，不管在湖泊还是在江河旁，不管在道路还是在悬崖边，到处都能看到白桦的倩影。即使在北疆零下三四十度的严寒中，白桦依然生生不息，向人们展示着生命力的顽强。俗话说，人怕伤心，树怕剥皮。可桦树不怕剥皮（皮有油性，从生树上剥下来也易燃能烧），剥了皮的桦树过一两个冬就能长出来；更可贵的是，白桦一旦被烧被伐，要不了一两个春就会重新生出来，再生能力极强。尤其是火烧过的白桦树，长出来后比原先更旺盛。这种“野火烧不尽，春风吹又生”的性格，是北疆山林里任何其他树木都无法相比的。其实，也正是这风霜雨雪的吹打与磨练，才使白桦树的木质细密、扎实、坚固，具有铮铮铁骨。

白桦真神奇啊！白桦树不仅可供人观赏，而且有很高的经济价值和广泛的用途。白桦树和世居在密林中的鄂伦春族结下了不解之缘。鄂伦春人的家简直是一个桦树的世界。桦木门窗，桦木桌椅，桦木橱柜，连墙壁也用柔软的桦树皮当纸裱糊。吃的饭菜也是桦林特产：桦子鱼、桦树蘑、桦汁酒。特别是从白桦树中提取的汁含有钾、钙、镁、铁等 16 种微量元素，是“天然纯净水之王”；制成桦汁酒，饮用后能加快血液循环，提精养胃，是餐桌上最好的保健品。特别值得一提的是，心灵手巧的鄂伦春妇女用桦树皮制作提桶、盆、碗、碟、盒、箱、篓及小孩的摇篮、玩具等工艺品，图案美丽，栩栩如生，多姿多彩，有鄂族人狩猎、张网捕鱼的情景，还有鄂族人习武射箭、跃马练骑的场面。

走出白桦林，离开黑土地，如今已有两年多了，但白桦依然亭亭玉立在我的心里。正如歌曲《白桦船》的唱词一样：我的缕缕思，你的片片情，小小的白桦船，载着我们同行。穿过道道激流，推开层层波浪，风风雨雨在一起，我们永不分离。我的思凝在白桦，我的情系在白桦，我的想聚在白桦。让我想得最多、令我肃然起敬的是祖国各地像白桦一样平凡的人们，尤其是北大荒的开拓者。二十世纪六七十年代，他们在荒原上踩出第一道脚印，冒起第一缕炊烟，唱响第一支进行曲；他们用风和雨、悲与壮、泪和血、思与情谱写的史诗，是志愿者和后来人永远说不完、道不尽的跨世纪的话题；他们在把北大荒变为北大仓的同时，也在特定历史时期创造了顾全大局、艰苦奋斗、勇于开拓、无私奉献的北大荒精神；他们当中至今还有两万多知识青年，默默地坚守着北大荒开发建设的平凡岗位，默默地延伸着无私奉献的艰难道路，默默地迎接着新的挑战、创造着新的辉煌。

（1995 年 7 月 8 日写于吉林长春）

02　《我只陪你今生》

这句话，是女人昨晚做饭的时候忽然从心底里冒出来的，当时男人正在那里打游戏，不知道犯了哪根神经，忽然就在那里叫开了："老婆，老婆，我爱你"。女人知道，男人一定是赢了那把游戏，否则，他不会如此兴奋的。

不过对于男人的叫喊，正在忙碌的女人，权当没有听到，只是撇嘴一笑，男人还在那里唱着，女人已经习惯了男人的这种表达方式，摇摇头，转身把厨房的门关上，抽油烟机轰轰的响起，女人继续自己的翻炒油炸。

在一次向锅里倒菜的时候，一滴油崩了出来，溅到了女人的手上，女人疼的哎吆了一声，连忙缩回手看，手上起了一个小小的红点，女人把手放在嘴边吹了一下，更加小心的把余下的菜放进锅了。

晚饭是红烧茄子和土豆丝，女儿喜欢吃土豆，男人喜欢吃茄子。女人只好各自为他们准备着。

至于女人想吃什么，男人从来没有问过女人，女人也从来没有说过。除了母亲能知道女人其实是个绝对的馋丫头之外，其他人都不知道。女人自己知道最喜欢喝八宝粥了，将绿豆，红豆，扁豆还有花生等等一股脑的放在一起熬制出来，很浓稠的那种，可是男人最讨厌吃，女人做过几次，挨了几次说之后，就再也不做了。

记得有一次，女人对男人说，一个男人，娶女人是要用来疼的。男人就哈哈的大笑，说，这世界上有十个男人，至少会有十一个男人娶女人是为了生孩子做饭的。女人于是闭口不再多说了。因为女人知道，说多了，也是无用，那一整天，男人就拿着女人的这句话当笑话。

虽然是这样，女人还是知道，男人是爱自己的，就如他天天挂在嘴上的唱词一样，女人可以离开男人，因为很多时候，女人要比男人还要独立，而男人却离不开女人。至少今生是这样的。

闲着的时候，男人总是不停的问，问女人是否下辈子还愿嫁他？男人说，他这一生最大的成就，就是娶了女人，但是女人总是不想回答，是因为女人真的在心里想着，如果有来世的话，她不想再嫁给他。

在女人的心里，男人的形象应该是挺拔坚强的，应该是不断上进的，应该能够支撑起一个家，而女人，就应该相夫教子，男人就是男人，在女人面前，他可以充当孩子，但是也能够给女人一个坚实的依靠。

不过也许正因为男人的不断询问，女人意识到，自己从来没有对男人许诺过一个“爱”字。这似乎有点不公，但女人有自己的理论，那就是既然自己已经把一生都交付给了男人。一个爱字，说与不说，已经不重要了。

在女人的意识里，夫妻之间，十年之久，一切已成了习惯，是一种互相之间的依赖，而多余一份言语上的交流。所以，很多的时候，女人只是操劳着，不言不语。

但是女人的内心里，有自己的一份广阔天地。这份天地，男人永远也走不进去，男人的心太小，小的比女人还琐碎。不是女人小瞧了男人，天地良心可作证。

女人于是想，她只陪他一生，但是下世，女人却再也不想把自己交付出去。因为男人与女人之间的太多的差异，谁也无法改变，如果有来世，女人决心要离去。

今生的结合，本来就是一个错误，但是并不是说，错误的结局，就是叛离，女人受过的教育告诉女人，本没有背叛之说，有的只是面对错误的一种承受，那就是一种平静生活的延伸。

错误，有时候就让它延续下去。

女人对男人说过，十年相伴，你已经成了我的一部分。我已经习惯了这份淡然。

这一生，我陪你，一直到你生命的尽头。但是下一世，不要再找我，你有你的生活，我有我的路。

（1999 年 2 月写作于三峡库区记者站）

03 《重阳登高与野山菊》

重阳节快到了，那天向那条香山山道上走去。快到深秋，已是有落叶，就是露水也变得十分凝重，山风，本就拥有一份狂野，现在，夹带着浓浓霜的寒意后，更显得冷冽与无情。

天气预报北方要下雪了，此时山坡上笼着薄薄一层乳白色的轻雾，一丛丛黄色的花朵，在白雾的烘托下，显得那样的夺目。“西风昨夜过园林，吹落黄花遍地金”王安石看到的是园林中的菊花。与这锵然亭立，满地的野山菊，韵味是不同的。

时下北京的公园，也是菊香满园，不论是品种、花色、造型，都可谓是五彩缤纷，争奇斗艳，赏心悦目。但那毕竟是通过人工精心培育和打造出来的，它们能生长成那样的多彩多姿，只是靠主人的施舍与恩赐。与这些生长在山野之中，毫无修饰的野菊，是不能同日而论的。

在我的眼帘中，这小小的山菊花，就如精灵一般，独立在西风的秋寒里，向萧萧落去的旷野，显示着一种生命的顽强。

看着秋风中的野山菊，心音似鼓地被敲响，思绪伴随着浓浓的秋韵，拨开一圈圈轮回的四季。它不再是一丛开着黄花的野山菊，而是一篇乐章。在这乐章中你能看到它春的无言，能看到它夏的汗水，能看到它秋的绽放，但，你绝对看不到它冬的眼泪。这样的乐章，就是生命历程的真实写照，只有拥有顽强的斗志与坚韧不拔品质的人，才有可能做到心归东篱，笑看风云。

看着满山的凋零，红枫的燃烧太过热烈、太过耀眼、太过招摇。只有你的一掬淡黄，才恰到好处地，写出了旷野中，秋的真谛。只要摘下小小的一朵，别在胸襟上。恍惚间，自己似乎也变得嫩黄了起来。在淡淡菊香的熏陶下，也会使自己成为一枝开在人世间的野山菊。不想招蜂引蝶，更不企求能凝聚那些欣赏的目光，只想幽雅沉静地生成，与世无争的飘逸。

野山菊，你在身后一路枯萎中走来，轻轻的足音从不想惊动谁。你将那淡淡的黄，随意地抹在荒凉的山坡上。你无言地受领，秋风无情的膜拜。默默地承受，寒雨的冲刷与洗礼。你将根深深地扎在这片黄土地里，将生命中最美的那抹淡黄，舞在这最萧条的季节里。

野山菊，有一种轻灵出尘的神秘。看着这金黄的颜色，就会让人看到生命燃烧时，所迸发出火一般的蓬勃颜色。就会让人看到梵高笔下，那棵让人看了都会为它激动，为它鼓舞，为它振奋，散发出蓬勃的朝气，蕴含着强大生命力的“向日葵”那种最本真的颜色。

［2000年10月6日（重阳节）写作于中国政法大学］

04 《风从村庄走过》

（一）

风是村庄温柔的手指，它捧着春天温湿的气息，抚摸过田野的肌肤，就会有嫩嫩的小草拱出青青的脑袋，有含羞的花苞探出绿色的枝头。

当风的温度暖开了漫山遍野的杜鹃花时，天边飞来一群蝴蝶，带了一些芬芳的诗行，穿行在花丛中。这时，风是花朵的侍者，携着香甜干净的话语，在蝴蝶的舞蹈里，让村庄沉醉。

俗话说春风如剪，那一溪杨柳，被春风修剪成一绺绺的青丝，风情万种，摇曳多姿。那些轻灵的燕子迫不及待地赶回村庄，让一阕阕青翠的歌吟，穿过千绦绿意，俏立在柳枝上，向天空唱响崭新的乐章。

风经过村庄的时候，会将孩子的梦想系在三月的风筝上，让它在蓝天的怀抱里尽情地飞翔。它还会把村妹子羞涩的心事放进一片云里，并簪一朵花儿插在发髻，让人想起纯朴俏丽的山茶花。那时，村庄背后的山坡上就会有许多情事，如酒一样醉了一些小伙子的心思。

风儿撩拨着村庄的情感，一切事物都借着风的温情生发出很多浪漫的情节，村庄焕发出蓬勃的生机，在风儿柔柔的抚慰中走向夏季。

（二）

风从春天的柔情妩媚中走来，怀揣一腔热烈的激情，引领着村庄扑入夏天火热的怀抱。

风是村庄天然的空调。太阳将热情倾洒在土地上，田野躁动的情感如炙热的火焰，耗尽身上仅有的一点水汽，这时有风骤来，带一阵清凉的雨，硬把村庄清洗得碧绿透明，不染尘埃。彩虹总是适时地挂上天空，与风开始一次亲密的接触，使得村庄愈发风情卓越，清秀旖旎。

那时，风经常或热烈或平静地给村庄带来新鲜的气息，为一些浮躁的心灵送来清新的语言，让大地的身体更加丰满，让镰刀和锄头去追赶一些小麦和蔬菜的香味，用炽热的语言与简朴的日子和平凡的生活对话，让清凉的歌声在月亮与泉水的窃窃私语里荡漾。

在夏天，那些居住在城市里的人们好想让自己变成一只鸟儿，从高楼的方格子里钻出来，飞向村庄高远的天空，让那些穿越田野的风吹去他们的浮躁，吹去他们的疲惫。

风是夏天招摇的旗帜，让鸟的翅膀拍打的更加有力，让森林的情感更加茂密翠绿，让村庄的思想站在一个更高的位置；风又是一只没有翅膀的火鸟，用优美的弧线把梦想交给飞翔，猛烈地将村庄推向秋天。

（三）

风行秋天，让枫叶与草地在感受成熟的气息中，着上金黄的色彩，向广袤的天地虔诚地献上村庄斑斓的心意，让生命在这个最灿烂的季节充满热烈的情感，并用成熟的语言记载下村庄对生活的热爱。

风舞的叶子如一枚枚彩色的蝴蝶追赶着鸟的翅膀，飞离枝头，翻过黑色的屋顶，飘入农家小院，贴过凉绳上的花被单，落在雕花的木窗，于是有一双黑色的眼睛又一次跳跃出火焰，矜持的情怀再也按捺不住心潮的冲撞，终于在村庄叫响的唢呐声里，蒙着一方大红的盖头，飞向山外。

风吹落了一些生命的叶子，却让另一些生命在叶子跌落枝头的一刻具有了崭新的含义，生如夏花之绚烂，死如秋叶之静美，让所有的生命因了风的砥砺而更具诗的意蕴。

秋天收获了最后一滴汗水，风便开始为村庄做彻底的清理，它将那些趋于枯萎或死亡的生命埋进泥土，给大地一份厚重，还蓝天一片纯净，然后走入冬天的梦境。

（四）

风以摧枯拉朽的气势，将冬天交给一场雪，村庄便在雪花剔透的晶莹里归入宁静。

季节是风经的驿站，村庄总有一些痕迹让我们想起风。风走过冬天的村庄，将梨花插满枝头，为山郭披上银色的盛装，也将沧桑的岁月贴在父母斑白的双鬓。那时，门前的椿树上，常有鸣唱的鸟雀站在村头，陪伴着他们向着儿女归来的方向张望。

风把人们逼进屋子围着炉子取暖。老屋被父亲收拾得干干净净，生上炭火，也不用担心熏黑了墙壁。母亲就守在老屋里，守着父亲给她的温暖，一辈子不愿离开。母亲说不管哪里的冬天，都没有老屋的暖和，都比不上村庄的干净。

风让雪花舞作漫天的喜悦，洒向村庄的每一个角落，于是所有的事物都保持一种平静的心态，在沉默中进入冷静的反思，让肉体和灵魂都经受严寒的洗礼和考验，最后在某个黎明突然醒来，发现村庄已经变了一个新的模样，一阵新的季风正从高山吹来，带着村庄走入新的季节。

风从村庄走过，拥着清新和自由，在四季的更替中，延续一段人间的美好，叙写村庄的另一段真情，引领村庄不断走向物质和思想上的成熟与丰富。

（2003 年 5 月 23 日写作于重庆忠县）

05 《爱凝雪莲》

出淤泥而不染，是你吗，夏莲？梦千年而纯然，是你吗，睡莲？居位高而不傲，是你吗，雪莲？

雪莲，踏着心灵的节拍，走进我的季节；沿着情感的脉络，渗入我的心田；读着拾遗的《本草》，高洁、高雅、高尚跃进我的眼帘：“大寒之地积雪，春秋不散，雪间有草，类荷花独茎，婷婷雪间可爱。”天山上的花朵，天书中的仙草，天堂里的怀想。

自古以来，就有不少咏梅的傲骨之激情诗篇，也有挺多的颂松赞竹的歌赋，却唯独没有人对雪莲予以歌之予以赋之，心中不禁甚是怅然和失落。也许，是你孤傲的冷艳，让那些凡夫俗子不能甚至不敢轻易的点评；或许，是你那远离世俗的尘嚣，使人望而生畏而不敢亵渎。你那童贞的纯，让我为之敬慕；你那脱俗的美，让我为之倾倒；你那纯净的艳，让我为之癫狂。

凡尘绽放的一朵独秀。碧绿的心情之上，盛开一句洁白的经典，成为传世格言。在清澈的倒影里，审视疲惫的岁月默而无言。冰肌玉骨透露着纯真。绿叶之上的莲花不去占有春天的怒放，也不向群芳夸耀丽质，但凭无以比拟的高洁植入诗魂。激情的燃烧中，每片鲜嫩的笑意，彰显出心底的喜悦，化作一潭遥远的思恋。在萧瑟的北风里，历尽风霜，丹忱依旧，洗尽铅华，默守芳心，隆冬绽放，足以幸福生命——春的芳菲，夏的热忱，秋的富饶！生命因你而明白了纯净的内涵，天地因你而增添了太多的精彩。让我们一起放飞心中的神圣，伴着这朵圣花一起升华到理想的家园。

古典恪守的一种荣誉。苦心修炼于云深不知处，用丰满纯净的身体深刻生命的大意。捧起雨季，捧起风雪，捧起上古的阳光。裙裾飘飘的莲，睡在似水柔情之上，总将世袭的一腔心曲怒放，让风浮动暗香，让云四海为家，让鹰鹏程万里。那妖艳的红，也不再世俗；那青春的绿，也不再骄傲；那孑然的孤独，也不再凄凉。更多的是一种精神的支柱，丰富的是一种信仰的底蕴。当我们接近世俗，是否有如此的心境呢？当我们离开儿时淳朴和厚重的乡土的时候，还是否有如此的精神和信仰呢？轻轻把一朵莲植于心中，一座天山就卸在炙热炙热的八月；雪一样白的莲，激荡起了纯洁的热血。

圣洁安住的一团灵魂。这静谧的天路，谁的等待竟被莲足叩响？谁在红尘之中把那支红烛点燃又熄灭？谁站在时光的背后慈视着我？我是否是你梦中等待的那一个人？你如莲的幻影，冥冥之中将笼罩我一生。你是否是我梦中呼唤的那一个人？透过这平淡的生活，我的心一度贴近真，贴近你的芳心，让我幽闭的灵魂，在你的情空里飞翔，涂鸦你的蓝图；让你淡雅的芬芳，在我的心房里温馨，实现我的美梦：今生难共剪，来世长厮守！

当我仰望的目光与你闪烁的秋波碰杯，躺在一瓣莲上酣睡且入梦，你在梦里，我在梦外。一抹微笑是嫣红的美，无关过去和未来。居于一座天山中花落又花开，我在梦里，你在梦外。只能和你的倩影相拥，饮下没有说出口的结局。疯长的思念开始凸显，梦破了洞，以莲的花瓣为舟溯水渡向你。在你随时间慢慢舒展的寂寞里，倾听你，涉过红尘而来的轻歌，于是在心灵最深处，栽种一株浅浅的思恋，似雪莲一样深沉与凝重，把今生来世的希望，都化作淡淡的眷恋与思想。

我思我想，不粉黛矫饰，痴痴傻傻的梦雪莲；我眷我恋，不遮掩念头，载我漂泊的漓江水。天山雪流芳漓江，多少闪光的事物正在消逝，多少梦里的时间正在向着一个心跳的终点狂奔，一脉千古不断的情缘，每朵浪花都储藏着风暴的心，倾听着自己血脉中远古不断的涛声。聚也依依别也依依恨也依依，历尽沧桑我的帆更加洁白。如今虽然它落下轻盈、落下深沉，任心舟安排自己的梦境，那拍岸的涛声，是滑出了梦与醒边缘的鼾声，敲打着月亮，将莲瓣上露滴照亮，将不能诉说的洁白藏进灵魂，熏染梦里的期待，萦绕梦外的情怀。

（2004 年 8 月 18 日写作于新疆昌吉州）

06 《十月秋韵》

十月，落叶染色飘零。远望，满眼依然有些葱茏；近看，那些绿色里，早已悄悄浅淡了春夏时的脆嫩水灵，间杂着一块一块斑驳的黄。

秋风，灌满了行人的长袖衣衫。街道两旁的树木，不再衣着光鲜苍翠欲滴，而是有了生命轮回的沧桑；争艳的群芳一洗往日的娇艳亮丽，回归到了与大地同色的质朴与沉着冷静；草坪上的如茵碧绿也被镶入了枯黄斑驳的背景，呈现水墨画般的意境；天高云也淡，湛蓝的天空，浮着大朵大朵不染杂色的白云……春夏的灿烂繁茂之后，一切归于含蓄归于冷静，归于成熟归于平淡。

季节的风，裹着九月空气里越来越凉爽的味道，开始着意描绘写意秋景，把漫山遍野的叶渐次吹向了黄绿、金黄，让累累的瓜果染上了艳艳的秋色。

秋风起，天转凉，叶化蝶。漫天旋舞的枯黄，辞别了枝头，在秋风中优雅的划着季节更替的节拍，舞动着自然的韵律，纷纷扑向大地母亲的怀抱。叶随风舞，如无声的秋之歌，不羡春色，不慕夏容，坦然接受萧瑟的宿命，枯瘦却富足，飘落却从容。一枚黄叶，飘落于温热的掌心。是在诉说着此时的静美，还是在告诉我关于秋的欢欣？历尽风雨沧桑，等来的依然是独自漂泊，衰竭的黄叶却依然无怨无悔，安然随秋风飘落化为尘埃，因为她已将生命的活力传递给了年轮，把如诗如梦的祝福留给来年的绿叶。片片黄叶，既是生命的终结，也是新生命的轮回，生命正是在终结和轮回中循环往复，生生不息。

当片片叶儿如蝶飘飞，只要用心去倾听，就一定能听到一种深情的诠释：从早春的某个凌晨开始，叶芽就静静地在枝头蓄势萌发，将每日的成长，努力的浓缩在每一条细细的叶脉里。风雨的洗礼，虫噬的考验，动摇不了叶儿心中对秋风的期待。它以深情的目光，坚定的信念，等待着秋风。当幸福降临时，它带着满身灿烂的金黄，成熟的沧桑，舞姿翩翩投入到秋风的怀抱。欢乐的到来，又快乐的归去，这何尝不是对生命的一份体验一份感悟？“年年凋落旧叶，而以此渴望来年的新生，它才没有停滞，没有老化，而目标在天地空间里长成材了。”

秋不是寥落，她有其极丰满厚重的一面。秋叶落了，枝头上却留下甜蜜丰硕的果实；被秋风精心剪裁过的秋树秋山秋水，又有一种“删繁就简留清瘦”的丰姿秀韵。

秋风不是悲情曲，落叶不是伤感舞。落的是叶，淡的是心；稀的是叶，浓的是情。徐志摩曾把感情与落叶作比，“你们不爱的尽可以随意的踩过，绝对不必理会；但也许有少数人有缘分的，不责备他们的无用，兴许会把他们捡起来揣在怀里，间在书里，想延留他们幽淡的颜色，感悟生之意义”。

春生夏长，秋收冬藏。春是播种和希望，秋是成熟和收获。秋天因为收获而呈现饱满的亮色。秋天对于人生，意味着成熟而不是老气。人生如四季，走过春的绚丽，经历夏的炽热，秋属于不惑的中年，说不上大彻大悟，伤感也好，欣然也罢，坦然最好。

秋天的美，美在宁静高远；人生之秋的美，美在醇厚淡然。

（2004 年 10 月 10 日写作于万州大田）

07　《秀才的故事（新编）》

我是故事大王。鄙人既不是进士也不是举人，而是一个落第的秀才。既然提到秀才，那今天就讲一个穷秀才的故事：

从前有一个穷困潦倒的秀才。日上三竿才起床，忽然听到街上锣声哐哐的响，原来是他们家邻居：在朝中做御医的老医官告老还乡荣归故里。

秀才每日隔着两家之间的女儿墙与邻居老医官打招呼闲聊，经常能看到御医在为邻里看病、煎药、尝药。突然有一天秀才没有见到御医的身影，一打听才知道原来是老医官病了。秀才喜上眉梢，忙跟老伴说："我要发财了。"老伴以为他疯了在说胡话，便伸手去摸秀才的额头，这下激怒了秀才。"别闹！不信你可以和我打赌……。"

秀才把家里仅有的二十文钱带上，哼着小调出了门，到街上钆了二斤肉用马莲扎好提着到邻居御医家探病去了……来到御医榻前寒暄后，秀才问起御医得的是什么病，只见御医摇头不语。秀才说："您老的病我能治。"老医官睁大了眼睛说那就快把脉吧，秀才说把脉我不会，我只会辨证施治。老医官说不管你会什么能看好病就行。秀才说病不能白看，要收费的。老医官说那你就开个价吧。秀才伸出一个手指，御医说一两？秀才摇摇头，御医说十两？秀才又摇摇头说只少了个千字。御医先是一愣，随后说行，只要三日内能医好我的病便给一千两银子。秀才说口说无凭要立字为证。医官叫家人拿来文房四宝与秀才立字据，而后秀才便开始书方。老医官伸长了脖子去看，只见秀才刚写了两个字老医官就一拍脑门恍然大悟，说道："真是医不自治"。你们知道是哪两个字吗。原来是"甘草"二字。医官叫家人抬一千两白银随秀才回家，秀才说不是三天后吗，医官说不用等了。

秀才欣然回到家里。老伴不解的问："我怎么不知道你还会给人看病？""御医得的是什么病，你给看好了。"秀才先讨了口水喝，然后摇头晃脑、慢条斯理地说："作御医的是给皇上看病的，每次开了方子煎好药都要自己先尝一尝，没有问题才敢给皇上吃。多年御医生涯早就养成了这种习惯。回到家里给百姓看病同样要先尝药，久而久之百药积聚体内一旦时机成熟就会发作，这是我隔墙看到的。"老伴问："那你给他开的什么药？"秀才说："只一味'甘草'而已。"老伴不解……其实很简单，在诸多药典中都有关于甘草的说明，甘草：性平或微温，有补气、解毒、调和诸药之功效。

秀才屡考不中，在家博览群书虽谈不上会看病，却也了解病理、药理。这次却是天赐良机让他偶发横财，从此过上了富裕的生活。故事到这里就讲完了。

讲故事的人是在说法，听故事的人只能是"仁者见仁，智者见智"了。

［2005 年 2 月 8 日（大年夜）写作于广州增城区三峡移民新村］

08 《乡恋就是那道河》

——评散文集《远逝的帆影》

近日，读罢好友薛开美的散文《远逝的帆影》，不禁让我想起了蒙古族歌唱家腾格尔演唱的《天堂》。他那用自己的心纵情歌唱的歌声，他那从心底里奔流出来的激情，他那生动凝炼的歌词，每次都让我震颤的心灵随着他那优美动听的旋律飞到了我那阔别已久的故乡。他唱道：故乡——我梦中的天堂……那绿色的草原，那成群的牛羊，那飞驰的骏马……这就是腾格尔的故乡。而今，我看到开美在这部书里，也是满怀深情地歌唱了他的故乡。那道河上的片片帆影，那河滩上梦幻般的岩石，那星星点点的农舍，那绿油油的稻田簇拥的荷塘，那在房舍前抽着老烟的乡亲……这就是他常常梦游的天堂——故乡。他对故乡的一腔爱恋，就像汇入澧水最终流入洞庭湖奔向大海的道河水，源远流长，永不枯竭；他的一腔爱恋，也像永不熄灭的灯火，永远照着他前行的路。所以他永远保持着对故乡的忠诚。

怎能不爱故乡？那是生他养他的大地，那是他人生印上第一行足迹的大地，那是他抖落过天真的笑声和带有野性哭声的土地，那是把他搂进怀里一天天奶大的肥沃的大地……即使有些写在匆匆旅途的文章，也能触摸到他对故乡的眷恋之情。他是怀着对故乡的依依恋情写他乡之文的。如他写苏州，说“苏州之美，美在小桥流水”，他走过多少故乡的小桥流水，是难以计数了；他写周庄，说现在看到的只是水乡的身子，而水乡的眼睛，就是你们要去的目的地——周庄，他就是在临澧这个江南最具典型的水乡里泡大的，“水乡的眼睛”，多少次温存地抚慰过他；他写湘西鼓手小阿雅的生动形象，不就是对故乡的“澧州大鼓”的一种情感的伸延和连结吗；他写“沱江的夜”，说“这一夜，我做了很多梦，梦里却没有了沱江”，他一定梦到了家乡的道河，道河水在他梦中静静的流淌……

由于他这样爱着故乡，眼睛里总是浸泡着泪水，所以他写故乡的文章，就显得感情真挚，真切动人，有着震撼人心的艺术魅力。读读《流逝在道河边的记忆》，读读《远逝的帆影》，读读《我的战友，我的父老乡亲》这一辑文章，我的记忆闸门也被他那排山倒海般的激情所撞开，泪水差点儿掉下来了。

看看他是怎样抒故乡之情，表故乡之爱的。

开美“牧童王子”的生活，是一幅幅绚丽的生活画卷：“黄昏，那残留着一缕玫瑰色晚霞的黄昏，河边空旷而静谧，十多个小伙伴，一人一头牛，走在乡间的小路上，那充满童音的歌声、笑声，以及赶牛鞭儿的噼啪声，穿过淡淡的雾霭，撒向暮色苍茫的山野……”（《流逝在道河边的记忆》）好一幅《牧归图》，给人留下了许多美好的想象空间。

开美描绘的乡村美景，流露出他心中永远珍藏的爱：“村外除了极少数的稻田，便是蒸腾着雾气的湖水。湖水中种满了莲藕。春天，那嫩嫩的、刚钻出水面的荷苗，似一个个亭亭玉立、羞羞答答、身披轻纱在碧波上沐浴的仙女，美丽极了。夏日，湖畔浅水处，密密匝匝长满荷叶，宛如一把把绿色小伞，将湖面掩盖得严严实实，那一枝枝含苞欲放的荷花，又俨然像从绿色纱帐里伸出的一只只粉拳，盈盈欲滴，清香阵阵，沁人心脾。每到雨季，微风轻拂着荷叶，沙沙作响，雨点打在叶子上，发出悦耳的音乐，好像一首催人入睡的夜曲，美妙动人。”（《湖乡情》）他这样对莲湖多角度的描写，生动形象的比喻，把声、色、形表现得淋漓尽致，正衬托出了他对家乡的深深的爱。

特别是他对养育他的父母，对众多的父老乡亲，写得鲜活而有个性，如对薛道士、向聋子以及他的倒下的战友、房东的娇女青虹等的描写，绘出了他们的生命轨迹，彰显了他们的生命能力，倾注了他满腔的热情。其中描写人物的细节，写得真实感人，简洁而形象。如写父母送他参军入伍时，他看到：“就在汽车缓缓开动那一瞬间，我看见父母在刺骨的寒风冷雨中用衣袖擦拭着眼角的泪水和雨水……看到母亲在寒风中飞扬凌乱的头发和父亲饱经风霜的脸，皱纹如刀刻，（无言地昭示着半生的沧桑，我顿时心如刀绞）……汽车渐渐开动，父母的身影隐在那一团黑黑的人群里，再也找不见……”（《百色，我的第二故乡》）这幅送别时留下的父母背影图，永远留在了他的心头，怎么也挥之不去。其他还有向聋子丧妻时对着沙溪河干嚎的细节，薛道士傍晚喝酒后回家喊媳妇开门的细节，等等，都是来自生活的，写得形象感人。

如上所述，翻开开美的这部新书，顿觉浓郁的生活气息扑面而来，一幅幅美妙的画面让人眼睛一亮，一些农村人物呼之欲出。可见他在艺术的把握上，人物塑造上，主题开掘上，审美的流程上，都很见工夫。他的情感波动是那样的莹亮，人格内核是那样的圣洁，个人情怀是那样的弘广。可以说，他对故乡有一颗永不泯灭的童心，对父母有一颗反哺思报的孝心，对乡亲有一颗火热滚烫的爱心。所以他的感恩在行动：常常回家看望父母；自己带头捐款为家乡修路；给上大学困难的孩子资助；替摆渡老人背米、给钱；祝南下打工的青年人一路平安……而他的最大的感恩行动，便是推出了这部写他们的书，把他们的一生辛酸写了进去，把他们的喜怒哀乐也写了进去。他是一位有良心的作家，他也是一位有社会责任感的作家。

在开美的笔下，怎不见高楼大厦入云天？怎不见灯红酒绿惹人眼？怎不见行人如蚁争利忙？怎不见车辆如织嚣声喧……像我们这些乡下孩子长大后带着两脚黄泥走进了都市，但把自己的心永远地留在了乡下，把自己生命的“根”留在了乡下。绝大多数有品位的乡下人进城后，怎么也不能把自己的全部情感融入繁华都市，所以才能永远像乡下人那般纯朴，那般忠诚，那般善良。开美感慨地说:“留在心里的，都是美好的。”愿开美的这些美好回忆能够呼唤出更好的美文华章!

（2009 年 11 月 20 日写于重庆山城）

09　《美丽湖城——万州，我的第二故乡》

一直，我都是一个幸运的人，生长在一个幸福的大家庭，从小两父【生父、养父】爱如山，两母【生母、养母】爱如海，有哥哥姐姐的保护，有弟弟妹妹的爱戴。小时候长在山清水秀的农村，冬天有白鹤归来，夏天有水鸟纷飞，从春到冬，山清水雅，一条小河从家不远的小山沟流淌奔流远方。因为从那时起，我的名字注定与这座城市有不解之缘。

诗人说:“河流是一座城市的幸运。”我一直都在为自己一生中的工作、生活而感到幸运。万州——重庆三峡库区最美丽的城市，我曾在那里工作、生活了整整 15 年。工作、生活在被誉为母亲河的长江边上，值得我骄傲，值得我深感幸福。我深爱万州，深爱抚育着中华儿女的长江。我爱上长江，爱上万州，因为它已经注定成为我生命中永远铭记的地方，成为我人生中的第二故乡。

长江江水穿城而过。长江——一条世界闻名的河流；城市，是一座被中外游人誉为祖国内陆“维多利亚”的平湖滨城。一条江，是长江，一座湖，是平湖，一个伟人命名，“更立西江石壁”后碧波万顷的河道型湖泊，一座城，平湖新万州——我的第二故乡，我工作、生活过的城市。生长在内陆的人们天生向往大海，爱海的辽阔、深邃、博大，喜欢“面朝大海，春暖花开”的感觉。繁星月夜下看万州，看长江、平湖，真好像海一样诗意、浪漫、大气。过去，由于工作和生活节奏太快，我没有来得及每天去抚摸、细看这座城，这长江，直到我准备离开它之后，才深感这座城，这条江的美。今年初春，我站在太白岩上，面向长江和万州城区，才感动这里是那么美丽，它的胸怀那么宽广浩大。春暖花开，年复一年，我该如何感谢这座我既陌生又熟悉的城市和那条长江，感谢建设了这座城市的人，感谢这一江水与这座城市缔结了盟约，让这个城市丰富、开放并贯通，使这座城市与这座城市的人一一铺展开来。

近日因公回万州。办完事后，闲散无事，畅游在这个浅夏的万州，一个人，坐环湖公交，经北滨路、长江二桥、再经区政府、三峡移民纪念馆、南滨公园、五桥、长江大桥、三峡体育馆、移民广场、钟鼓楼……

从万州老城到北山片区，在雾霭中我站在这两地江边观去，各自都是若隐若现的，回眸一瞥颇似海市蜃楼。从长江大桥穿越这一江两岸的万州城，在浩瀚江水的衬托下格外大气。从车窗迎面而来的城市中建筑群林立，北滨大道内侧、和平广场、高笋塘等地上耸立的一片、数栋拔地而起的高层建筑，更点缀出城市的现代韵味。再加上一排排水边摇曳的古老黄葛树，老万州的地标性建筑——西山钟楼；新万州的地标性建筑——三峡之星体育馆，这座依山傍水的城市耐人品味。

这座城市的浅夏刚至，江南江北的草绿山清和着现代化建筑物们倒映在江里，有汽笛声响起，船舶走过，水景交融，阳光被撕成碎金似的漂移在江面，有风吹过，杨柳、银杏和着泥土的味道迎面扑来。漫步在晨曦中的江边，看早晚锻炼的人们、看亦快亦慢走向公交边上下班的人们、看背着书包戴着红领巾的孩子们、看有沿江水际边洗衣的岸边洗衣的人，洗澡的人、和我一样漫步的人……因有了三峡水库的原因，这长江水变得温柔了起来，慢腾腾的流淌着，有万州人携手，有季节的左右相伴，还有那些沿江的茶摊、面摊、小吃摊，春夏秋冬驻守在那里。春有花团锦簇、夏泳长江流水、秋品两岸果香、冬赏霜花雪扬，这个城市，被长江带着流动起来，百转千回，婀娜多姿呢。热烈欢迎到万州来，身装红妆拥抱你。

行至万州长江大桥，看长江把这座城市分为南北两岸，桥上人来人往，车来车去，桥下江水温情。我喜欢一个人，坐上一辆沿江而过的公交车，游荡下去。去和回的左边右边江都缠着你绕着你，像一个妇人，那么全方位的爱抚着她的孩子们。今年浅夏的阳光就已经很热情了，把车窗外碧绿的树叶都晒低了头，阳光透过树叶的空隙想钻进车厢里，最后也只能被车窗挡在车外，固执着洒进来的碎片被车内清凉的空调给吹没了脾气，只是一点点一片片的颜色罢了。现代化的科技、现代化的思想，哪能让万物自然有它们自己的思想，只能曲意的被改变了原来的本样。不过还是有倔犟的树枝长过了马路边时不时擦挂车身，伸了手指就可以触摸到它们多情的张扬，这一切犹如万州的女人，无论哪个时代，社会怎样变化，都妩媚而不妖娆。

万州码头夏夜的江边，万州特色小吃在沿江下去应有尽有：牛肉面、格格、凉面、酸辣粉、包子、炸酱面、鸡子、串串、螺蛳、鱼头、青蛙、各种各样的凉菜、还有鼎鼎有名的万州烤鱼，烤鱼有焦香的鱼肉配上清香的芹菜花，有荔枝味的，也有麻辣的。与一二友人对座于江边，捡喜爱的口味上来，再加上冰凉饮料或啤酒，绿树成荫的滨江大道凉风习习，围坐在一起就看这江风美景，喝着冰镇的啤酒，津津有味的品着各种美食，海阔天空的谈天说地，看万州美女风情的身姿，脚下是碧绿江水的一座城市，醉卧江风听水眠，那份惬意唯此处仅有。

因工作变动，我居住过成都、深圳、呼市、上海、武汉、重庆、北京等大都市，但都远远比不上我喜欢这座城市的情怀，虽然还比不上大都市的繁华与富裕，但也具备了大有前途的软硬条件，是座百年老城，更是一座海陆空发达的现代化标志性城市。关键是这个城市的人民勤劳善良、友爱热情。如果你到万州来，这里一点也不复杂，像这里的男人一样简单，女人一样风情。在这个城市分天城、五桥、龙宝、江南四个主方向。滨江路和几座长江大桥，有点像重庆渝中半岛的规划布局，不仅有上下半城的区分，也有多条跨江大桥的内外连接，构成了江城坡地特有的建设格局。看着一片片新建的江景住宅小区，一块块拆迁待建的临江建设用地，似乎在预示着这座城市的快速崛起。河流是一座城市的幸运，有河流的城市早晚都会奔腾飞跃，她像一位深闺的女子，初长成，人未知，天生丽质难自弃，有朝一日，回眸一笑百媚生。

我深爱万州的山山水水，上帝之所以曾经把我送到万州来，或许是我从小就对山对水有一种特别的情怀，就像初恋时的那份爱恋，不得相忘。万州是小山城，重庆美女多，万州是个窝；当然这里的特别之处还是灰白色的山雾，它像女子肩上的轻纱绕在这座城市的肩上，常年与城不分，窈窕迷人；小山城还有特别的辣，这雾与辣二者滋养出水色独特的万州儿女，如酒，醇厚而清馨。

万州的水是碧绿色的，高楼是暖灰色的，衬底的青山是灰绿色的，色调虽不是很协调，但城入水，水漫城，城在水中，这美妙也可以称得上美不胜收了。万州就是具备完美的山水构图要素的城市，我去过的一些平原城市只能带给人平面乏味的视觉。山城万州具有“二水分流，三岸对望，群山环抱”的自然山水格局，而且有着水际线、山脊线的立体组合，有着不同寻常的城市风貌景观特色，符合中国传统山水画平远、高远、深远的“三远”审美理念，尤其当水际线上升到与城市融为一体的时候，当这条水际线因两三米之隔的南北滨江大道上奔驰的汽车而呈现出动感而非生硬的特质时，于是便诞生一种无与伦比、自然天成的视觉美——无论南望还是北看。叫我如何不爱，我的秀丽多姿的家乡万州。我相信这万顷碧波的万州在不久的将来定如出水芙蓉千娇百媚。

不信你看那：随着长江三峡大坝2010年10月蓄水至175米，昔日奔腾不息的川江激流已被波澜不兴的河道型湖泊取代，毛泽东词《水调歌头·游泳》“高峡出平湖，当惊世界殊”里的“高峡平湖”已然诞生，一个新的峡江地理概念“三峡水库”正在兴起。三峡成库后，库岸没有了河滩，只有水际线。陆地与江河只有一线的界线，而这一线，在175米蓄水后与万州这座城市与市民几乎是零距离的。“仁者乐山，智者乐水”。有幸的是，万州是建设中的重庆直辖市的第二大城市，万州城兼具山水之美。更有幸之，我曾生活在这座一江环带一座高山平湖上的一流滨水宜居城市长达15年，这座城市和这座城市的人们是多么幸运和幸福啊。

站在万州机场俯瞰万州，三峡库区蓄水到设计标准175米水位后，给了万州城区南北滨江路之间加上苎溪河共近30平方公里，相当于5个西湖的宝贵水域，更让蜿蜒长达20余公里的水际线看上去别有一番美妙意境——水天一色，湖城共生。而长江水仍在流动，经长江二桥向东、向东。我在想，如是深秋时节置身其中静坐观景览城，会使人不由忆起辛弃疾的名句——水随天去秋无际。

美丽的湖城，我的故乡，我和其他深爱着您的儿女们一样，为了实现自己的“梦想”，不得不暂时离开您的怀抱。再见吧，万州；再见吧，我美丽的故乡！

第二集・随笔杂谈

01 《阅读自己》

我不管曾是个“教书匠”，还是个社会法律工作者，或者现是个记者，天生有一个爱好：喜欢和“书”打交道，读书、教书、买书、藏书，与“书”结下了不解之缘。

读别人的书很重要，那是与人类智慧的对话，是攀登思想高峰的阶梯，是摆脱愚昧的途径。但是，仅仅读别人的书，自己就会成为别人思想的跑马场，一架装载知识的活机器，最多落个“读书郎”而已。其实，每个人都是一部书。所以，求人，不如求己；读人，不如读己。打开了，读进去，你就会发现生命原来如此精彩！

梭罗一生写了许多著作，但让他名垂青史的却是在经历了几十年的人生风雨后，来到康科德城小湖边，搭建小木屋，开垦土地种植庄稼和蔬菜，在与众隔绝的宁静中阅读自己，写出了那本《瓦尔登湖》；卢梭在法国曾以平民出身的知识界巨子而著称，但到 50 岁后，他的处境发生巨变，大理院下令焚烧他的著作，把他当成蛮人和疯子进行迫害。那时，整个欧洲都把他当成邪恶的化身，品德恶劣的小人。卢梭最后逃到了圣彼得岛，开始了深刻的反思：自己到底是个什么样的人？他把自己的一生当作一本书，一页一页地认真阅读自己，完整地记录下来，写出了伟大的巨著《忏悔录》，卢梭也因此书而获得了在世界文学殿堂里长久地受人景仰的崇高地位；还有，《理想国》是柏拉图与自己心灵的对话；《论语》是孔子心路历程的记录……

大多数人不是名人，更不是圣人。但是，凡人阅读自己照样有心灵的震颤，灵魂的升华；照样有成功的喜悦、失败的痛苦。打开自己这部书，一章一节地读：少儿时的纯真，成年后的彷徨；学生时代的奋发，而立之后的散漫；激情四射的青春，平淡如水的中年；辉煌时刻的人生高度，失意关头的情感低谷；对名利得失的感悟，对人生转折的冥思；得意时马蹄急的洒脱，坎坷时空自叹的沮丧；曾经拥有过的梦想，正在消失中的追求；已经成为过去的历史，正在构思中的未来……

自己就是一部书。天天有新笔墨，月月有新篇章；笔可不著言论，行必托诸文字；不落文字书自成，无心著述却成书。不知，不了解自我；不翻，不知晓得失；不读，不知道妙处；不品，不辨别美丑。阅读自己就是对灵魂的拷问。

爱默生说得好："当一个人能够直接阅读上帝的时候，那时间太宝贵了。不能将时光浪费在别人阅读后的手抄本上。"这上帝，不就是我们自己吗？

（2005 年 9 月 21 日写作于北京三里河）

02 《老庚，你在天国还好吗》

离我去者，昨日之日不可留；

乱我心者，今日之日多烦忧。

明天——12 月 28 日，是我老庚——文筱军去天国一周年的日子。因为工作的原因，有一年之久没有写怀念他的文章。今天终于空闲下来，且不敢相信的残酷事实——我的老庚好兄弟文筱军走远了，永远的走了……

我认识筱军，是新世纪开元之初。那是中央电视台在万州举办"心连心"大型文艺晚会的当天晚上。从那得知我俩是同年同月同日同时出生的"不同父母"的双胞胎。于是，我便与他成并列"老三"和仁德、德培、宗祥结交为"拜把兄弟"。从认识后我们这几个好兄弟、好朋友亲如一家……我们那时几乎每个周末都是快乐开心的"闹"，现在回想起来我都很高兴，可现在我的老庚——你却离开了自己曾经苦心经营和玩闹的"天楼花园"，就这么一走了之!!!

没想到我去年 12 月 28 日那天没有去医院，等我晚上回来后，却和兄弟——老庚已经是阴阳两隔。我的好朋友、好兄弟、好老庚，没有给我留下只言片语就匆匆的走了。可恶的病魔带走了我壮志未酬的好兄弟、好老庚。我知道你还有很多理想没来得及去实现，你还有儿子没有大学毕业，你还有白发苍苍的老人没有奉养终老，你还有好多朋友盼着和你共襄盛举、把酒桑梓……

你走了，带走了你那才华横溢的文采、也带走了你那可以容纳百川的宽阔胸怀。从此，那熟悉爽朗的声音再也听不到了……一年来，我的心在滴血，我的泪在无声的为你而流。亲人的千呼万唤，朋友的肝肠寸断也无法再把你从奈何桥上拉回。

带着许多的遗憾和痛苦你走了。上了奈何桥，喝了婆婆给你的那碗汤，就能忘掉所有的今世遗憾和痛苦，去天堂的路上，兄弟一路走好。一年来，你在天国里，你能体会到我们兄弟和朋友的深深的哀思和无尽的怀念吗？

没有你的消息，不知道你现在过的好吗？找到你理想的地方了吗？你离开大家的那个时候，一句话也没有留下，就匆匆的离开我们这些兄弟和朋友们……我知道你听得见我的声音，看得见我的身影，虽然你走了，但是我不会忘记有你有我的回忆。无论你在何方何地，要记住我永远是你的好朋友、好兄弟/好老庚，我会永远祝福你在远方快快乐乐……

（2007 年 12 月 27 日写作于北京）

03　《2008 情人节随笔》

春节独自闷了几天，今天出门，朋友见我就说我很久没有写东西了，不是不想写，只是不知道从何写起，又能说什么，感觉七天很快就过去了，这一个新年好像走的特别快，感慨光阴就像无声的流水，悄然而去，只留下了静寂的自己细品味道；心儿就像平静的湖面，从容搁置，空余满腹柔情蹉跎岁月。偶尔，也在感伤之余，顾影自问：谁来收容我的流浪？

忽想起《情书》中曾说：爱一个人，是因在他的身上能够映照出自我。如果一个男人没有让一个女人感觉因为他的存在而更喜欢自己，没有让她觉得自己比独处的时候更敏感丰盛，没有让她感觉像月亮一样发出光泽，并影响到内心的天地，那么她，将不会爱上他！

我知道，如果在错的时间遇到的对的人，看似是一种幸福，但其实是悱恻。如果，在婚姻之外与这样的一个女子相遇相爱，亦如此。

（一）

明天就是 2.14，西方的情人节，不明白自己为什么总是对这个节日记得如此的清楚，大概内心里也总是期盼着能有一份烂漫和温馨属于自己吧！细数自己已不再是懵懂少年，又曾在红尘俗世里流转多年，对感情也曾经历过、付出过、得到过、失去过，对于世间的情感似是洞若观火，又好像能理智地分析，平静地善待，看着身边信誓旦旦的情侣亦多了一份羡慕，一份祝福，还有一份敬畏，是的，是敬畏。因为我知道，情人，其实就是两个人彼此做个伴；在一起的时候能够有很多话说；拥抱在一起的时候觉得很安全；不干涉对方的任何自由，不对彼此表白，表白是变相的索取；很熟悉，好像她的气味就是你身上的气味；不管在何时何地，都留给彼此距离，但累的时候，知道她就是家。我的未婚妻曾经说过她可能不属于任何一个人，她这样的人适合做我的情人，不适合做老婆，我不认可，我自己很清醒地知道，自己也达不到一个好“情人”的标准，因为自己会吃醋，会使性子，会有表白和索取，我永远都不可能是个好情人，我期待的是一份宁静，一份安定，一份温暖，一份永恒！

（二）

一直很喜欢《死了都要爱》那首歌：死了都要爱，不淋漓尽致不痛快！

是啊，爱，只有淋漓尽致才是真正的爱，爱原本就是无法理智的，原本就是盲目的，哪怕有几分执拗，哪怕有几分偏激。我一直都在怀疑，太理智太得体的表达方式里是否是单一的纯净？又是否是执著的真爱？我相信，有爱就会吃醋，有爱就会有要求。爱是率性的，是质朴的，是狂热的，不需要包装，不需要加工，不需要优雅得体；爱也是宽容的，是慈悲的，即使错了过了，吵了闹了，最终也能相互接受、相互包容、相互理解。

有多爱，就有多宽容，有多爱，就有多慈悲。真正的爱没有太多的刻意！

（三）

在我看来，热恋中的男女都是智商最弱的，也都是傻瓜，其实我的理解，爱就是建立在理智上的一种盲目、一股傻气！

也是这份盲目的热烈，这份傻傻的付出，才成就了一幅幅动人心弦的图画，在我们心底悄悄地升温，无限地膨胀，给我们留下无限的遐思和无穷的回味。

尽管，四十三岁的我已被世事磨砺的波澜不惊，心如止水，但是，我的心底却一直都在为炽热的柔情感动着，我的内心也一直都是看似平静的狂热着！

我相信真爱，我尊重真爱，不相信真爱的人，那是因为他没有在真爱，而每一份真爱，也都是值得尊重的，尽管有时候，无邪的真爱，在这个金迷纸醉的时空显得很尴尬；尽管有时候这份真爱不被人祝福，没有掌声想起来。

但我依然坚守：永远都不让这份真爱变得精明、市侩、凡俗、坚决。

（四）

不知道从什么时候中国开始流行过情人节了，其实自己也没有真正意义上过这个节日，看着又是一年情人节要到了，在这个暧昧温馨的日子里，其实不想去讨论什么伦理道德，亦不想追溯谁是谁非，我只想说：只要是爱，如何都好，都无罪过！只要真爱，无论何时，都要珍惜！我知道：大爱无声，真爱无言，华丽的词汇在真爱的面前是那么苍白无力，爱是一份约定，爱也是一份责任。

路总是自己选择的，就把路走好吧！悄然品味自己的幸福，独自咀嚼自己的伤感。

爱自己的选择，不问结果。哪怕是担当千钧的悲壮，哪怕是怒目相待的离分，哪怕是无言分手的无疾而终，爱没有谁对谁错，只有合适不合适，所以我希望所有的情感碰撞，都各得其所，美满幸福！

（五）

2008 年的情人节恰巧是农历正月初八。中国人有个习惯，八总是吉利的数字，细捻如期而至的光阴，为情人节恰巧是 2008 正月初八特别的激动着。

在这个情人节里总控制不住自己想写的冲动，随笔不为什么，给情人节，也给我自己。

这个冬天异常寒冷，好在有份温暖一直在心底，我只期盼着冬天过去了，这个春天会很温暖，让爱温暖人间！

（2008 年 2 月 13 日写作于重庆万州）

04　《别让爱你的女孩流泪》

曾经年少轻狂，不知道什么是珍贵，直到有天回忆过去，才知道眼泪的味道是咸的……

第一次她在你面前流眼泪，肩膀轻轻的抖动，纯真的脸庞和长长的睫毛上沾满了晶莹的泪水，幽怨的眼睛看着你。你觉得这是一幅异常动人的画面。你突然有点激动、有点兴奋，内心中更是隐约的充斥某种莫名的快感。因为这是她第一次在你面前失去自我，这是她第一次为你流眼泪。短暂的快感后你感觉到心痛，这个女孩子的眼泪好像流到了你的心里让你不可抑制的酸楚。此刻，她在你眼里成了世界上最无助的女孩，就像一只受伤的小鸟需要你安慰。你顿时慌了手脚。你摸出面纸，毛手毛脚的擦去她的眼泪，把纸巾放在她鼻子上温柔的哄她擤鼻涕，然后搂她入怀，不许任何东西伤害到她，可是她还是哭，于是泪水流进你的胸膛。

第二次她在你面前流眼泪，眼泪大滴大滴的落下。她不动手去擦它们，就孤独的站在那里。你悄悄的从侧面看她，她就像背负了一世的伤痛，泪水清冽的淌下。你的心因之震颤。你揽住她瘦弱的身体，在她耳边轻轻的说，乖不哭。她把脸贴在你的脸上，于是你的脸上沾上她的泪水。你偷偷伸出舌头舔了一下唇角，有她的眼泪，是咸的……

第三次她在你面前流眼泪，你暗自思忖女人的眼泪果然多，这个女孩的承受能力好差。你无语的递上纸巾，看她自己把脸上的泪水擦干净，然后低头说对不起。她红着眼睛哽咽的回答没事。你平静的对上她的眼睛，注视她。你的心平静如水……

她依旧在你面前哭泣，你不晓得她究竟在想什么，你以为没有伤害到她，你不明白她的疼痛。她打电话的时候会哭，坐在车里会哭，在餐馆吃饭也会哭。她哭的次数越多你越无动于衷。你不说一句话，平静的等待她哭完。后来你的脑子里出现一个念头，她的眼泪不代表疼痛……

你只看到她在你面前流眼泪，你可知道在无人的地方、在家里的床上……她孤独的为你流眼泪，她坐在地板上，她用被子蒙住脸。她不会把泪水流进心里，因为心只会滴血……

你可知道她无数次的告诫自己最后一次为你流泪，可知无数个哭泣的夜晚过后她用冷水洗脸把冰块放在红肿的眼皮上，别人问起时，她回答是睡觉前喝了太多的水……

她曾经哭着对你说不会有第二个男人拥有她的眼泪，你一笑置之。你以为是气话，你错了。无论别的女人怎样，她，只能真正的痛彻的爱一个男人，她没有精力没有足够的泪水给生命中每一个陪伴她的男人。

如今她还是会哭泣，只是不会像从前那样放肆的流眼泪。因为她已经知道泪水在你的眼里是多么的廉价，她极力地控制自己，在心里反复的念着别哭。

她是一个情绪化的女孩子，不懂得如何不让眼泪流出。

她为你哭，仅仅是因为爱你，她流眼泪是因为感觉伤痛。

终于有一天，她离开你，你不再拥有她，你终于失去她。多少日子过去，年少的情感伤痛与鲁莽轻狂都被你封锁在记忆的最深处。当你躺在病榻上回忆过去……你不经意的再次打开尘封的记忆不期然的想起她，想起曾经陪伴她的岁月，想起她的笑靥和你拥抱过的柔软年轻的身体，想起她笑着把一条领带戴在你的脖颈上，想起你们的欢笑和争执。终于，你想到她泪眼婆娑的明眸，想起她的眼泪，你忽然发现那竟是她留给你最清晰、最真实的回忆……

（2008 年 3 月 9 日写作于重庆山城）

05 《谁知道你在哭？》

鱼哭了，水知道。我哭了，谁知道？在心灵的最深处总会有一方空间温柔的存放着某些往事，这些不曾也不愿忘却的快乐留给记忆就够了。有时候哭泣并不是因为难过。

有一些东西错过了，就一辈子错过了。人是会变的，守住了一个不变的承诺，却守不住一颗善变的心。有时候执着是一种负担，放弃是一种解脱，人没有完美，幸福没有一百分，知道自己没有能力一次拥有那么多，也没有权利要求那么多，否则苦了自己，也为难了对方。

再厚的剧本也有结局，再精彩的演出也有曲终人散的时候，我想我知道眼泪的味道，就算付出每一分，每一秒我都不曾想逃避，在这个世界上没有恒久不变的幸福，只有瞬间的惬意和安宁。

爱情里什么是公平？爱得深，伤得深，爱情里没有绝对的公平。爱上一个不该爱的人，是一种真真切切的痛，直至心扉，那微笑背后的眼泪只有自己才能感知自己体会，爱由一个微笑开始，一个吻成长，最终由一滴泪去结束，受了伤，结了疤，最终还是要留下抹不去的痕迹，强迫自己忘记，但爱过才知道，原来人不能左右一切，也许无言才是最好的安慰，回忆才是最好的结局，傻瓜也一样，都逃不过伤悲，因为有梦在心上，所以甘心流泪，一声叹息，爱了不该爱的人，从此就是眼泪决堤的开始……

缘分是一种很奇妙的东西，生命中有些缘分注定是你的，可是有些缘分却注定要失去，有些缘分注定不会有结果的，爱一个人不一定要拥有他，但拥有一个人，就一定要去好好爱他，不要轻言放弃。提醒着自己不要因为没有阳光，就走不进春天；不要因为没有歌声，就放弃自己的追求；不要因为没有掌声，就丢掉了自己的理想，其实每一条通往幸福的道路，都充满坎坷；每一条通向理想的途径，都充满了艰辛与汗水！

很多事情的发展注定它会有个结束，只想尽情享受美丽的过程，擦身而过的时候，学会遗忘，放声的笑一回，大胆的哭一场。春有春的风情，冬有冬的雅致，人生各有各的美丽，你笑，全世界都跟着你笑；你哭，全世界只有你一个人哭。当不能拥有时，唯一能做的就是令自己不要忘记！抬头望一望，一片灿烂的阳光，相信时间可以改变一切！

不要轻易让自己掉眼泪！因为你的眼泪没有人知道！

（2008 年 4 月 7 日写作于万州）

06 《忆屈原》

今天是端午节。是第一个法定假日的端午节，在家无所事事，想写点东西，以作纪念。屈原生活在两千三百多年前的战国时代，他出身贵族，博闻强识，明于治乱，娴于辞令，因而深得楚怀王信任，20 多岁，官至“左徒”。据司马迁《史记》记载，他内“与王图议国事”，外“接遇宾客，应付诸侯”，是掌管内政、外交的大臣。后怀王听信谗言，疏远屈原，把他放逐了。屈原在长期的流放跋涉中，精神和生活上所受的摧残和痛苦是可想而知的。一天他正在江畔行吟，遇到一个打渔的隐者，隐者见他面色憔悴形如枯槁，就劝他“不要拘泥”“随和一些”，和权贵们同流合污。屈原道:“宁赴湘流葬于江鱼之腹中；安能以皓皓之白，而蒙世俗之尘埃乎?”（意思是：我宁肯跳进江水中去，葬身在鱼肚里，哪能使自己洁白的品质蒙受世俗的灰尘?）。

公元二七八年，楚国的都城被秦兵攻破，屈原精神上受到了极大的打击，悲愤交加，在极端失望和痛苦中，投身汨罗江，抱石自沉。放逐是屈原的不幸，但是却造就了一个伟大的爱国主义诗人。他的代表作《离骚》，叙述了诗人为实行自己的政治主张所遭受的打击和迫害，深刻表达自己内心的痛苦、对人民和对祖国忠贞不渝的感情。

记得是上中学的时候，第一次读屈原的《离骚》就深深地喜欢上了这首长诗，并且把其中的两句工工整整地抄在自己最好的笔记本的扉页上，一句是：路漫漫其修远兮，吾将上下而求索；另一句是：亦余心之所善兮，虽九死其犹未悔。对于前一句，当时懵懵懂懂，只知道人生的路还很漫长，但求索什么，心中并没有方向和目标。

30 多年过来了，路算是漫漫，但至今还不知道自己要求索什么。倒是后一句，对我的人生影响很大：心底向善，心态阳光。善良，是区分好人与坏人的最初的底线，也是最后的底线。善良，就是要有同情心，同情心是人与兽区别的开端，也是人类全部道德的基础；善良，就是要力所能及的帮助别人；善良，就是不要做伤害别人的事情。虽不能心之所善，九死未悔，但一定要守住这条底线，做一个善良的人——这是对屈原的最好纪念。

［2008 年 6 月 8 日（端午节）写作于万州花厂］

07 《十月怀想》

十月一日，祖国的生日。本应那天痛痛快快写点怀想，歌颂祖国！但由于那天悲喜交加，延至今日也不算晚。必定祖国人民都还沉浸在普天同庆之中——

十月，祖国迎来了五十九岁华诞。站在十月起始，回望已经过去的月份，不由让我们对这个充满故事的年份感慨良多。几个月来发生的一切，足以证明 2008 年之于中国、之于中国人民是多么的不平凡。在经历了奥运会成功举办、“神七”宇航员太空漫步的荣耀和汶川大地震及年关雪灾等困难之后，祖国的这个生日注定因这不寻常的年份显得意义深远。

没有国，哪有家；没有家，哪有你我。国庆节来临，让我们共祝愿国圆家圆，家和国兴！

59 年的风风雨雨，59 年的艰苦奋斗，终于迎来了新中国欣欣向荣的景象，中华人民共和国万岁!!

祖国，您走过世纪的风雨，饱受岁月的沧桑，但您并没有屈服于苦难，擦去泪花，始终挺着坚强不屈的脊梁。山崩地裂可以夺去生命、摧毁家园，但绝对压不倒中华民族钢铁般的脊梁；当梦想与激情碰撞，当奥运五环旗在国土上飘扬，祖国啊，母亲，我看到了您灿烂的笑容和幸福的脸庞，您用百年的等待，成就了今日的辉煌。祖国，我亲爱的母亲，您的儿女虽然今年也受到了个人的情感重创，但在您的召唤下，也坚强的闯出来了。所以，今天怎能不为您骄傲和自豪，怎能不为您欢呼和歌唱，怎能不为您写一篇篇丰碑的颂歌!

在古老的中国，公元一千九百四十九年是震撼人心的岁月!

五千年的日月星辰，黄河曾多少次荡涤沧桑大地!

可没有哪一次的改朝换代可以和毛泽东和及其战友们领导的这次壮举比美!

这是一场关系到民族兴亡、关系到两种命运的最后决战!

集合在共产党大旗下的人民正在冲决反动派的罗网、朝着解放的路峻跑!

听!

那是炮声!

那是呐喊声!

那是进军的鼓声!

那是亿万人民迈向今天的脚步声!

祝祖国生日快乐！祝国家繁荣富强!

［2008 年 10 月 1 日（国庆节）写作于重庆山城］

08 《深秋月色》

今夜，睡不着。夜里有风吹过窗台，更使我辗转难眠。

一轮明月透过薄如蝉翼的纱窗将房间映射得宛如白昼，满屋溢满了白净银光，圆圆的明月斜斜的、静静的高高悬挂在头顶的上方，满天淡然的星星稀疏地斜缀在远处的天幕上，此时的月亮一如闺中的处子的明眸，清纯、明澈无瑕。

午夜时分的街道早已褪去了白天嘈杂与喧嚣的外衣，混凝土堆积而成的高楼大厦在月光与霓虹灯的交相映射下显得很疲惫，霓虹灯下间或还散走着几个夜归的路人，不时还有那么几辆汽车在宽敞的马路上风驰而过……

当寂寞的夜风轻柔的刮过整个城市的脸时，空气中到处弥散着百合花的清香。

生活在城市中的记忆早已习惯了霓虹灯的忽明忽暗，许久没有过今夜这样闲适的心情了。

深秋的夜风徐徐拂面，带着稍许的凉意，清朗的月光下，周边一片安宁，明亮无比的月亮清澈而宁静，唯有天边那闪烁的星辰，或隐或现……月光下的景致朦胧得有点暧昧，总让人看不清轮廓的颜色。此刻的你完全可以静下心来聆听到路边檀香樟树的细微呼吸。被季节染黄的叶子开始随风飘落，轻柔地划破空气，秋的味道在蔓延……在每一个看得见的地方轻柔地跳舞。

秋夜的月亮渗着几分冷色却又显得很浓郁，那忧伤的轮廓似乎噙满了伤心的泪水……人在天穹下思绪却随明月游走，抚摸往事的手指开始变得美丽纤长……

仰望明月，心中少了几分浮躁，却多了几许愁丝，那些厚积于心的尘埃会逐渐散落，渐渐还原那了无纤尘的干净之心。

从来都不知道自己心情为何如此落寞，这时的月光让我无言以对，最坏最好的心情是否也都在这落寞的时候诞生？我不愿猜想也不想知道。

月亮对游走在城市中的男女来说，更多的只是一种可供凭吊的寄托。在一个城市里生活久了，身上几乎闻不出原始淳朴的味道，也许生命本身不过是个美丽的比喻，本体和喻体只能一步一步接近，却永远无法到达。在虚假与真实的选择之间，童颜与欢快却永远的站在视线的彼岸。

人的一生或许永远就是一个在对与错的选择中长期徘徊的过程，生活的命题往往赋予了我们过多选择的权利与机会。在散乱无章的短暂人生序曲中，我们是不是过多的勇于否定自己……嘈乱不堪的混沌世界带给我们过多的欲望与追求，常常被盛世繁华的虚假蒙住了自己的眼睛，不知道自己身在何处？不知道所做的一切是对还是错？戴着假面在得与失的天平上精打细算，昧着良心在权与利的权衡之间迷失自己。而恰恰就是这一念之间后的输赢带给了自己更多的孤独与无尽的烦恼。疲惫的身子漂移在虚幻与现实的边缘，我们常常丢失了一个真实的自我。其实我们又能带走多少繁华春梦？似乎在得到满足的同时也感受着心灵的深深失落，迷失在城市光怪陆离的虚假繁华中……

尽管事后渐渐地开始相信，一切经过苦苦挣扎之后做出的决定其实都是多余的，甚至是错误的时候，我们又总是在与自己记忆纠缠着，与其说我们做出的是一个个艰难的决定，倒不如说我们只是在给自己一个个活着的理由与生存的借口。

总以为儿时的梦并不遥远，总以为幸福是可以如此轻易地垂手可得，总以为能与自己爱慕的人长相厮守便拥有了整个世界……然而只有经历了诸多的是是非非、恩恩怨怨之后，才发现在浮华表面下的内心其实早已伤痕累累，幸福的定义也早已面目全非。

人生又何尝不是一场赌博。和命运赌，我们永远是个失败者；和生命赌，我们注定就是个天生的输家；和爱情赌，又是个未知的结局……

当爱情姗姗来迟时，在这一刻天下有多少曾经渴望爱的人，却已经不再相信有爱。当寂寞靠近时，似乎已没有人会再去追问此时的明月曾代表过谁的心。有时候觉得风花雪月只不过是一种真实的错觉。爱情是迷茫的开始，自由的结束，相信真爱只不过是一场心甘情愿的迷茫。

如果说生命是书，你又在翻阅到第几页时感到了心痛？

我们总是无法舍弃那过多的眷恋，却又收集了太多的孤独、忧伤与颓废。也许这一切都是太在乎阳光温暖的缘故。

（2008 年 10 月 13 日 00：17 写作于北京万寿路）

09 《快到枫叶烂漫时》

国庆节后，秋光正浓。

抹去，烟消云散的旧事，与铁哥们同游香山。

与好友同肩，漫步山间小道，山道边，层岩峭壁，山径崎岖，山涧边，藤曼上爬满纤弱的小花。半山枫叶未红，传来秋虫的哀鸣声。微风中，领略山花的清醇的暗香。

登高处，望原野，片片金黄农田，等待，收获的季节！望不断的青山，绵延不断。半山云雾处，点缀着苍松，飘摇着逍遥的流云，间或露出一角楼台亭角。

黄昏，晚霞如五彩垂幔，在西边天际，漂浮着五彩的圣光。青翠的群山，掩映在暮雾里。

夜，与友临窗而坐，点上一杯咖啡。窗外，灯光灿烂，让思绪堕入秋的意境中。搅动杯中咖啡，细细品味，生活中的每一份香甜苦涩！

感受，千帆过后的艰辛和解脱！

享受，与好友谈论毒奶与足球，还有女人。

脸上，堆了，我久违舒心的微笑。

体会，友情内在的脉搏！

心中，荡漾心灵浪漫的感叹！

突然记起，现在已是秋的季节，快要到枫叶烂漫时。

（2008 年 10 月 15 日写作于京城万寿路西街万寿庄宾馆）

10　《读秋》

微风渐起，轻飘的叶子碰撞着我冰冷的脸颊，孤独的脚步如同我孤怜的身影，遥想回望，季节的厚土有我植入命脉的秋痕。

思念以书的形式，把过往或浮于水面的前尘往事提在叶的轮回里，那柔软的手掌随意渡来一丝秋波，仰起头却有难载的伤楚在眼底里泛起波澜，抖颤的枝梢上一只凄寂的鸟儿唤着远离的同伴，苏醒了，梦里梦外都是落花无数的闲愁。

我体弱的身形牵系在公园的老柳下，赏析南飞的雁字带走的是一笺滑落秋心的微凉，划动的脚步舞起谁遗落在红河边的秋，怅叹，隔着篱笆的眼眸，我用燃烧的枫来一一解读，用黑白的字符加以注释。

读秋，是从初次爱上秋之后。秋是一杯淡泊的心境。

午后或是黄昏，任昏睡的灵感在眉梢上慵懒的做着世纪的清梦，沏一杯浅淡的香茗于寂寂的书案，熟稔于心灵深处的往事随着香茗泼洒，一一翻阅着记忆的灵羽，几时夏末秋黄，秋便传递着无绪的愁。

温暖的氛围在缓缓上升，升入一种仰起头颅却无及触摸的高度，城市在这空旷的高度里淘洗着奔忙的人群，来与往的踪影追赶着繁华的世界，任其事物的浮躁冲击着身边的春秋冬夏，倦怠的脸颊依然是赋予的风霜。

我放逐沸腾着热浪的思想，灵魂在秋声里或沉思亦是诉说桃花岸渡的桃花缘，我眼底的情愫浸润了弃置在书案上的尘埃，在空间的国度里，是坐抑或卧倾泻的是一杯香茗的寂然之静，这时，孤独会在你张开的骨骼里漫步而来，轻轻的撩拨浅显的浓重的文字，滑翔在水杯一央，或仰视或坐卧于一种思绪，探寻来自四面八方的烟云可曾传来乐鼓声。

隔着一层透明的物体我便与你远离，秋，你是窗外喧嚣的人与影，我是窗内一杯揉碎了时光的香茗，品着记忆深处浮遥的往事，吟几阕清词，秋只是静默的张望，拿起书案上堆放的书籍，把秋扫进了一行行悲情的文字，秋，你是在侧耳倾听吗？回响在我命脉上的河流无声无息的流成永恒，每一条河流的纹理上预示着秋意浓浓。

我剥落秋的叶片，轻轻的在牙床上咀嚼，绿色的小生命在牙床上生长着顽强，那是秋用深沉抒写成熟的风韵，金色的旋律奏出了一个季节的颂歌，伸出手臂将柔媚的秋拥进怀里，一心的落花在襟袖间盈润，淡淡的续写着宁静的心情，一阕离词，一本旧书，一杯清茶，一心浅浅的秋韵，我痴迷的吟着，品着，读着与秋舞着。

读秋，秋是浅雨敲打着窗棂，聆听秋声的阵阵抚琴，瑟瑟入耳。

一夜喜雨过后，凉意笼罩的晨光将漫舞轻飘的万物牵引到我的身边，郁黑的杨树一夜之间清雅了，枝节与叶隙洒满了游子的乡愁，朦胧的诗意与秋一起袭向我的肩头，我不去期盼你的屋檐会有紫色的风铃为我摇响你的牵绊。

我们是一夜喜雨的距离，是一座茅屋升腾的青烟，有你的残余的书页，也有我在最后一次聆听秋雨的泪滴，或许我只是万物中遗落的小舟，我急忙握紧秋的手指，弹响细雨霏霏的弦歌，耳畔有李清照的《声声慢》传来，剪着西窗月烛，衣衫袂袂，满地黄花堆积，憔悴损，如今有谁堪摘？守着窗儿，独自怎生得黑？梧桐更兼细雨，到黄昏、点点滴滴，这次第，怎一个愁字了得。

是如此痴爱几阕词的锦绣，入口顺喉而余留的清香，反复吟哦，只觉醇厚的意味一点点占据了盘桓在秋心上的思念，悲怆的诗行从生命的雨脚里涌出，一行行被斜斜的雨织就在难结的愁肠里，秋的清韵无休无止席卷难以入寝的词人，花花月月入木入秋，寸寸叶叶绵绵此情，此雨无绝休。

碧云天，黄叶地，是谁孤单的身影又唱离愁曲，凄凄寂寂，悲悲暮暮，怎载别恨，欢情难守，薄暮入楼台，柳丝绣眉又遇潇潇雨，惨妆花枝满飘萍，点点滴心喉，最是难舍却又雨至花黄昏。

弹起古筝抚起琴弦的人，沐雨秋夜凭窗赋诗的人，带着那个伤感的秋走了，唯有一架秋千独自飘遥，与晚风唱怀，与夕阳把酒吟醉，惶恐的水月清波你还在怅惘的等待吗？桥面上的秋风已经吹冷了行人，碾碎的秋光溅了一地的断肠语。

一别经年，那日秋雨，那柄花伞被时光吹老了心迹，一身的泥泞待与何人诉，只得把望泪眼，无语又凝喉，是秋拨动了雨的情愫，还是雨拂起了秋的悱恻缠绵，使得千万游子从此失去了归程，流着泪的眸飘起了乱飞的花红。

依偎着秋的岸，怦然落入心扉，投起了一石的涟漪，那是驻足在城市斑斓嫣红的秋菊，未有隐士抒以情怀，抒送赞歌，你依然傲放清俊的身恣，与天空相峙，云卷着秀恣是你的红妆，别样的秋韵在你千层的叶瓣下含苞欲放的是一钩皎月，一帘的秋梦映照着影绰的秋光，醉了，就醉倒在你秋雨秋菊的秋情里。

闲散的行走在街道上，放慢了脚步，轮转的双足不舍踩下衰黄的落叶，它们在碧翠的时候亮起了生命的帆，在沉默的时候铺满了一街的秋意，解开封闭的心锁，云影，霜枝，淡花，薄酒，一一记入心的空间，将暗淡的陈事抛却在黑的夜端，一切烦忧的，牵肠的，痴迷的尘事，在漫步的心与心，呼息与呼息之间风轻云淡了。

捧起秋的书籍在人生的甬道上细致的解读，秋原是落叶与花，宁静与淡泊，丰硕与厚实，诗意与浪漫。

（2008年10月17日写作于北京万寿庄宾馆）

11　《记者节感言》

我上周前往湖南采访结束后于昨晚回重庆，今天刚好是记者节。在节日里，本人感慨万千：今天的记者节，这是2008年普通的一天。在那些忙碌的城市里，人们依旧行色匆匆，在那些贫瘠的农村里，人们依旧在为衣食而担忧、操劳。历史的指针依旧在按照自己的规律运转。优秀的新闻人，则依旧在真实地记录、叙说以及评价每天所发生的历史。历史，是在平凡与非凡之间交织，我们不过是在书写言说。

文字本身是没有力量的，有力量的是文字背后的社会、江湖以及政治等等形成的“场”，这些“场”因为传播而让大众知晓。在一个越来越多元的世界，在一个公民意识逐渐发育和成长的世界，大众因为知晓而有更多选择，因为选择而有更多智慧，因为智慧而有更多理性，因为理性而进步。

今年又是不普通的一年。从年初抗击冰雪灾害，到汶川大地震的悲怆感奋，我们在灾难中奔走，还原一个个灾难现场，描绘灾难之下人们的不放弃、不抛弃，真情在纸上流淌，生命在镜头前激越，新闻人为此付出辛劳，既有汗水，也有泪水。我们为祖国的不幸而流泪，也为公民的责任、担当而流泪。从举世瞩目的奥运会到神七升空，我们又为祖国每一点每一滴的进步而感怀，我们更为此写下我们的祝福。

我们既关注社会宏大叙事，关注历史每一次铿锵有力的脚步，也关注那些具体而微的新闻事件，关注那一张张或鲜活或骄傲或自卑或满布皱纹的脸。这一张张脸庞，构成了一系列新闻事件的图谱，在这张图谱中，有幸运的相逢，有不幸的苦楚，有正义不得的迷茫，也有公平彰显的沉重。在这一个个具体的事件中，透过个体化的命运变迁，我们观察着社会发展的脉络。我们是观察者，也是记录者，更是参与者。公众在我们公正和公开的叙述面前，给予了我们无数的掌声，这掌声，就是新闻人努力后的最好回报。

但我们依旧需要反思。当戴骁军惊险拍下山西霍宝干河煤矿真假记者们的“封口费”的时候，当一些本该报道出来的新闻被某些因素“和谐”掉的时候，新闻界理应为那些肆虐的“潜规则”感到耻辱。利益的召唤会让人失去起码的判断力，在真相面前说假话，或者故意不去发现真相，有意遮蔽真相，公正就会越来越远，新闻理想也就逐渐消弭在虚假当中，直至沉沦万千。多少年来，公众给予了舆论监督莫大的希望，那一起起优秀的新闻人为此做出的努力乃至牺牲，让我们倍感荣光，然而，荣光如果不保有，荣光如果不珍惜，也会因为简简单单的“潜规则”而烟消云散。

只有真实才能让新闻的生命持久，只有真实才能让历代新闻人所创造的荣光接续永存。但做到真实并不是一件容易的事情。对于新闻人来说，既需要优良的专业素养，也需要对人生社会的洞察，更需要秉持职业精神，学会如何利用现有的社会空间挖掘出最好的新闻，学会如何让信息更有效地流动，如何让大众从中汲取所需要的各类知识。这都需要有理想的新闻人不断为之努力，为之拼搏。

我们的言说因为真实才有力量。这种力量对于中国来说，从来都无比珍贵。

我为我们的节日而高兴，我为我们的节日而自豪！

［2008 年 11 月 8 日（记者节）写作于重庆］

12 《诗歌的真谛》

谈过恋爱的人几乎都有过类似的经历：见不到自己的心上人，或者有些话当面不好说出口时，写情书就成了一吐衷肠的最好方式，而情书中尤以写情诗最能表达自己的情感，在编织美丽梦网时，于阅者是心醉，于自己是情迷。很多人，就是因为恋爱的缘故，无意间步入了诗的殿堂。古往今来，正是因为有无数缠绵悱恻的爱情，才有了众多传世至今的伟大爱情作品，情诗更是其中的一朵奇葩。

恍然间，经年已逝，谈恋爱成了遥远的往事，情书更是深藏箱底，只是在不经意间发现了，才勾起对过往的追忆。诗人在我的眼中是一帮不食人间烟火的家伙，于我隔着一个世界。

人家说：人到中年，生活趋于稳定，事业上也略有收获，对人、对事都有了更深一层的认识和体会。可是这时的我虽然一事无成，但发现了一个奇异的变化：对很多事情的感悟竟然想以诗的形式表现，而且，一旦有了写的冲动，脑海中经常会浮现出清晰的画面感。

我的情感世界不会再有初恋时（可一生中不知道什么叫初恋）的敏感和忐忑，我的诗歌也不可能只是专注于男欢女爱的情愫。世界变得如此广阔，自己的心胸也随着开阖启张，书写出来的，首先是感动自己的物与人，表达着的，是很广阔的爱和恨，而诗歌的具体表现方式是否“规范”，不在我考虑的范围之内。

我十分喜欢阅读唐诗宋词，其中的意境、律动和优美的画面感不啻为一剂剂心灵的鸡汤，润口暖心。有很多现代人也喜欢写古体诗，但有了前人的成就，后辈人很难再有超越，反倒是出现了几种不好的倾向：其一，“文革”遗风依在，把写诗当成了个人的专利，自己的东西是二月的梅花，傲立枝头，别人的作品是草丛中的屎壳郎，上不得台面；其二，古体诗讲究格律，要求对仗工整，合仄押韵。对于现代人来讲，由于古文功底的欠缺，在限定的规律内抒发情感，难免有“为觅忧词强说愁”的做作。当然，本人不懂古体诗，所言难免有失偏颇和浅薄。

相较而言，我更喜欢现代诗，形式多样，自由驰骋，此句谈天，彼句就可以说地！这种载体也符合现代人的书写、阅读习惯和审美倾向。我们身处信息爆炸的时代，很多的条条框框都可以弃之不顾，更加崇尚的是自由的表达方式。

谈了这么多，那么，何为诗？诗的真谛是什么？

诗就是情满四溢时不得不借以宣泄的文体，是以哲学的眼光看世界，以音乐般的节奏抒发出来的认知和感悟，这里的情包括爱情、亲情和友情，这里的感悟包括欢喜悲忧、离愁别绪。写诗，首先是很个人的事情，抒发的是个人的感受和情绪。“文革”中，革命诗歌曾扮演过教化众生、歌功颂德的角色，于今已成为了笑谈。真正的大家作品，不会随岁月的老去而失去其诗韵：《再别康桥》的文辞和表达的意境至今回味无穷，《雨巷》呈现出的别致的画面感挥之不去，顾城的一句哲人般的诗句“卑鄙是卑鄙者的通行证，高尚是高尚者的墓志铭”给无数阅者以沉思……

大家的诗情和才气，是我辈难望其项背的，但并不是说诗歌就此成了少数人的专利。有情可抒，有爱可恋，有苦想吐，有乐想说的人都可以成为诗人；草木春秋，人生起伏，大到宇宙太空，小到微观世界，一切皆可入诗，只要是真情，只要有实感，就会有人感动，就会有人喝彩！

经历江湖困厄，消磨了不少的锐气，所幸还有诗，还未完全失去诗情和画意，有诗为伴的日子里，为平庸的生活增添了一点亮色，虽不曾照亮他人，却时刻温暖自己！

（2009 年 1 月 9 日 23：09 写作于重庆）

13 《李老三的悲情杂谈》

世界上总有人活在土里，也总有人适合活在天上；总有人在走，也总有人留在原地踏步。总有人适合结婚，天天守着一个人和品尝着同一种口味的饭菜，而做到永不厌倦；也总有人每过一段时间就会审美疲劳，视觉缺乏刺激和冲击力，想换换口味。如：罗素结婚结到九十岁，还在演绎着青春和爱恋；而毕加索更是情人不断，可以排队后用大客车拉满。如果不幸成后一种人，婚姻就有可能成为地狱了，假使再不巧碰到一个暴力型的醋缸，那生活就更惨了。

生命在哀叹，继之爱情也会悲哀。从我们生命的种子孕育的一刹那起，我们就具备了存在的价值——成为一个人。从此，我们开始了冒险与挑战的智慧之旅：可能成功，可能失败，可能不凡，可能平庸，可能强大，可能弱小。这就使我们的生命充满了神奇的变数，充满了无限的可能。这每一个变数和可能，都是上天给予我们的最好礼物，都是生命最大的恩赐！你我来到这里大概是个偶然，遇见你也许更是偶然，但是，时间的一维性让过去的已然成为历史，未知的时空显然还没有到来，所以，我们都不知道下一颗巧克力的味道，无数个偶然或许就是生活送给我们最美的礼物，你的偶然出现或许就是我生命中最美的必然……

我外表虽显年轻，但内心成熟。必定是四十几的人。虽说不算英俊但有理智的魅力。当然也谈不上聪明，但智慧还是有一点。喜欢时尚浪漫。更懂得平平淡淡才是真的道理。能以真诚善良之心，去憧憬和追求世上一切美好的东西。不想用华丽的语言来修饰自我，因为，我知道做的永远比说的更真实有效。人到中年后，历经的磨难多了，对生活的感悟也就加深了。只有经历过暴风雪滋味的人，才懂得炉火的价值；只有跋涉了万水千山后，才能感悟坎坷的真谛！无论世间如何改变。我心底的真爱永远不会变。因为，那是我一生的追求！

想起一首歌，如果那两个字没有颤抖，我不会发现我难受。怎么说出口也不过是分手。如果对于明天没有要求，牵牵手就像旅游，成千上万个门口，总有一个人要先走，怀抱既然不能逗留，何不在离开的时候，一边享受一边泪流。

十年之前，我不认识你，你不属于我，我们还不是一样陪在了一个陌生人左右，走过渐渐熟悉的街头；十年之后，我们是朋友，还可以问候，只是那种温柔，再也找不到拥抱的理由，情人最后难免沦为朋友……

情感代表着奉献，情爱意味着牺牲。今天无论风从哪里吹来，都带有你的味道；于是，在这个深秋我不会寒冷。每天呼吸着新鲜的空气，感觉到你的心跳，你的挚笑，可是我分明看到了你心底那流出的血——那是你很久以来凝聚的情结！于是，我的心好暖好暖，暖得我不能自已！真想轻轻的告诉你，任你在我的怀里恣意的调皮，让泪水冲刷掉往日的浮尘！你的笑好甜好甜，徜徉在蜜罐里的真诚，逐渐转移到我的心中，我知道那是一种怎样的情感沧桑啊！你好像是个孩子，一个需要呵护与疼爱的孩子！可是你知道吗？很多的时候，是我用一个思维定式，把自己给画地为牢了。没有一个人，能够真正的走进我的内心，主要原因就是我把躁动的心扉，紧紧的锁上了，还贴上了封条。实际上，每个女子都是飘落凡尘的天使，都很美，只不过，要找对自己的另一半，就不是那么简单的事情了。就好像买鞋一样，码数不对，穿起来就很不舒服。有时宁愿光脚也不愿意穿不合适的鞋。外面的世界虽然很精彩，可是我们需要的是欣赏对方的目光，忠贞不渝的相守以及共同抗击风险的合力！事实证明最终无法抗击！

朋友，让我用歌声来告诉你：友谊是精神的默契，物质的互补；爱情则是心灵的相通，美德和身体的结合。友谊和爱情的区别在于：友谊意味着两个人和世界，然而爱情则论证了——两个人就是世界。在友谊中一加一等于二，在爱情中一加一还是一。梦自己想梦的，想自己所想的，做自己想做的吧，因为生命只有一次，时空不会再来！除非你坐嫦娥一号到月球去找寻你的另一半。如果真是那样，请你告诉我！

上帝说：活在回忆的人是最痛苦的，也是最幸福的。哈哈……你信不信？我是相信的，因为他的话语符合逻辑，两种结果老人家都预测到了！今晚的星辰开始点缀夜空，虽然稀稀拉拉的，但月光下从来不缺乏美丽和动人的爱情。当然，月亮也从来不需要回忆！只是在一瞬间让真情划过它的脸庞，轮流演绎那美好的故事！

许久的沉默，许久的等待，一次一次无疾而终的短暂爱情，已经忘却了该怎么去思念、怎样去等待一个人，眼眸深处蹙然的神殇，还有那隐匿心底的孤寂疼痛。都无时不在脑海中涌现，一丝一缕伴随着时空，游荡在天籁！我善解人意，不啰嗦！追求乐观文雅！始终认为，幸福生活是一份直觉，爱在点点滴滴中渗透，情在锅碗瓢盆中感动！男人一定要积极进取，充满自信，这是一份对自己言行认可的自信，不是自以为是！于是，凡在彼此的接触中能达到心灵的默契，那一定就是我的最佳人选！

二十六年来相继两次短暂的婚姻让我害怕再次踏入丘比特的领地，前者属非法婚姻不说；尽管后者她是一个非常善良、浪漫、敏感而又追求完美的女人，其实，男人也在追求着完美，我们也是理想主义的信徒。所以，半年恋爱，同步牵手，连“神七”也感叹我们的速度。五年后的今天，突然觉得自己好傻好可怜，错过了美丽的季节，不能再压抑本来就渴望幸福和真情的内心，以及希望被温存的天性。在茫茫人海中，我四处张望，挥舞着双手，希望那个悦已和已悦者能在灯火阑珊处找到我，拉起我的手，共同去经历风雨和彩虹。

如果总有一种原因让你放弃爱，那只能证明你爱得不够。如果你在爱的面前彷徨和犹疑，说明你爱得不坚定！但是爱情路上，这一段不堪的经历，想要彻底忘却不是件容易的事情。非常美好的愿望是这样：把两个人打烂了揉碎了再搓成一个人，互相能做到足够坦白，两个人如同一个人一样。可是，美好的愿望在实施的时候是多么的艰难，直至现在，双方心里都明白：时间与我们开了个玩笑，尽管爱情穿梭在岁月中，可是我们实在拖不起了……

听说，遇到对的人，在对的时间，就叫完美关系！但人生哪里会有太多完美？所以相爱的人，总是因为一方固执的认为有缺陷而让原本美丽的爱情人为的多了遗憾！彼此懂得珍惜现在，一起勇敢面对未来。或许会离完美更近些吧！爱与不爱一线之隔。经历过一些事后，很庆幸自已懂得了放弃与珍惜！用正确的心态看待得失，也是一种财富！当我们摊开双掌，或许才会拥有整个世界！

夜深人静，一颗恋恋的心在等待！期待那风中的诗篇，期待那温暖的话语，还有那暖暖的情义！我知道，你我都在追求永生，都在试图让生命划过这个世界的时候，能留下更深的痕迹。而那份惊喜，只是人生走出黑暗的刹那间闪光，请珍惜每一份缘分——可爱聪明的姑娘，如果明天你的心依然在流浪，请接受我这份爱，陪着你打造一片天地。如果我的世界从此以后多了一个你，即使在阴天，我也会告诉你，我爱你，胜过彩虹的美丽。

哈哈哈，肯定有人说是悲情专家，谢谢你的夸奖。你是泰坦尼克号美丽的罗丝，我可不是帅气勇敢的杰克，这个初冬感动自己，能够遇到你可能是我的福分。能在当今物欲横流的社会邂逅如此完美的恋情。感动而激动！并使我坚信这个世界和地球上存在真情！谢谢你，给我的爱！

爱由一个微笑开始，用一滴眼泪结束。当你爱上一个人而不被对方所爱，是一件伤透了心的大事。但最痛苦的莫过于你爱一个人却没有勇气让他知道你的感受，这又是无法面对和难以接受的悲剧。我是一个习惯了享受乐观的人，偏偏总是与悲剧结缘！最好的朋友看着我喝下一斤白酒后趴在桌子上（心还在正常的跳动），在炼狱里磨练。他不发一言，而后静静地离开，此时的无声胜过有声。感觉就像炎热的天气吃了一大块冰，从头爽到脚丫子。从未有过情感的交流，在此时却演绎着最动人的心灵沟通。这是真实的心态反映。你永远不清楚得到了什么？失去了什么？从质和量上体现不出来？直至你大彻大悟了，才更加准确的感到心中空荡荡的。客观现实正是如此。遇上一个人只需用一分钟的时间，喜欢上一个人只要说一句话的工夫；爱上一个人至少要用一天的距离，可要忘记一段情却要用一生的长度。

也许有一天我们能够再次相逢，但那时你我只是淡淡地微笑着，也许我们有很多话题要聊？可是我们只在转身时迟疑了一下?！也许还有很多的也许？只是我们已经没有力量去抹平眼角的鱼尾；无论此生还有否见面的机遇，可能都会留下彼此的改变，希望从对方的神态中找到青春的影子和浪漫的过程。至于回忆是谁好像已经无所谓了……

开始学会了为自己享受微笑去争取一点资格。让自己在n年后的天堂与上帝相遇时给他一个微笑，让她也知道我们曾经淡淡的美丽过。无论有情还是无情，总是会被回忆所伤，只是重情的人受的伤更多一些罢了。于是，我们又学会了遗忘，掌握着在烟酒中的麻痹，酝酿着难以忍受的逃避。可是冬天里升起的红日，依然带来了温暖。使得我们脸上被涂抹的火辣辣的，依然散发着笑意。

有人说这个时代是充分展示个性的时代，“疯狂是这个社会的特征，狂躁是人的基本特质”，不管这个理念对与否，在茫茫人海中，在时间的无涯里，我们只是一个小分子，微乎其微！什么才算是人生的成功？怎样才算是生命的风采？何谓爱情的最高境界？也许，洗尽铅华后，依然是那颗行者的心，微笑而渺小。看多了肥皂剧，领略了人生的百态，对映入脑海的一切司空见惯，眼前一片清空，心田才能一亩净土。

君不见，老农不再刀耕火种，拉几块薄膜就育出了反季蔬菜西红柿，比茄子还大，惹得老天不高兴；小姐不分大小，见人就喊哥，把辈分也搞乱套了，弄得家庭不愉快；至于社会上的关系，几乎比电脑程序还复杂，那些二奶三奶们不知吃错了什么药？光天化日之下就抢别人的老公！所以，电影启示录告诉我们《色戒》女人不可靠，《苹果》男人不可靠，《投名状》兄弟不可靠，《集结号》组织不可靠，《血色浪漫》爱情不可靠，《幸福像花儿一样》家庭不可靠，《长江 7 号》地球人不可靠！哈哈哈。……谁知道这年头还有可靠的吗？

不管社会如何变革，无论人类怎样发展，我们两个注定要微笑着走到一起，看那人生万千，品那沧海横流，只不过前面的路还有很长很远，不知哪个世纪才能搭上开往未来幸福的列车！但我们彼此都应深信：微笑着面对人生，微笑着面对一切。真诚迸发的热情能让我们于回归中平淡，在悄然的一刻里浓缩幸福！曾吟过：花蕊蝶翼永远相随——那是我们的追忆 爱情转移——那是我们甜蜜的大逃亡。大城小爱——我们永远不会感伤。分手也快乐——那是智者永久的心态！很多时候，我们并不知道人生会有怎样的际遇，而不经意间的每一次相逢，每一次微笑，在未来，都毋庸置疑地是那样的重要而有意义。

为自己的人生微笑吧，笑可笑之事，笑可笑之人当然也要经常笑一下自己，笑以往做过的事情，笑今后想做的事业。因为你只有一次的人生，最快乐的人有时并不需要拥有世上所有最好的事，而只需要笑着去做想做的事情。沿着自己的人生轨迹行走不要回头，待定论后转身也就没有了后悔。因为，我们都是笑着来到世界上的。

好想，好想——一辈子牵着一个人的手走完旅程，无论天涯还是海角；好想好想——一生中只拉紧你的手笑看苍生，无论辉煌还是坎坷！于是，我在寻找，一个港湾，让船只不再漂泊；我在寻找，一个家，让爱，不再漂泊；我在寻找，一份情，让你不再漂泊；我在寻找，一个你，让我不再漂泊。哈哈……新时代的流浪者！

二十几年前在大学读书，闲暇经常去图书馆消磨时光。沐浴在夕阳下，常常看到一幅画卷——一对老人牵着手蹒跚地散步，从进入视线的第一时间定格，一直到望眼穿瞳，泪水悄悄的滑过脸庞，流到嘴边，咸中带点甜……很感动很激动当然也很幸福……那时我也突发念头，到我老了，我的另一半也会这样牵着我的手蹒跚地走吗?！果真如此的话，那比蜜还甜还爽口啊……

其实，从懂事时候起，我就一直憧憬着比糖还浓的生活，两人牵手，相濡以沫。彼此多些宽容理解，最大限度的谅解和礼让，组建那样的家庭——外星人也会嫉妒的……少儿时浓缩的梦想，解压后就还原成我的意愿——大了，我要有个家！一个温暖、自由、民主、平等、和谐的小窝。那里，是休养生息的地方。谁不想有个家啊？谁又不期盼自己有个知心爱人呢?！那份爱、那份情、那份真、那份诚，不仅是享受激情，更深体味的是它带给我们的温暖和自在。

茫茫人海，自己的另一半在哪里?！经常会叩问苍天：伊人何在？一生似浮萍，问此身何寄？天不语?！岁月的年轮又多了一圈。去年春节是人生中最悲哀的时候；今年春节虽然没去年悲哀，但仍然不是欢喜而是有些怕。一是各方面的压力都太大，对待牵手不想委曲求全，不想草率行事，更不想仓促结伴而行，二是希望新的一年找到真心爱我的人，拥抱着幸福，牵起她的手，走向天伦。看，雪花一片一片又一片，拼就了你我的缘分。捧在手中叠加，千万可不能化啊！谁都想主动地去争取幸福，不想再错过机会和机缘。

我等不是引导都市生活加时尚的帅哥，也不是出手万贯的大款，更不是黄头发蓝眼睛的“老外”，我们充其量就是一个三等白袖口。但我希望你是相貌平平的女孩，因为，我不需要养眼；我们不喜欢物欲膨胀乱花钱的女人，而是最欣赏你的才华和平淡。你越普通、扎着黑色马尾辫才更符合理想人选。我们会不断的创造男人味，奋力为事业而拼搏。在我们的眼里，美好的面容是暂时的，健康的身体才是永久的；金钱不是一切，而阳光般的笑容才能永恒；地位不能附着一生，而风趣幽默豁达，负责任和沧桑感才是男人应必备的。真心的期望有个稳定的家，真诚的期待稳定的感情，真挚的渴望有个至爱亲人，使心灵、精神、肉体都有归宿和依靠，让远航的船只驶入温馨的港湾。这就是我们共同的理想啦！呵呵……是真心的话啊，一般人我不告诉她……

现在快节奏的都市生活，已经没有多少人会耐心的去追求情爱，也更不会去等待激情了。灯红酒绿浮躁了短平快的城乡，有心的人会看得见，用心的人会记得住，专心的人会读得懂。越来越多的色彩和新新人类，演绎着妩媚风情，华美之感的诱惑已经变成“肯德基”和“麻辣烫”了，理智和冲动有谁能够读得懂？这其中又纠缠着单身们多少无助的软弱？呼唤着几多孤独的心灵?！

然而，传统的伦理和道义启迪了感觉，燃烧着我们的知觉，颤抖着我们的直觉，永远不会窒息我们未来的梦，风花雪月只会给我们增添勇敢的力量，世间爱恨情仇又怎能阻挡我们想有个家的信念?！就让回忆随雪逝去消失在远方的苍穹中，到那时，我仍会流着眼泪，微笑着看那一对夕阳下的老人，在一天天的蹒跚，在一年年的散步。祝福着他们来世今生的幸福。

既然牵了手的手，今生就要一起走，不要问路在何方？很明确——有了你的陪伴，没有岁月可回头。落日的余辉下，我们的身影同样也在拉长，有家的行走是一种大爱，家的情感让人，在幸福中积淀，于负载下执着。家让我不再漂泊，我是海鸥——永远在你的大海里翩跹；你是小鸟——永远在我宽厚的山脉里依偎。我们都是世界上最幸福的人！让欢快伴随着洁白的流云去享受那蔚蓝，洗掉伤痕和漂泊就当作往生吧。雪也就不要再下了，你已经激励了我的双眼，湿润了我干涸的心田，从此不再迷茫，油然而生的自信，让我更加坚定；我的未来不是梦，期待和渴望不再朦胧，有家的明天一定会更精彩！

一个人孤独的时间久了，有时总愿意回忆年少时光，总想让时空倒转，去追忆儿时的梦，因为，孩提时的幻想最纯真，也最能实现和满足，所以，期盼在梦中流连，不愿醒来……

少年时做梦，是一分幻想加九十九分天真。因为想当司机，就总是梦里开车，山路崎岖，也总能达到巅峰。青年时由于思维不定势，所以白天想什么，晚上就会在梦中出现什么。当然也做一些稀奇古怪的梦，醒来后常常忘记梦的内容，记忆中总存有一片空白。时至中年，梦里就有了动漫的成分，儿时的追求，少年的憧憬，青年的彷徨，中年的迷茫夹杂在一起，似虚无缥缈而又具体实在，像雾里看花也像挑灯看剑。回归现实时对梦中的情景记忆犹新，总能在情绪大起大落时加以复制。为了这个梦，我追求了很久，也探索和回味了很久。也为了梦中的情，我痛苦过，徘徊过。如今的我，依然为梦中的真诚所感动，为梦里的情愫而陶醉，为梦中的期望而发奋，继而以一颗赤诚的心，来跳动生命之梦。

我曾经梦中的你，留着一头波浪式的长发，虽然发型稍微保守，但那是典型的东方女人，永远不会被流行所抛弃，不管时代怎样变迁，无论年代多么久远，梦中的我总会钟情于她。淡淡的相识，淡淡的相知，淡淡的相爱，必然会派生出永久地携手。多么令人神往！单纯而又浪漫的做人、平凡而又执著的做事，感动着日子的平淡，追求着普通的追求。多年的孤独虽然已使激情只剩灰烬，但梦幻中的温柔还在彷徨。身心虽已疲惫，但对爱情一直充满了渴望期待，没有固执，也不会拒绝，只想惊天动地爱一回。一见钟情毕竟是少数人的偶然，从始至终笃信；缘在惜缘，缘去随缘的道家理念。信逢缘是天意，分是人为的客观真理，用一生的时光去寻求一个互敬、互爱、互谅、互帮、互勉的融洽而持久的梦，才是真正的渴望。

在梦中吟唱着岁月的磨练，风雨中有你伴我同行；坎坷总是那么凄美温婉，人生就像是那五线谱，在直线和曲线的相交中，很难预测到哪个音符蕴藏着优美韵律？哪个音符孕育着悲伤的节奏？你的温柔体贴有如高山流水般的风雅，清新畅达；当洗尽浮华时，总能散发出迷人的曲调，让我陶醉在梦魂萦绕的境地。你如同一朵开得正艳的牡丹，雍容不失娇艳，典雅却蕴藏着无边的风情，把我的梦带到诗一般的美景中，在思维的海洋里徜徉，幻想着心驰神往的意境。想你的时候，总能看到你的信息，听到你的欢笑，每每如此，我仿佛喝了一口女儿红，感觉是那样甘甜爽口，享受着酒不醉人人自醉的微妙情景。你的出现让我的梦有了关爱，希望里有了着眼点，期待中有了落脚点。哪怕奏响的是一首岁月悲欢曲，我也要和你一道，把它演绎成委婉动听的沧桑悲壮之歌，用真爱去谱写那新的《梁祝》，以真诚弹响《两支蝴蝶》的主旋律！找回童年、青年、中年岁月的时光？唤醒我激情澎湃的回忆？那里面曾经有我们得与失的快乐，有痛苦的迷惑，有追求的十字街头，还有成就未来的梦！

爱长久，梦才能圆。脚步渐行渐远，有你的日子，有一种感觉很难言传，寂寞的夜里，忧思和惦念很少让我做梦，说穿了就是梦已醒，人已回归到现实中后，就失去了做梦的心情，在纷繁的世界里，我感悟了人性的善恶，多彩的生活中有人生的苦乐，不外乎是艰辛的旅途，很愿意与你相伴，同行一段蹉跎岁月，那也是生命的轮回啊。在静静的黑夜，我并非没有梦，而是在无际的银河里，我的天籁始终有你。你好像是那艳丽的花朵，又好似擅舞的彩蝶，绽放着幸福和美丽，于是，我笑了，心晴朗了，思念着你的声音，寻找着你的身影。胸中燃烧着盛夏的晴空，月光下倾泻着浓浓的恋情，我幻化着能变成一只小鸟，去追逐着你，寻觅着你，请你一定相信，被感情穿越过的岁月也会有梦。慢慢的弥散记忆，在回放时不需要提醒，更不会忘记，就像时空和你！

人世间有多少梦有完美的结局？生活中有多少故事有明媚的阳光？如果我

们只是旁观者，就难免被情感所伤，被爱情遗忘。有位作家这样写道：有一种激情写在感激，是想告诉我们：不要总徘徊在心的边缘，要看到天籁抚寂；有一种执着写在感悟，是想激励我们：最远的距离不是天涯海角，要想到“人生似曲”；有一种睿智写在感知，是想滋润我们：流水不因石而阻，要悟出“人生如诗”；有一种磨难写在感化，是想告诫我们：勇气能战胜挫折，要等到朽木生花；有一种幸福写在感动，是想燃烧我们：要想到苍宇飞虹，真心才会有真爱；有一种秋日写在感恩，是想思念我们：根和绿叶的连接很美，难在终身厮守。正是有了上面无数个祝福，我们才真正醒悟到：生命最美，爱情最真，友谊最纯！所以，无论你我，都要用勇气来面对挫折，用智慧去踏平坎坷，用力量来铲除障碍，用坚持来守候纯洁，用牵挂去呵护爱人，用一生来证明幸福。

（2009 年 1 月 29 日写作于重庆）

14 《爱比死更冷》

日本著名情爱小说作家，大师级的渡边淳一老人近来接受《南方人物周刊》的专访，我仔细看了，觉得这位 73 岁高龄的高产作家对于婚姻和恋爱的理解真是到了一种化境。感叹不已！

我不敢说他说的都是对的，但他的话深深地打动了我，有种震撼感，太真实了，他对于男女情爱和人性乃至人生的刻画和剖析，我以为就今时而言，无人可出其右，他是一座涌动着岩浆的活火山。

现节录部分谈话内容并自己加以点评如下：

1. “我从来都不觉得自己已经 74 岁了，我总有太多思索，一个人如果失去这些，安于现状，才是真正意义上的青春的完结。”

点评 从《失乐园》开始，我改变了对作家的看法，以前看他的小说里有较多的性爱描写，以为他也就一如写《假如明天来临》的美国畅销通俗小说家谢尔顿一样的三流通俗小说写手，但看过《失乐园》后，我才觉得他是一个对婚姻人生有深刻理解的人，尤其是在对待爱情与死亡的关系上，有着日本大和民族特有的极致的美学品位，并且在作严肃的思考。即使最终并没有给出答案，但提出了问题，这就是一个作家写作的价值所在。

2. 人们并不因为对错而分分合合，现实里很多夫妻，其实对对方不满，甚至怀有怨怒，但依然在一起，他们的相处需要智慧。目前的教育强调“忠心”，但感情的变化才是它最真实的一面，“移情别恋”不能简单地用好坏来判断。我写作，只考虑人性，人的本质和真相，从不考虑这是否符合道德规范。

“一般而言婚姻里的爱，充满得失利益的考量，女人考虑男人的收入和前途，男人考虑女人的相貌和性格，现实里的婚姻，其实很多爱已经瓦解，如果一定要追求真爱，要么离婚，要么婚外恋，而婚外恋充满危险，违反世俗道德标准，会让人失去很多，甚至堕入无底深渊，即便如此，为什么人们还是要去追寻？这恰恰说明了基于性吸引的爱的纯度，所以，婚外的爱比婚姻内的爱纯度高，没有那么多杂质。”

点评 惊世骇俗之论，当年我看《失乐园》，我就很难去谴责那一对搞婚外情的中年男女，但一直没想通为什么。关键也许在于是婚外性还是婚外情吧？大师所描述的那种情爱，有唯美主义倾向，里面的男女主角都是情操高尚的人，乏味的婚姻让他们透支了生命，一旦遇到，却无法逃脱一种宿命的怪圈，《廊桥遗梦》里，那对有情人选择了道德和责任，而渡边则要试图打破一种传统的伦理观，他所描述的想象和事实，在全世界都是客观存在，他想表达的也许是：从某种意义上来说，婚姻是违背人性的。他的观念，在日本这个性爱极为开放的社会，也受到了社会普遍的质疑和抗议，但没有人可以否认他的真诚和严肃，也许，这是无解的，但他通过小说来挑战约定俗成的道德，已经有了思想家的思考价值，所以，他的情爱小说畅销世界，屡见佳作。他是另类的，又是俗世的，一个开放的社会，必须允许挑战，这也是一种进步。

3. 爱的顶点就是失去一切。在《失乐园》得到世界范围的读者的好评时，有人问我:“为什么他们两个不结婚?”我回答:“正是因为相爱，如果要把这爱的激情维持在巅峰状态，那么结婚只会毁了这份爱。”从结婚开始，等待他们的就是庸俗平常的生活。最后，为了让爱凝固在巅峰，唯一的方式就是离开这俗世选择死亡。这不是逃避和失败，而是积极地追求永生。爱比死更冷。

点评 爱比死更冷。这句话非常深刻。大师以为：爱的极致里有死亡和恐怖，如何去理解这句话？真正淋漓尽致的爱，确实有死亡和窒息的味道。人们对另一个世界总有着一厢情愿的浪漫想象，对吗？这与对爱的期望其实是一样的。我们不知道那个世界，就像不知道什么是真爱一般，谁能告诉我死亡的滋味？谁又能准确地描述真爱是什么？生命的终点如此残忍，人们才会不期然地在某个时段积聚一切力量，不顾一切地如飞蛾扑火般去疯狂爱一次，你没有遇到，那只能说你没有能量或者不幸。幸与不幸，就像生和死一样，何为永恒？我想：艺术和文学，总是在讲述生死和爱恨，这是生命的轮回，没有爱过的人生，不值得珍惜。死是容易的，爱则并不简单。

4. 男性是追求女性性欲的具体存在。他们从小到大，努力工作，内心真正的动力就是得到女性的认可。从这个意义上来说，男性的一生是受性欲控制的，如果一个男人在性的交往中，有三个女性说他无趣，那他就彻底完蛋了。事实上，男性是只有被宠爱才能成长的生物。

点评 所有看到这些文字的男人，可以扪心自问了。而成熟的女子，也别骂男人都不是好东西了。结婚成家，是女人的港湾，而男人则以为是围城，理想中，男人希望在婚姻里独占一个女人，并且希望有良好的性爱，但现在来看，结婚也许就是有个伴侣，过日子，激情大致是没有了。这个事实，其实很普遍。一个再高尚的男人，骨子里与一个流氓没有本质的区别，唯一不同的是，他更有控制能力和羞耻心，或者更聪明，更珍惜自己的所得而已。这就是真实的人性。大师能够以最平衡的姿态描述男女之间的情与爱，性与欲，得与失，我们应该表示尊重和认同。毕竟，虚伪，是男人最大的无耻。而好色，也许不是。

一直在思考人性里的恶，反思自己走过的人生，当看到一个情感历尽千帆的异国作家，却如此坦诚地道出他眼里和心中的人性时，这就非常值得男人和女人们思考了。

明白了，并不表示你一定得去做，人们去做了一些伤害别人和自己的事情，往往就是因为他和她并不明白这些。知道什么是应该做的，什么是值得去做的，是真正的智慧，而且一定会得到幸福自得的人生，大师想告诉人们的，也许不只这些，但我只能悟到这么多了。

（2009年春节写作于重庆观音桥）

15 《清明情结》

其实，我说实话，四月江南的春天是美丽的：莺飞草长，青草细细密密，鲜花尽情绽放；人们的心情是愉悦的，也是悸动的。无关乎，春游的人群是那样浩浩荡荡，都市人“倾巢出动”，来到乡野，听鸟鸣声声，看溪水清清。这因为，清爽的人间四月天里有一个重要节日，湿漉漉的，牵动了多少人的心弦，那就是“清明节”。

一直以来，在我的印象中，清明是一个动词，鲜花青草都从这里走向鼎盛和繁茂。这个时期给人以形形色色的美：纷纷细雨洗净了嫩绿的叶，充盈了鹅卵石铺满底部的小溪，压弯了杨柳那婀娜多姿的曼妙身段。或许，对故人的愁思本不应属于这个时节，而应属于枯槁的冬季。然而，“清明”这个词终究属于追忆，让无尽的怀念化作一场相思雨。

记得少小时候，不懂清明。对清明的感觉是由泥泞的小路，潺潺的小河，细长的柳条，还有被风吹散的青烟组成的。我只知道，清明对于我和兄弟姐妹们是一个相聚的机会。上午，我们在小河边“拈花惹草”，追蝴蝶、逮蜜蜂，小脚丫踏遍那片飘香的油菜地。父亲负责去街上买纸钱，奶奶和妈妈负责做丰盛的饭菜，用来祭祀用。傍晚时分，父亲就带着我们兄弟姐妹几个到祖宗们和养父的坟前，磕头、烧纸钱、夹菜、倒酒。少不更事的我们，还在一边偷偷地笑。

待到长大上学后才发现，清明其实是一种情结。年华似水匆匆一瞥，而今我们兄弟姐妹们几个早都已长大安居乐业，像蒲公英一样飘散在多个城市的角落。每到清明节临近的时候，我总是不由自主地想起那时的自己，是多么天真烂漫，可以在春天聚在一起招蜂引蝶，在懵懂中享受自然的美与精致。也会想起父亲，在祖坟前说那些我们听不懂，而且年年都相同的话。那时的我不会知道，在多少年以后的今天，那样的相聚对于我们来说竟会是一种莫大的奢侈。

清明节前我在数说，清明一定要回老家祭祖。可后来临时变故与美女妹妹结伴同行去了凤凰古城。确实，清明节是一种思念，也是一种回忆。那缕缕青烟在我们脑海中百转千回，就像每年清明时节的雨一样，总是如期而至，像极了那从不曾忘记的别离。对于生死别离，我记得曾经有人写道“永生相记，隔世相忆”。我明白，也许这就是我的清明结吧？在此，我遥寄思念，向天堂里的奶奶、父母亲、养父还有老祖宗们问安，也向天堂里的汶川地震受害者致意！

（2009 年 4 月 4 日写作于重庆解放碑）

16　《悲情绝望》

曾经为了你的一句誓言，我等了八年，在这八年里是我人生中最珍贵的时光，我把我最美好的时光给了你，知道吗？但是你不懂，为什么你不能得到别人的心，因为你从来没有真心的去爱一个人，因为你不知道怎样珍惜身边爱你的人，你让她们痛彻心扉。我不再等了，因为我为了你放弃了人生中最美好的时光，也是最珍贵的，很多人在这样的花季享受着爱人的关心和爱护，可是我没有，我只有孤独寂寞，我用八年的时间守着我这颗撕折得要破碎的心，我忍受着你带给我的伤害和耻辱，一个人做成这样了，已经是彻底的让步了，可是我得到的是失望和寒心，八年来我连你起码的信任都没有，我走了，不要再来伤害我了，让我安静的过自己的生活，虽然我生病着，但是我会承受着的，因为我的肩膀一直承受着不应该承受的痛苦，我已经忘记什么叫痛，因为心痛的感觉才是最锥心的。

曾经我爱过你，很爱很爱，现在我会学着忘记你，因为我明白我在你心中的意义，我在你心中可能是一颗泪，在心里最脆弱的时候才会突然想起，怎么会有一股酸酸的感觉。那是我为你守候了近三千个日日夜夜的所有感受。

如果人世间有来世，我真希望不要遇到你，其实也怪自己太贪心，总希望得到最完美的爱情，如果能让我回头，我一定会安静的结婚，找个爱我的人，真心爱我对我好的人，平静的过一生。

曾经我爱过你，我不恨，因为是我的虚荣心，我相信你会给我美好的爱情，我把我的一切寄予在你的身上，幻想着你会好好的珍惜我，我错了，因为我在你心中是微不足道的，甚至都没有为我着想过，我的未来……我的心情……我的健康……这些好像都与你无关，每当逢年过节时，一个人在蜗居里那种孤独吞噬着我的心，我爱的人在哪，每当你漠不关心的语气，我知道我离你很远了……那种心与心的距离很可怕，相爱的人，最后比陌生人还要陌生，心里的恐惧无法言语。我的心在滴血，比生病的痛苦更折磨人！而你最亲的人也不认我的时候你那着急的样子，我看了心里酸酸的，因为你从来没有为我设身处地想过。

曾经我爱过你，但是我现在还是要离开你，心里有你的影子，每天都会想到你，那种痛比生离死别还要痛苦，因为我是一个没有得到你真正爱情的人。在没有我的日子里我希望你过得快乐，因为人生就这么短，我不希望我们是仇人，希望你懂得珍惜你拥有的一切。

如果遇上一个爱你的人请你不要伤害他，男人的心被女人伤过就不会有爱了，因为曾经的往事永远像烙印一样雕刻在他心里，永远是一个难以愈合的旧伤。经不起风吹雨打了，但是他还是会微笑的和你再见。泪水他可以一个人独自承受，不会让你看到他哭泣的样子，不会让你看到一个男人绝望的表情，风中他单薄的身躯在艰难的行走，没有陪伴，只有一路的孤独，但是他还是想要坚强的走过去，因为没有退路了，爱一个人，希望对方过得好，也许很多人做不到，自己也做不到，但是除了祝福没有别的办法可以让一切有所改变，还是放高姿态让自己心中有点希望。

忘记了我曾经爱过你，我深深的爱过你，也深深的痛过，但是我没有后悔，因为不能后悔，我只能离开……

（2009 年 4 月 20 日写作于重庆）

17 《生命中不能承受之重》

“活着，还是死亡？这是一个值得思考的问题” ——题记

零落的花朵

驼铃叮当，叫醒了沉睡的大漠，伊人款款，带来了美丽的童话，流浪的她，固执地相信皇帝是有新衣的；美丽的她，黑色如漆的眼睛映出了金色飞沙。

夜色愈来愈浓，悠扬的马头琴在月光下的沙漠响起，她醉了，既为琴声，

更为歌者。因为这个醉，她把自己的心留在了大漠；因为那个梦，她将无尽的痛写在了书中，抒写了一个无法醒来的梦。

何必太匆匆！生命如此脆弱，怎能轻易就让她离去？三毛，你不是曾经说过："人生有许多大困难，只要活着，没有什么解决不了的，需要的只是时间和智慧而已。"

可你又为何，做了一朵过早零落的花朵？

燃烧的火鸟

传说中，有一种鸟，五百年的重生以此长生不老，然而，只有经历了烈火煅烧，火鸟方可重生。

陶潜重生了，可他经历了"欲辩流言"的寂寞；李白重生了，可他经历了"赐金还乡"的冷遇；苏轼重生了，可他经历了"乌台浔案"的煎熬，原来，痛苦是生命的必由之路，只有彻骨的痛，才有生命的美。

结束语

生命是坚强的，南极的企鹅，青海的藏羚羊，塔克拉玛干的响尾蛇……原始的本能化为不竭的动力，一个个物种在恶劣的环境里生生不息。

生命又是脆弱的，因为它背负了太多太多东西，有许多不能承受之重。

丹麦王子哈姆雷特的话是永远具有生命力的："活着，还是死亡？这是一个值得思考的问题。"每个人都曾品尝过生命的苦涩，所有智者都会转化生命的创伤，将人生的失意、挫折、痛苦与不幸幻化成美丽的珍珠。

（2009 年 7 月写作于北京）

18　《词尽处之静美》

深夜里，孤灯下，一曲《寂静之声》，仿佛涓涓溪流，历经蜿蜒坎坷的沟壑、幽深难探的丛林，汩汩抵达我寂静的心海，洋溢着鸟语花香，弥漫着大自然的清新，让人感受到宁静、平和，与世无争，倏忽之间，仿佛到达悠远的山谷，远离尘世，远离喧嚣，只剩下漫山遍野的青绿，湛蓝的天空，悠悠的白云，一切寂静与美好！

幽谷清泉的寂静之声，缠绕着这渐渐充满的气息，美的和谐统一，无言亦无语！这寂静之美，我想只有一个词最为合适——自然。

纷繁人世，世态百相，我惟独钟情这寂静之声！

世间有太多的美呈静态，我习惯于在寂静中寻找美、发现美、感受美。浮云不负青春色，细雨何辜白帝城。多么动人心弦的诗句。浮云有浮在天空中的声音，也有从天际飘过的声音，细雨有私语般的缠绵温柔，它们也是那寂静之声，如果你与他们互为知己，两相心知，又怎么会辜负了你如水的韶华呢。

在寂静中随音乐遥思，任心灵飘向远方。不是刻意的思考，只想在音乐声中从容对视，想念着那朵绽开的莲花，洁净的颜色，芬芳的香气，在心中永不消失，把娇美的面容爱恋刻骨，无限的柔情让人甜蜜馥郁。牡丹枝上青春老，燕子声中白日长。花开花谢、燕儿的呢喃都是在寂静的时候才能被那些寂静的人听到。此中有真意，欲辨已忘言，但我以为连辨也是不需要的。心中自有一种闲闲的况味，何必打扰呢？

让这美妙的声音，把幻想挥洒，在梦中播下种子，演绎那幸福的幻境。是的，美丽总是在心海里显现，幸福总是在温情中体味，深情总在音乐下沉淀，心灵总在思念时洁净。我心，随风，随音乐，绽放心灵深处恒久的真实……

乐曲在空气中流转起舞。它让我想起蓝天，却更加宽阔；它让我想起森林，却更加深邃：群鸟啁啾，落叶簌簌，流水潺潺，与一切一切静谧细微却又透明的声音中穿行，寂静却从未消失。

寂静中，随音乐聆听花开、聆听似水的光阴，遥远的往事在寂静中显现，生活需要回味，人世间一切的庸俗、浅薄、贪婪都在寂静中滤过，如一泓秋水，洗净了心灵的芜杂和污垢。抬起头，看见满天的云朵，正轻缓的移动着脚步，在蓝色天空的映衬下，显得更加盈润，甚至丰姿绰约起来。此时此刻，云的步伐却依旧没有打破寂静的美丽。“落霞与孤鹜齐飞，秋水共长天一色”安宁静谧、光影和谐，意境开阔。

静下心来，仔细地想……似乎不论什么，都好像是从寂静开始的。春天的柳芽、夏天的花朵、秋天的瓜果以及冬天的瑞雪，都在寂静中孕育、寂静中成长，然后又在寂静中盛出，一切都是这样安静而祥和。沐浴在秋天的阳光里，好像看见风正和秋玩着捉迷藏。顽劣的风，走到哪里，都因为随意抛撒下满地的黄色树叶，以至于露出了自己的行踪，使得秋轻易就将它找到，然后将它一路追赶着，直到它将最后一片叶撒落在寂静的街头。精疲力竭的秋，终于，无奈的安静下来，静静的走到冬的身后，于是，四季就这样，在寂静中，交换了角色。

每一次让思绪沉浸在这种意境里，我似乎就忘记了一切，升华成了一片云抑或是一阵风，飘荡在天地之间，遨游于万物之中。在那里，没有了尘世的浮华和喧嚣，有的只是一种毫无拘束的轻松和惬意。美的极致是不造作、不张扬、不喧闹；是无声、是静默、是和谐。我沉迷于这寂静之声！

我想，音乐不只是一种感官的享受，更是一种心情，一种感悟。

（2009 年 7 月 10 日写作于北京中央警卫局招待所）

19　《沉痛的心》

前段时间，我到山区调研留守儿童状况后，至今的心仍很沉重……

孩子们没有足够的学费，因为家里收入少，孩子多，所以在等待减免。但他们总是在等待中失望、在等待中失学、在等待中走出大山，跟随他们的父母进城打工。

他们没有好的师资力量，老师们没有经过专业的师范训练，上课照本宣科，课后致力于打牌赌博。对于这群孩子而言，是多么的不公平。

他们没有足够的粮食，因为留在家里的只有祖孙两辈，没有足够的劳动力，所以只有缩减每天的饮食，将三顿改为两顿，甚至是一顿。当我看到有些已经是高中的孩子，还没有我们这里小学的孩子高时，我才意识到，自己生活的环境是多么优越。

他们没有足够的运气，因为他们的父母成年累月在外打工，只求养活自己和他们，没有想过将来怎样。他们只能和祖辈生活在一起，缺少心灵的交流与沟通，缺少精神的支柱，所以，有人选择了吸毒，有人选择了卖淫，有人选择了偷盗。我相信，他们不是自愿的。一切，都是身不由己。

但是，他们每天都坚持走在那长长的山路上，走向他们认为的可以改变他们命运的学校。他们在努力着，用“天道酬勤”来激励自己，用繁重的家务活来磨练自己。他们想象着山外的美好世界，想象着他们的父母在外可以轻松地打工。他们在寻找自己生活的道路：是和父母一起去打工，还是用知识改变命运？没有人能告诉他们，但是，他们依旧笑得灿烂，笑得开心，因为那里还有明天，还有阳光。

（2009 年 7 月 18 日 23:00 写作于北京中央警卫局招待所）

20 《莫让遗憾成永恒》

一直非常喜欢《戏说乾隆》的主题曲：山川载不动太多悲哀，岁月禁不起太长的等待，春花最爱向风中摇摆，黄沙偏要将痴和怨掩埋……不仅因为它朗朗上口的旋律让我陶醉，更因为其优美的歌词中蕴含的极丰富的人生哲理。

每次听这首歌，都重重地叩击着我的心灵，让我想起天堂里的父母。是啊，人生苦短，时间不等人，“子欲养而亲不待”成了一种无法挽回的遗憾。当自己以忙为借口说没空的时候，怎会想到，人生因此留下一些永恒的遗憾。

只有亲身经历过，才会真正懂得遗憾的滋味。假如时光可以重来一次，可以重新选择，那些永恒的遗憾或许不会发生。因为年轻懵懂，生命中才有遗憾，但我们应尽力减少遗憾，不要等到懂得的时候方感觉太迟，只能徒增忧伤。

仔细回忆，随着时间的流动，有多少亲朋已经被刻意地遗忘？有多少快乐已经被忙碌所掩埋？蓦然回首，这些还未凝固的遗憾不加以改变也许会成为永恒。生活不可能事事遂人愿，但是我们至少需要努力过，不会永久遗憾下去。

我们不能控制环境左右明天，但可以把握自己珍惜今天，让生命展现笑容，让心灵得到慰藉。人生转瞬即逝，自己的命运唯有自己抓紧，从现在开始做起，说自己该说的话，做自己该做的事，走自己该走的路，莫让遗憾成永恒。

（2009 年 8 年 30 日写作于重庆万州）

21《秋日抒情》

秋，总是在不经意间悄悄蒙上你的眼睛，抬头间，黄叶漫天飞舞，阳光无影无踪，天空灰暗无比，唯有那风儿摇摆着时光的衣襟，凉飕飕。

几天了，守望着夏天那团烈火在内心燃烧起一股激情的力量，开始无休止的跋涉，夏尽秋至，席卷着颗颗沙粒与尘土的气息，压得人喘不过气来。秋，该是什么样的感觉？

对每个季节都有一个词来形容，春的活泼，夏的妩媚，秋的深沉，冬的清纯。不知道这样是否妥当，直觉告诉我本真的回归自然的心灵感应是最准确的。除了春、夏、冬，色彩分外鲜明外，秋，因为它的低调、含蓄、深沉越发让人觉得在孤独中散发着淡淡的忧伤、寂寞，这或许就是每个事物所折射出来的美。

秋有一种无法释放的情怀，似一本经典而富于时代色彩的美术书，抽象、神秘、生动、富于立体感，解读不完，捉摸不定。人的情感经过春的萌发、夏的燃烧、秋的凝练，在冬天里蕴藏。金秋十月满山红叶正值烂漫，一团团簇拥似红海的山野中，该是怎样的一番秋韵呢？

多少次漫步于夜空下，感觉是一种超然，一种心灵的释放，这黑暗的星空到底蕴藏着怎样的玄机，让每个人解读不完？

有首歌名叫《白天不懂夜的黑》，写得真好，白天怎能理解这夜的神秘与伟大呢？秋，如同在夜一样黑暗，在它辽阔博大的宇宙里，又暗藏着多少不为人知的故事呢？虽然它抽象，弄情、复杂，却是真真切切地存在，真真切切地用心感受，每个人的心里都装有她自己的秘密。即使你没有亮丽的姿色相伴，即使你一如既往地深沉低调，也挡不住人们内心对你的眷恋与喜欢。爱，无须言语，每个季节都有一种声音，而你，只是不同寻常罢了……

（2009年10月11日写作于京城西便门）

22 《老歌情怀》

音乐点缀着我们的生活，丰富了我们的人生体验，撩拨起我们往昔的回忆。

不老的音乐情怀，在这寒冷晚间被电台中的老歌唤起。停止跳跃于纸张之上书写“2010 年元旦贺卡”的钢笔，不禁落入往昔的回忆。那过往的忧伤，曾经的恋人，逝去的童年，家中的亲人，三年前的昨天撒手西去的文老三，都在这晚间悠然的歌声中腾起，散漫在我每个细胞的记忆当中。慢慢的随着歌声中的旋律，升腾，激荡，旋即又渐渐散去，了无踪影。恐怕这是我连续几年来听老歌的感受。

“有今生今生做兄弟，没来世来世再相聚”，听到这句歌词我不由自主的想起老庚——文老三，以及自己往昔的朋友，儿时的玩伴。此时此刻，他们又在哪里。天各一方，思念着过去的情谊，令人倍感伤感。

当你被一首老歌触动，那么你是幸福的，因为最起码你有这一段美好的回忆，值得你在这世界中的一个角落里，思量，回忆，品尝。

如果，你还能有三两个朋友在你身边，一同听老歌，那么，你就更幸福了。这一切都会让你觉得，生命和一切都是美好的。一个人不仅拥有值得回味的昨天，还拥有美妙的今天。

老歌萦绕心间，我们聆听着生命中曾有的低唱。检索着那些逝去的，那些我们不曾珍惜的，是否还会回到我们的身边。

愿离去人间在天堂的朋友一路走好、愿在世的朋友更加珍惜现在的幸福生活！

（2009 年 12 月 29 日 23：00 写作于重庆山城）

23 《2010 元旦畅想》

2010 年元旦，当我们昨天翻到新的一页日历，亲爱的朋友，你在想什么呢？

祈愿老妈的健康！因为她给了我毕生的爱。操心儿子的学业！因为是她圆了我毕生的梦。

除此之外，惦念朋友的事情吧？因为他们给了你无私的情；忙碌自己的工作吧？因为亲人们给了你无私的爱心……

当 2009 年的时钟响到最后一声，亲爱的朋友，你又在想什么？

此刻，你是否感悟到人生的真谛——

时间是永恒的，它是希望我们通过劳动梦想成真，永恒生命的延续是如此博大。

时间是短暂的，它是敦促我们珍惜宝贵寸金光阴，短暂生命的奥秘是如此精深。

在时间的每一个刻度里，都装满了生动的畅想，都挤满了生存的艰辛，都涂满了生活的色彩，都充满了生命的顽强。亲爱的朋友，你说是吗？

望挂历，听钟声，光阴荏苒。

是啊，其实人的一生只有三天：昨天、今天和明天。把握好今天，是对昨天的交代，是对明天的负责，是吝惜光阴，是与时俱进。

昨天，是高天厚土养育了我们，是艰难困苦锤炼了我们。于是赋予了我们：心灵有金的高贵和纯真，举止有土的厚实和淳朴，思想有木的正直和上进，情怀有水的柔美和激荡，生命有火的热烈和旺盛。

今天，世界变得喧嚣了，可我们心绪并不浮躁；人类变得复杂了，可我们心地依然善良。少逢苦雨终身润，壮炼琴心半世芳。人生有挫折才美丽，事业因逆境而辉煌。“爱拼才会赢”，人生在世，不辱此命，不枉此生，不虚此行。丹心鉴日月，碧血写春秋。

明天，将会又是一个明天，将会又是一个艳阳天，我们又将整装待发，向既定的坐标迈进。人生不止一个花季，花季又有无数芬芳。不管未来怎样，我们拥有阳光！设计未来，矫正航向，突破逆境，驶向彼岸。

在此我衷心祝愿所有的朋友新年快乐、万事如意！

（2010 年元旦写作于重庆观音桥）

24 《落地残红也美丽》

窗前的紫荆花仍在盛开，被西方人喻为“穷人的兰花”的紫荆花，花形犹如蝴蝶，花色密密层层。满树嫣红，灿若红霞，景色奇特，艳丽可爱。在古诗词里，紫荆花常被用来比拟亲情念故。有杜甫《得舍弟消息》一诗为证：“风吹紫荆树，色与春庭暮，花落辞故枝，风回返无处。骨肉恩书重，漂泊难相遇。犹有泪成河，经天复东注。”所以说紫荆花是诗歌中写手足亲情思念亲人的知音，紫荆花开愁春秋，花艳美丽慰心灵。

紫荆花除能拨动人们思念的心弦外，那落英缤纷，一地的紫红色花瓣，一匝匝，如染、如画，给人一种落地残红也美丽的感觉，这就是紫荆花更具魅力之处。有话说“人生如花”，人确实是随春秋代序兴衰过日，如花草般荣枯了此一生。而人比花逊色的就在于面对衰老更多的是在忧伤叹息，“残花败柳”四个字好似不是写给花草果木的，是人写给自己的。人嘛！其实用不着那么悲观，岁月虽然残酷，但情怀可以撼天，相信自己，热爱生活，懂得生活的人，在每个年龄段都能散发出诱人的魅力。80 后的人高兴时除了整天会打个 V，再难找得出别的花样让人共鸣。成熟的捱近残花败柳的人，喜悦时不露齿的微笑总能让人刻骨铭心。就是示爱，吻，也有明白的和不明的。初涉人世的吻，更多的是生理上的冲动或疯狂好奇的浪漫。成熟人的吻，吻得轻松且着意，不失浪漫又孕育着彼此间的一种责任。

不是说要与年轻人较劲，落地残红也不可消极，除身心健康外，合理得体的装扮，积极主动对美丽的向往和赞誉，这也许是落地残红也美丽之根本。在这点上女人比男人更有优势，女人三十如狼，欲望强盛而不服输。女人四十如虎，成熟且会为青春最后的晚餐孤注一掷。女人五十菩萨肚，变得慈祥且宽容。女人不可能个个都像电影《功夫》里的落地残红包租婆那样，逗！不服老的扮相，还有那无影手、乾坤脚，河东狮吼，气贯长虹。够贼！但切不能幽囚姿色乃至任随萎谢，要是如此，夸张地说还真是有点儿不人道。二十岁时不得浪，三十岁时开始浪，四十岁干脆来个浪打浪，为何不可。美的对象是具有社会性的，自知封闭是对美的一种浪费。

作为一个过来人，点滴见解，谈不上经验，自己平时无心于装扮，但对身边的女人去美容去择装，还是给予褒赞的，即使在阮囊羞涩的时日，也不吝啬此举。出门不碍市容，拾掇装整一下自身，也是必要的。带给众人靓丽风景不敢说，起码不让人白眼你，垃圾！

有谁能留住逝去的春光，有谁能永葆青春的容颜，一江春水向东流，乃是自然生态之法则。不妨像紫荆花那样，花枝满条红，花坠如花床，笑对落地为泥，仍然如火如荼不失激情，每个时节的花开花谢都在每个时节里展示自己的魅力。若能如此，不只是落地残红也美丽了，而将是落地残红更美丽。

（2011 年 9 月 5 日写作于北京）

25　《人格是做人的品牌》

人格如金，纯度越高，品位越高。做人一辈子，人品做底子。

道德可以弥补智慧上的缺陷，但智慧永远弥补不了道德上的缺陷。人的两种力量最有魅力：

一种是人格的力量，一种是思想的力量。

品行是一个人的内涵，名誉是一个人的外貌。做人德为先，待人诚为先，做事勤为先。

“四个经得起”：经得起看，经得起考，经得起问，经得起查。公道正派，是一个人格情操、一种思想境界，是做人的第一修养、第一准则、第一信条。贪欲是修身养德的大敌。个人自重，不贪财、不贪色、不贪利；对人尊重，重人格、重劳动、重权益；办事稳重，讲原则、讲程序、讲效率。正直和诚实是安身立命的根本。

能宽容有过于自己的人、对自己有成见的人会得到更大的帮助和回报。勇敢不是没有畏惧，而是最终战胜了畏惧；坚强不是毫不懦弱，而是最终克服了懦弱；公正并非毫无私情，而是最终拒绝了私情；廉洁并非从无贪欲，而是最终顶住了贪欲。

做人要有厚度、有气度，有纯度，对事业要有浓度、对批评要有风度、对朋友要有温度、对是非要有尺度。

做人要有志气，做事要有底气和正气。靠素质立身、靠勤奋创业、靠品德做人，困难面前先让自己承担，荣誉面前先让自己靠边，危险面前先让自己闯关。对上级不媚、对同级不损、对下级不伪、对自己不私。

欣赏别人是一种境界，善待别人是一种胸怀，关心别人是一种品质，理解别人是一种涵养，帮助别人是一种快乐，学习别人是一种智慧，团结别人是一种能力，借鉴别人是一种收获。

多留财富，少留包袱；多留风范，少留遗憾；多留经验，少留缺陷。应当学会倾听，学会微笑，学会赞扬。以过硬的素质服人，用高尚的人格聚人，靠扎实的作风带人。

闻“诤言”不怒，闻“微言”不弃，闻“褒言”不喜，闻“错言”不怨，闻“无言”不安。立身靠信，立业靠勤，立世靠才，立功靠拼。容言勿压制，容过勿苛求，容嫌勿报复。

（2012 年 8 月 23 日写作于北京）

26 《行到水穷处 坐看云起时》

双手扶窗台，俯视人往来；独居思万千，心难静下来。

中秋是一个想象优美的神话，一千载、一万载脉脉相传；中秋是一段缕缕不绝的眷念，一代代、一茬茬浓情相思。中秋给人以无尽的遐想。

“行到水穷处，坐看云起时。”如果前方已无风景，抬头向天空看吧，“山重水复疑无路，柳暗花明又一村。”内心到了绝境，那正是希望的开始，烦恼到了极致，意味着立刻就会散去。来回一念之间，已见清凉菩提。

人间种种，是谁在感受快乐，又是谁在诉说伤悲？正如梦中的相遇，明月与江海的光影可以朦胧，山峦与晓雾的轮廓可以模糊，“千江有水千江月，万里无云万里天。”我们的一生，谁也说不清还有多少时间。一切都是过眼云烟，只是我们谁都不想成为时间的奴隶，走一场苦旅，伴一川山水，做一场清梦，来过，去了。

“有缘即住无缘去，一任清风送白云。”人生有所求，求而得之，我之所喜；求而不得，我亦无忧。若如此，人生哪里还会有什么烦恼可言？苦乐随缘，得失随缘，以“入世”的态度去耕耘，以“出世”的态度去收获，这就是随缘人生的最高境界。

“惊起却回头，有恨无人省。拣尽寒枝不肯栖，寂寞沙洲冷。”行走在孤寂的夜里，不要像一只鸟那样，树太高，飞不上；树太低，不愿落。高不成，低不就，还要埋怨命运不公，总看别人身上的毛病，却没有反省是自己的世界观有问题，这种人最后只能独身一人在孤寂的沙洲里备尝凄清的酸楚。

花开的时候，让所有的芬芳沁入我们生命的每一天。在最后的神清气爽中和所有的快乐驰骋在蓝天白云下，让笑声荡漾在自己全无凝尘的岁月里，快乐徜徉在生命的芳菲处。这是一种回归生命的质朴，是一种穿越繁华的涅磐。不要烦恼生活的憔悴，人生一世，心头即是天涯。低头即是诀别。一期一会，花开花败。

“宠辱不惊，看花开花落；去留无意，望云卷云舒。”那份豁达，那份洒脱，那份淡泊，那份自在，不正是我们最应该拥有的吗？我们的生命在历史的长河中，只是弹指一瞬间，刹那生、刹那灭，人生的结局是死亡，也是再生，一切都不要太悲观，人生的过程才是最美的驻足。人生一叶穿越虚空的小舟，终将驶向心灵的彼岸。彼时彼刻，山高水月，水落石出，“明月松间照，清泉石上流。”剩下一段溪流在低谷静静徘徊，润成一路水墨丹青。“斗篷蓑笠跣足行，不知洞外雾几重。一溪竹筏两鸬鹚，桃花源里渡清风。”一肩明月，竹林清风。不曾说过别离，只说是相别，或者是休去。

生活里我们拒绝不了眼泪，如果让眼泪淹没人生，那何尝不是一种深深的悲哀？善待每一次伤感，善待每一次坚强，善待每一个雷雨交加的日子，善待每一次秋风扫落叶的凄美，心中的世界，才是不改的山水。

“人有悲欢离合，月有阴晴圆缺。”你在四季里圆圆缺缺，不断交换，仿佛提示我：人生不过一个大圆圈，生命就是一种酸甜苦辣的经历，海角和天涯，就在我们心里。雷同、重复，犹如每一个早晨。

在这个金桂飘香的节日里，八方游子同举杯，四方宾客共邀月。离乡的孤寂、放飞的思念，都将在这一方雅致的宁静里，呈现出最美丽的流露，一任月光，如流水，绵绵潺潺…

于是，中秋便含情脉脉，溢满浓郁的乡情；

于是，中秋便婀娜缤纷，演绎抒情的乐章；

于是，中秋月最明亮、最圆满；

于是，中秋月最撩人心弦、最引人遐思。

［2013年09月19日（中秋节）写作于重庆］

27 《第30个“教师节”，向我所有的老师致敬！》

【愿天堂里的老师安息；祝人世间的老师健康】

从小学到中学乃至大学，及至以后走上工作岗位，几十年来，教过我的老师已数不清，每年教师节来临之际，我总会想起自己少年时代求学的情景。于是，一位又一位老师的音容笑貌，授课时的神采风韵，便会浮现在眼前。

有过好多次，重新回到母校的怀抱，或者拜访当年教过我的老师，恭恭敬敬地叫一声“×老师”。这些上了年纪的老师已经记不起、唤不出我的名字，然而作为一名学生，对于曾经教过自己的老师，是一辈子也不会忘记的啊！

我的启蒙语文老师——向光元老师，是我终生难忘的老师。如果没有他的《作文手册》，我可能不会有今天优美的文字。用他的话说，学好语文，必须大量阅读，课本上的东西太有限。在我初中的两年里，通过向老师触摸到了文学的脉搏，也培养了审美的情趣。

除此而外，老师常给我们灌输的就是做人的道理，他最爱说的一句话就是：要做一个“大写”的人。这句话也是我第一次从老师那里聆听到关于做人的道理。我还记得向老师在当时的教育环境下独树一帜，坚持自己的教育理念，不仅教书，而且育人，是真正的“灵魂工程师”。

他所言传身教的一切，都让我受用一生，他是我最难忘的也是我最尊敬的一位老师之一。他那干练潇洒的身影、睿智的眼神，他和蔼可亲的笑容、循循善诱、诲人不倦的教学姿态，在我记忆的深处仍然清晰依旧。

陶行知先生说：“真的教育是心心相印的活动，唯独从心里发出来的，才能打动心的深处。”我真诚感激向老师！感谢我所有的老师。愿天堂里的老师安息，祝人世间的老师健康！

（2014 年 9 月 10 日写作于重庆）

28 《“四新”时代下的忧虑》

（一）

国家机关某下属研究院的负责人，非常厉害。单位里应该很少有人知道他的过去，至少我进单位后，所有人提起他都是三句话：博士毕业，专业带头人，前途远大的青年领导骨干。直到去年年中，有机会接触到他的个人履历，我震惊了。

这个现在闪闪发光到大部分人只能仰望的“专家型青年领导”，最初的第一学历是：中专。我当时觉得，我一定是看了一份假履历。

比这还过分的是，他的第一份工作写着：某某省某某市某某县某某村某某小学数学老师——也就是乡村教师。我查了一下，那个地方在中部省份山区，出了名的穷。

一个家境普通、学历很低、工作起点也很低的普通村小老师，你能想象到的，最上进的情况是什么样的？

或许是努力教书，努力跳出小村，去镇上、县里教书？照他的自身条件来看，要做到这些已经非常非常难了。而他在好好当小村老师的同时，还函授了大专，然后自考了大学本科。

几年后，拿到大学学历证书的他再次走出了关键的一步：继续考。然后，考上了一所 211 高校的研究生。三年后，他考上了博士。然后，毕业进了我们单位，做出了很多成果，获得了很多荣誉。

再然后，就成了现在这样。所有人都知道他现在很牛，但没有几个人知道，和现在比起来，他的过去更牛。

（二）

你以为这是很遥远的励志故事吗？NO！他是个 75 后，现在也才 40 出头。

他读完博士到我们单位的时候，超女们都才刚出道。

我所在的单位里，不乏名校毕业的学生，甚至还有不少高考状元，多的是勤奋刻苦、努力上进的人。他们的基础都比他要好，而且不是好一点两点，但大部分人都没能在这个年龄段，做到这个程度。

然而，我只能描述他的履历和他的成就，却描述不出他在这过程中究竟付出了什么。说真的，我也无法想象，他当年的那些“村小同事”们，现在看他是不是就像在看一个活的奇迹？

当我看完他那厚实复杂的履历，曾第一次对“天赋”这个东西产生了怀疑。我甚至还产生了一种奇怪的想法：这世界上，是不是真的有开窍这种东西啊？

所以，我对那些起点很低、基础很差，却能走上高位的人，都会心存敬畏。我所思考的是，他们究竟是如何做到现在这样的？

这个问题，我想了很久。直到去年下半年，我参加了单位里的招聘面试。

（三）

当时，遇到一个应聘者，给我留下了非常深刻的印象。不是因为他表现太优秀，也不是因为他学历多好、履历多华丽，而是，他表现出了与他的学历和履历绝不相称的平庸。

他的本科是985名校，研究生读的是另一所985名校。读书期间，获得过国家级的奖学金、校级优秀共青团员、优秀毕业生；参加了很多志愿者活动，当过学生会干部，研究生阶段还在核心期刊发过好几篇论文……总之，从任何角度来看，都一定是学校里很上进、很优秀的学生。至少，比当年读大学时的我要上进优秀得多。

他的第一份工作是地方公务员，第二份工作去了某专科学校教书，第三份工作去了一家企业做项目，每一份工作都干得不算差，总有很多奖励和荣誉，什么征文比赛获奖啊，单位活动拿第一啊……但是，在三十多岁的年纪，他的这种“优秀”早已不符合我们的期望了。

因为，有太多没他基础好的人，在这个年纪，不管是个人素质、专业能力，或是取得的工作成绩，都早已超越了他。

他不是不上进，也不是不努力，他只是在不自知的状态下，一步步地滑向了平庸。

（四）

我们总是觉得，一个人拥有上进心，一个人一直向前奋斗，就一定能取得还不错的成功——如果他起点低，能够凭此逆袭；如果基础好，能飞得更高。但是我们忽略了，当你在向前迈步的时候，时间也一直在无情地、一刻不停地流逝。

上进，当然是一种值得肯定的不断向前的状态。而人生，更应该是一个量变引起质变的过程。要么广泛撒网，寻找突破的机会；要么做到极致，每一次坚持都是为了跨上一个新台阶。

我们单位的那位青年领导，从中专、村小老师到大专、自考、硕士、博士，每一步都是人生的巨大跨越，跨到最后，已经没人知道他最初的起点了。而后面的那个应聘者，虽然也在不断地努力，但每一次都像是在原地高抬腿。

你如果每一次都没有突破，那所谓的“不断上进”，看上去，也不过是徒费精力而已。这才是我在这个问题下真正想说的话：没有去试图突破人生的人，谈上进总会显得有些底气不足。

这几年里，我花了很多的时间去观察，去总结，去思考，就是为了求得一个答案：到底是什么决定了我们这一生？家境？天赋？努力？机遇？说实话，我至今没有得到最完美的回答。

但在这过程中，却发现，有很多特质，比如努力，比如坚持，比如不断设立新的更高的目标，比如不断超越自我，虽然不一定能真正做到影响我们的一生，但对一个人的成长发展却真的起着非常重要的作用。

（2017 年 10 月 21 日写作于中央电视台梅地亚中心）

29　《走进新时代》

十九大昨天闭幕了。

这次一个重大的论断就是，中国已经进入新时代。

那么，作为普通大众的一员，我们走进自己的“新时代”了吗？

（一）

日子仍在一天天继续，一切一如平常，生活还是老样子，忙忙碌碌，平平淡淡……

从这个角度看，似乎没有什么特别的变化，新时代在哪里？

但是，揆诸身边的细微之处，我们又会发现众多的“大不同”：

——出门不用带钱了，买东西付账，刷手机分分钟搞定！你看看，现在就连那路边卖煎饼果子的大妈，修自行车的大爷，都挂上两个二维码，曰：支付宝、微信，并慨叹：没这玩意儿生意做不了啊！

——出远门，以前坐火车哐当哐当几个小时，现在有了高铁，半个小时赶到！而且四通八达，到外地省时省力，时空都被压缩了。

——现在出行，连自行车都不用自备了，共享单车遍地都是，用手机一扫，咔吧一下，骑车走人，太方便了！

……

真是不察不知道，一察吓一跳！原来新时代已经“扑面而来了”！

（二）

那么，为什么很多人对于“新时代”的到来，并没有什么感觉呢？

原因只是，作为普通大众，大多数都是随波逐流，懵懵懂懂，缺少察觉而已。

然而，时代的大潮浩浩荡荡，无论你察觉与否，都会被裹挟其中，激荡向前。

只是，这种冲浪，有主动、有被动，有清楚、有懵懂，有积极、有消极，状态和结果，当然也就“大不同”！

积极的人，是挺立潮头，顺应时代，借力潮流，乘势而起，主动作为，终将有所得、有所成，实现自我。

消极的人，是随波逐流，疲沓懒散，不清形式，得过且过，到头来一事无成空嗟叹。

（三）

有人说了，我很勤奋，付出很多，也很努力，做事也拼，为什么还是不成？

这就是所谓的“低效的勤奋”。

为什么很多人会陷入这种怪圈？

每个人都有自己熟悉的领域和做事的习惯方式。我们总是下意识地采取自己最熟悉、最省力的方式做事，不愿去突破原有窠臼，尝试新的途径，拓展新的范围，不愿去再吃苦费力重新趟路。

每个人都有一个“心理舒适圈”，不到迫不得已，一般很难打破。他会自己给自己找各种各样的理由来拖延、规避，让自己的不作为尽量合情合理！

这就是我们虽然很努力，虽然整天忙忙碌碌，但总是收获甚少，收效甚微的主要原因。

（四）

其实，人们会沉浸于自己的“心理舒适圈”，也是人性使然。

这种心理倾向的深层次意义，在于减少心力损耗，保证做事较高的成功率，用最小的代价取得所需的结果。

然而，其运行的后果，则是让人固步自封、墨守成规，难以取得新的进步和发展。

（五）

你是否经常抱怨收入太少、工作烦累、生活压力大？

但是，扪心自问，你是否真正做到了拿自己的不愿、不想、很难突破的“心理舒适区”开刀了呢？

尽管你很努力，但是，突破内心的障碍、超越自己，真的很难！

这就是古人说的：胜人者力，自胜者强。

要做的“自胜”，光知道还不行，关键是要付诸行动，去做，去实践。知行合一，方能奏效。

（六）

国家和社会进入新时代。

时代的大潮波涛澎湃，奔涌而至。作为普罗大众的我们，也不能随波逐流，否则，我们的心还是抱残守缺，原地踏步。

科技改变生活，时代改变命运。在当今知识大爆炸、传播全方位的时代，获取知识变得轻而易举，只要你想学、想做，任何一个领域和行当都可以很容易地进入。

关键在你敢不敢去尝试，愿不愿去尝试，能不能下定这决心，能不能去付诸行动战胜自己！

沧海横流，方显英雄本色！

闻鼙鼓而思壮士，大时代呼唤英雄！

对于我们普通人来说，在能承受的范围内，打破自己的“心理舒适圈”，以积极的心态、饱满的热情、无畏的勇气去开拓新的领域，以坚韧和耐心去克服心理的不舒服和不适应，通过努力在新的范围、新的领域、新的境界，建立起新的平衡，才能有新收获，新成就，才能更好地实现自我，做自己的“英雄”。

这样的努力才是“高效”和“有用”的。

也只有这样，才能真正开启我们自己的“新时代”！

“潮平两岸阔，风正一帆悬。”

惟愿诸君都能乘时代之东风，“长风破浪会有时，直挂云帆济沧海”！

第三集 • 5. 12 汶川地震采访专集

（一）抢险救灾现场采访纪实

01 《为灾区人民祈祷》

我昨晚彻夜未眠，窝在沙发上看中央电视台新闻频道那些关于地震的消息。即使一直认为温总理所做是职责所在，然而也开始喜欢这位老人。播音员的失误令人郁闷，竟然把外国领导人发来的慰问电说成贺电，地震的情况远比我们想象的严重。

天渐渐亮了，外面的世界又开始沸腾，风的咆哮让城市成为远山的森林。

昨天下午知道地震的消息，立即给成都的亲朋好友打电话，几个小时后才接通。不是正忙就是不在服务区，要么干脆就是你所拨打的号码还没有启用，非常不正常。终于接通电话，亲朋好友安然无恙。给大哥家里打电话，打了几次都没有人接，这个时间正是吃饭时候，于是又开始担忧。打给女儿手机，不在服务区。四川地震时候万州震感强烈，昨天下午 14 时 40 分左右，我在沙龙路看见许多市民都从楼上跑下来喊“房子要垮了，快跑!”；本人当时意识到不知是哪个地区发生地震了，看见整个沙龙路的人都从自己房里跑光了。想象着这些情景，格外心疼忧伤。给在成都读书的女儿打电话，打了很长时间，仍接不通。晚上给学校的一个朋友发信息得知说是今天学校里的人都睡在操场上，晚上十点多还有余震，人心惶惶。我嘱咐她不管遇见什么事情要冷静，不要慌张，照顾好自己、保护好自己。电话打完之后，开始牵挂所有的人，为那些身处灾区的人祈祷。

（2008 年 5 月 13 日凌晨 3 点写作于北京）

02 《找寻生命奇迹》

记者对汶川映秀镇的持续关注，缘于其灾情的严重和关键的地理位置。记者产生步行走进映秀的念头，源于一个 38 岁的普通女性任瑞英。

5 月 16 日下午 3 点 05 分，在都江堰进入映秀公路的入口，一身尘土的任瑞英站在路口，翘盼在附近找水的丈夫归来。此时，她实在没有多余的力气随意走动——5 月 15 日早 7 点，刚从河南赶到都江堰的任瑞英一路小跑进了映秀，到达时已是当天下午 4 点，从废墟旁找到了受轻伤的丈夫，在老乡的简易帐篷中休息了一晚，第二天凌晨 5 点返回。

一路上，寻夫心切的任瑞英什么都没带，得知记者准备进映秀，除了提醒要注意安全外，再三叮嘱带足够的食物和水进去。“里面什么都没有，老乡和解放军都在饿肚子。”

记者以为，像任瑞英这样执著和幸运的人不会太多。5 月 16 日之前，人们只能靠步行五六十里地进入映秀，一路充满了危险；而无法停息的时间却在不断扼杀一个个生命。

但我们错了。

进映秀。

5 月 17 日凌晨 4 点 45 分，记者背上重达 30 多斤的行囊，乘车从成都向映秀进发。一路上，我们跟随一辆从湖北而来的志愿者车辆，沿着狭窄的盘山公路而行。

迎接我们的是路边一块块从山上滚落下来的石块和一些被石块砸中的车辆，因为石块很大，一些车辆被砸得体无完肤。一辆小型面包车被砸得几乎只剩下底盘，一块棱角尖锐的石块把一辆白色小车的驾驶室“填”的毫无空隙。

随着行程的深入，被石头砸中的车辆越来越多。

仅仅行驶了两三公里，道路开始考验司机的技术。一堆堆伴随着泥土、树干的巨石截在半路中，一段又一段的公路出现了裂痕，宽的有十四五公分，长的达上百米，部分路面向一旁的悬崖倾斜近 20 度，一些错层有近 60 公分，高出的部分看似随时会滑落掉进一旁距此七八十米高的岷江中。不远处的一座跨江大桥，有一段近 10 米的路面不见了。

沿途不断有红旗插在路旁，表明此处有山体滑坡，经过抢险。

6 点 57 分，路旁出现了“汶川欢迎您”的牌子。可 18 分钟后，必经之路正在抢修，车至此无法通行。

记者决定两人随着进映秀寻找侄女的王磊继续前行。司机开车返回。返回途中，司机 15 分钟前才走过的一处地方出现山体滑坡，军队抢修耗时 4 个小时。

寻亲心切的王磊决定带记者抄小路而上，一条又一条几乎垂直而上的山间小道出现在记者面前。王磊健步如飞地蹦了上去，而记者却望尘莫及。重复 3 次后，气喘吁吁的记者无奈选择绕道大路而行。

路上碰到还穿着拖鞋，急匆匆去映秀找儿子的姜女士。

第一件幸运的事很快出现，7 点 58 分，在白云隧道里面，记者碰到迎面而来的王磊，他在半路上碰到了侄女，现在可以兴高采烈的回家了。在前面的姜女士停下脚步默默听着，始终没有回头。一转眼她就不见了。

一路上，碰到很多从映秀镇、汶川其他乡镇走出来的乡亲，或三五成群，或一人独行。也有一些从里面寻亲返回的人群，喜忧参半。大家相互报着平安，送上祝福。

最后记者还是选择了小路，一些附近的村民坚决反对走大路，远且不说，实在危险。“有山体滑坡，前面还埋着十几个从映秀跑出来的学生。”

一些热心的村民在给记者指明了道路之后，站在原地高处，看着我们远行。

9 点 10 分，记者走到了百花乡油碾村，村里所有人都已居住在沿着村间小道而搭建的救灾帐篷中。此次地震，油碾村全村房屋几乎完全倒塌，300 多人的村子死了 15 个人，受伤 20 多个人。现在靠空投有了充足的食物，医疗队伍也进驻了。

在油碾村出口，姚先生也一瘸一拐的走了出来。为了得知妻子是否安全，从 5 月 14 日，姚先生带上干粮从里县出发，整整走了 3 天多时间，风餐露宿，走到百花乡。得知妻子平安且已经转移，姚先生马不停蹄的再次走上了寻妻之路。

姚先生说，谣言实在太可怕了，妻子所在的村其实受灾情况并不严重，而别人告诉他那村已经被山体滑坡整个埋了。

9 点 35 分，记者再次回到岷江大坝旁的主干道。从映秀方向出来的老乡逐渐增多。在一座桥旁，从湖北宜兴远道而来的李先生靠着祖传的药方和手艺，为受伤的人进行及时治疗。

一个 40 岁左右，从汶川走出来的妇女脱掉鞋，脚底板上全是大泡。被刺破时疼得哇哇直叫。

李先生的目标是要走进汶川，直到药用完再返回。

9点55分，一群老乡从一处山体滑坡的乱石上爬过来，必经之路是一块有五六米高的巨石，其近一半悬空着，下面是近百米的悬崖。去的方向迅速被警戒起来，但来的方向老乡仍然没有停下脚步。

这时记者碰到一位从贵州远道而来的母亲龙金玉，她20岁的儿子蒋雨航埋在映秀一处坍塌的建筑里，生死不明。龙金玉哭着说，她从13日就得知儿子被埋了，新闻里和儿子单位的人一直说道路不通，她已经连续4天几乎没吃任何东西了。15日她和家人到达成都，她再也不能等了，今天早上一个人偷偷溜出来，不管道路通不通，一定要到映秀。

“儿子死了，我要看到人，看不到人，我也要看看儿子死的地方。”龙金玉哭着说道。

记者和龙金玉一起，绕道一条临时开建的道路，但前方也被山体滑坡阻断，军队和群众都在此等待。两个脚受伤的湖北特警在此休息，全身上下都是泥土。

10点46分，一次余震袭来，香港一家电视台的摄影机差点从支架上掉下来。

11点05分，一个振奋人心的事出现了，从附近的山上救下一家人，其中包括一个出生仅13天的婴儿。大家蜂拥而上，看看这个幼小的生命。医生马上给她做了检查，一切正常，只是饿了。

突然，孩子打了一个喷嚏，所有人都开心地笑了起来。

记者回头，龙金玉却消失了。

前进，前进，前进……

11点25分，临时道路上的路障被打通了，群众欢呼起来。对面三四百名老乡在军队的护送下走了过来，这边，一群人冲了过去，想在老乡中寻找到自己的亲人。

一声令下，这边的人群跟着队伍迅速前行。虽然已是小跑，一旁的指挥官还是在边上喊着:“快快快!”

脚下，是泥泞的道路，左边是大山，因为滑坡，一些石壁露出崭新的青灰色，一些石头出现了大约1米宽的裂缝，从山脚一直延续到半山腰。一些小石块陆陆续续的滑下来。右边是岷江，川流不息。

11点50分，刚跑开没多远，前方再次被山体滑坡阻断，队伍原地休息。一些士兵抓紧时间吃饭，也就是方便面和饼干。一名士兵弯下腰整理被泥水浸湿的裤管，起身时，吐出一阵又重又长的粗气。

随行的一名年龄也就十八九岁的士兵说，他们师负责汶川地区的接应工作，哪里需要去哪里。第一天他们就从都江堰步行走了进来，13日一整天几乎什么都没吃，第二天找了些粮食从山上挖了些野草喝上了粥，直到这两天才有干粮吃，但仍不充足。“映秀镇里的军队食物更紧张，今天才有所缓解。”

这时，几个军人冲队伍大喊：“不要背靠着大山，余震太多，时刻注意。”

三声惊天动地的炮响，前方整个被黄色的尘土笼罩。稍稍停顿，队伍继续前行。

13点11分，队伍开始爬山。这是一条新路，队伍在摸索中前行。在半山腰，记者那个小队里最先停下来休息的是个军人——一个人背着个比他的背还宽出半米的大包，手上还端着两个大箱子。他一屁股坐下来，下巴上的汗水就像雨后屋檐上流下的水珠。大家纷纷上去帮忙。

他说：“我们班6个人，要保障一个队伍几十个人的供给。”

爬上去后，一些群众直接躺到地上，一时再也起不来了。休息了三四分钟，继续前行。

前面是一段近1公里的环山公路，现在几乎见不到原有路面了，到处是山体滑坡掉落下来的大小石块，人群在一块块石头间跳跃行走。

13点28分，突然有摇晃，耳边一阵沙沙的响，往左望去，一堆小石块从山上滑了下来。人群中有人大喊：“快跑，山体滑坡了。”大家迅速逃离，一些鸡蛋大小的石块在记者头顶飞过，队伍被分割成两队。前者继续前进，后者原地等待。

上海电力医院的32名医务志愿者和记者在同一队伍，在院长赵崇华的带领下，外科主任和麻醉师都来了。他们告诉记者一个好消息：映秀一个倒塌的电厂里今天发现有生命迹象，可能有四五个人还活着。

随后一个从里面走出来的老乡告诉医疗队，目前已经救出了两个，但都未存活。还有一个埋在下面，可能伤势严重，主要处理轻伤的医疗队伍就不用去了。

但医疗队还是准备进入看看，帮些力所能及的事。

13 点 48 分，队伍赶到百花大桥。桥面断裂，有近 50 米的桥面掉落在下面的岷江河滩。

5 分钟后，终于看到了远处映秀的村影。

14 点 08 分，映秀镇的路牌出现在路口，不远处，一块近两层楼高的大石头深深插在土里。

映秀见闻：

路口，一排排消防救援人员躺在简易帐篷里休息。一些受灾群众的帐篷也搭在不远处，有些人正在生火，在乌黑的锅里煮着方便面。

漩口中学主教学楼整个向右倾斜，一位大娘正在门口打扫卫生。大娘一路叹气，喃喃自语。走进映秀镇，倒塌的房屋一片接着一片。绕着整个乡镇走了一圈，几乎已经没有直立的房屋存在。

一些受灾群众灰头土脸地站在自家门口，看着来来往往的军队、记者、寻亲的人，一脸的茫然。

14 点 35 分，在坍塌的电厂附近，记者找到了“失踪”的龙金玉，她颤抖着声音告诉了记者一个振奋人心的消息：“我的儿子还活着！我喊他，他应了！”

龙金玉说，她当时等不及了，冲过警戒线，爬过滑坡，一个人跑了进来。找到儿子被埋的电厂，消防队员说下面还有一个生还者，她冲上废墟，朝一个洞口喊道：“二哥（蒋雨航乳名）?!”

里面轻轻传来“哎”的一声，龙金玉的泪水掉了下来。

“我也不知道自己为什么有这么大的劲，知道孩子出事后，我几天没吃没睡了，今天竟然还能一路跑过来。”龙金玉说。可当一名消防队员给她拿去一瓶矿泉水时，这位有劲的母亲试了几次却怎么也拧不开瓶盖。

得知营救工作还需要三四个小时后，记者前往映秀小学。那座曾经在电视上反复出现的“残垣”还在那里，整个学校也只有它矗立在那里。地震发生后，全校 473 名学生中，在操场上的 158 名学生逃了出来，其余被埋。在家长和消防救援人员整整 5 天的努力下，也只救出了几十个生还者。

在去学校的小道上，16 名军人每 4 人扛着一个黑色口袋走过来。记者问道：“是老师还是孩子？”

“都是孩子。”其中一人回答。

走进只剩下两个柱子的校门，又有 3 个黑色口袋被抬了出来。

在原来的操场上，21 名家长坐在一个临时简易棚里，眼神直直地望着前面正在挖掘的消防救援人员。

一名 5 岁半女孩的家长王先生说，他在地震后第一时间赶到了这里，来的时候废墟下面到处是呼救声，嚎哭声。随着其他家长的陆续到达，张先生和大家开始自救，没有工具，大家就拿手刨，整整两天，刨出了几十个孩子，大多数都存活了。

“我每天一早就到这里，已经等了 5 天多了；老婆已经带着其他孩子去都江堰了，我留下来看孩子最后一眼。”

同样在坚持等待的张先生说，他地震没结束就跌跌撞撞地往学校跑，在女儿原先班级的位置喊女儿的名字，听到女儿的同班同学回应:“叔叔我在这里，救救我。”

张先生扒开砖块，还能从一个空隙中看到孩子。孩子的腿被压着，大伙都来帮忙，但根本搬不动连着钢筋的水泥块，“眼睁睁地看着孩子死去”。

一开始，操场上围满了家长，但随着时间的推移，越来越多的家长失去了信心，选择了离开。但还有人打算坚持到底。

一个好消息是，王先生说昨天有搜救犬来过，在原本学前班的地方迟迟不愿离开。

一个坏消息是，那个“残垣”就在学前班旁边，几次余震，它都摇摇晃晃，可不管消防救援人员用现场唯一作业的吊车拉还是和家长一起人力拉，它始终不倒。

16 日早上 8 点 30 分才接手小学施救工作的山东消防总队副处长孙金杰告诉记者，现在急缺大型机械，只是靠人为地凿，营救工作缓慢。但 15 日晚 11 点，还是有生还者被营救出来。

15 点 44 分，一次余震差点把家长们搭建的临时简易棚震塌。但家长们只是把捆竹子的绳子收紧了些，依旧坐在那里等待。

走出小学，路旁的一户人家，二男一女正在收拾废墟。他们说将来还是在这里生活，随时准备重建家园。

但当务之急还是人身救援。

映秀镇中滩堡村小河边组原本有户籍人口 310 人，现在存活 270 人，功劳还是在于及时的自救。

地震后当天，映秀就下起了瓢泼大雨。未受伤的成年人自发组织起来实施营救，当天就用手刨出了十几人，全部生还。原乡党委书记赵代兴就是这样被人刨出来的。出来后，在脊椎受伤的情况下，他立即就加入了营救的队伍。

第二天，依旧大雨。还在都江堰的原小河边组组长杨运春翻山越岭跑了回来，在现组长受伤的情况下，杨运春及时组织群众自救，“不受伤的成年人都去刨人，受轻伤的去搭建临时帐篷”。

这样又刨了 9 个人出来，8 人生还。而杨运春 5 岁的儿子至今仍被埋在废墟中。

奇迹出现：

16 点 15 分，电厂施救还在继续。

一辆吊车是现场唯一的大型工程机械车辆，开车的是 58 岁的村民杨运青。他用极其沙哑的声音与现场营救的消防队员进行沟通。他儿子杨和建正在一旁进行短暂的休息。

地震发生后，杨云青带着儿子和儿子的干爹 3 人，从一家公司借到了两辆吊车，配合消防队员在电厂和小学里实施营救。

整整 5 天时间，3 人轮番上阵。

让人难以想象的是，在此次地震中，杨云青家族有 10 人死亡，其中包括他爱人。但更让杨云青痛心的是，学校有几百个小孩埋着，“以前他们见到我时，都爷爷、爷爷的叫着，可如今……”杨云青哽咽道。

已经是震后 123 个小时了，现场的所有人，都在等待这个奇迹的发生。

17 点 23 分 40 秒，一块两米长的水泥块被吊了出来；4 分钟后，3 块连接着的水泥块又被吊出。

龙金玉攥紧了拳头盯着施救点，一动不动。

17 点 49 分 30 秒，破拆工具抬了上去。3 分钟后，一架直升飞机在头顶飞过。

在紧张的等待中，记者看到一名到处乱转的老人——在厦门打工赶来的冯先生，他 27 岁的独生女儿也被埋着，生死不明。

“快没时间了，可怎么办啊？”他双手捂着脸哭了起来，整个身体都在颤抖。

18点11分05秒，龙金玉的儿子蒋雨航被十几名消防员抬了起来，记者们一拥而上，被几十名消防救援人员组成的人墙挡在外面，医疗人员马上对蒋雨航进行救治。

现场欢呼声一片。

惟独冯先生，在一旁焦虑地走来走去，看到单独的消防队员就过去拉住他，甚至跪下："还有人在里面呢，你们快救啊，来不及了！"

看到此景，另外两个被埋者的亲属也跑过来跪倒在地。

"快去喊一下你们亲人的名字，看有没有回音。"消防队员说。

"娃儿，你快应一声啊……"老人冲着一个个缝隙呼喊着。

"来人啊，有回应！"有人喊道。

一群消防队员又冲了上去……

03 《祭巴蜀同胞》

深沉伤郁的黑夜，把视觉、听觉、味觉、感觉似乎都笼罩了，无知觉的世界仅剩下沉重的悲痛压负在断裂的山脊上。耳边再也听不到校园里朗朗读书的优美旋律，曾经那书写光辉智慧的白纸，如今染印上了鲜红的血液，凝固成一朵朵哀婉凄惨的无根之花。在那片残败的废墟下，是曾经那充满欢声笑语的操场，昔日如蝶舞翩飞、又似晨曦初华清新而干净的生命，在钢筋水泥的断裂残垣下折断了放飞的双翅，绚烂的生命之花凋谢了。曾经焕放光芒、点燃心智的明眸，永远在时空中定格：惊惧、疑虑、甚至来不及发出生命中最后的一声呼声，就被瞬间的灾难吞噬了。明净的双眼，莹莹的泪珠凝结成一句句致疑：我生有何罪？天何折我？……

皎皎的涪江水呜咽东逝，风，幽幽噎噎、如怨似诉；泪，飞扬在无垠的夜空；捧把炎炎我华夏黄土，掩我蜀中远逝大国之同胞英魂，远托仙山神鹤稳稳载我同胞之魂缓缓西游……

心，凄凄复戚戚，悲哉，痛哉，望蜀中凄戚怅然泪泉涌倾下。怨哉，恨哉，天何折我初华晨曦？拜祝融，求神火，明幽幽天堂之旅。

（2008年5月19日写于江油市含增镇）

04 《灾难，再见吧》

灾难，渐渐在远去，心情，缓缓在平复，遗忘，已经在慢慢生效，这其实是人类的宿命。

没有人愿意长久地停留在伤心的记忆里，这是上帝赋予人类的遗传基因，即使死亡曾经恒久地与生命相伴，谁也别无选择。

当灾难以巨大的破坏力降临到我们身边时，我们都选择了坚强，泪水，是治愈伤痛的良药，一个社会的救赎，不只在物质上，更是在心灵的重整上。

当无数双手在向灾区伸出时，当无数双眼睛在流泪时，当无数颗心在悲伤时，灾难带来的泪水其实无形中已经演化成一种强大的黏合剂，把曾经远离的彼此关怀带到了人间，让心和心走近，让猜疑变成真诚的信任。

让我和悲伤说再见吧！即使心里还有泪，它其实是愈合伤口的灵药，今天开始微笑，我们还要走下去，为死去的人，也为现在还好好活着的人们。

说你爱我吧！

我会珍惜所有的爱，其实，我也爱你！

那么，让爱来为我们开路，让今后的日子，有爱陪伴，我一定珍藏，也一定付出。

我总是耻于把爱说出口，怕言语会虚伪，怕付出被误解，也怕爱没有回报。

当我不怕流泪被视为软弱，当我不怕悲伤被视为屈辱，当我不怕遗忘被视为背叛时，就让我开始站立，对灾难说再见。

（2008年5月30日写作于北京）

05 《我爱你中国》

谁也不曾料到，这是如此艰难的一年。

2008，我们热切期待的阳光和欢笑，却不料被一路风暴阻隔。

2 月肆虐的雪灾，冻裂了中国大地；

3 月的西藏骚乱，烧伤了美丽的圣地；

4 月的奥运火炬全球传递受阻，刺伤了中国人向世界张开的双臂；

善变的 5 月，胶济铁路火车相撞，撞碎了多少旅人的梦；

突然传遍全国的儿童手足口病，令全国父母心头纠结；

震动传及东南亚的四川大地震；

撼及整个中国的灵魂…… 然而，中国在低头抱怨吗？

没有，中国挺起了他的脊梁！

1 月、2 月：当风雪阻断归路 我们彼此取暖

3 月：当主权面对挑战 我们亮出利剑

4 月：当圣火遭遇屈辱 我们义无反顾

4 月：当病毒吞噬生命 我们用爱弥补

4 月 28 日：当列车冲出轨道 我们竭诚互助

5 月 12 日：当震撼撕裂大地 我们开山辟路

回头看看，此前五千年，重负一再降临他的肩头：

自然灾害、战火、固步自封、外敌侵侮、沉睡迟滞、歧路徘徊……

所有这些，我们的先人和父辈不曾过多抱怨，而是挺身长足迈入新时代，如今我们又何必沉吟：一个团结、和平和现代化的中国，十数亿心连五洲、身达四海的中国人，我们要坚信必能越过沟壑，越是巨大的挑战我们越要坚强！

中国，加油！

（2008 年 7 月写作于北京）

（二）灾后重建周年采访纪实

06　《幸福家园里静悄悄》

幸福家园，是此次网络媒体灾区行的第一个采访目标。

幸福家园冠名“幸福”可成因却起始于灾难，它是四川大地震以来，成都首家灾民活动板房小区，入住的 6000 余灾民，都是来自都江堰市灌口、幸福

两镇、家里的房屋全部倒塌并有亲人伤亡的重灾户。

5 月 6 日一大早，成都是个漫阴天，在都江堰市二环路东南，呈现在我视野里的是一个由 2585 间板房组成的全封闭式临时安置小区，与我之前在电视上看到的板房别无二致：平整光洁的水泥地面上，一排排蓝顶白墙的板房，整齐划一地排列着。

采访经验丰富的同行们，端着相机掐着笔，忽忽拉拉地涌进小区大门，很快就分散消失在单元房内。

作为临时安置点，可以看到幸福家园的居民们 5 户共用一个 12 平方米的厨房，每家每户都有自己独立的居住空间，虽然是用临时建筑材料隔成的，用水用电、洗澡烧饭设施齐备。

一年的居住，让这些单调的临时建筑散发着浓浓的生活气息：这家门前的大红福字，肯定是今年过春节贴的，不知他们有没有放鞭炮吃饺子？这家门前屋外的房梁上，一排挂着四只大鸟笼子，我认识的只有画眉和八哥，突突地在笼里跳着，不时歪歪头看人；这家门前摆着一大堆高高矮矮的植物，其中一朵令箭荷花开得玲珑剔透，一定是主人很擅长养花。

一个肥白可爱的婴儿在采访的记者们中引起了小小的轰动，5 月 12 日地震，5 月 14 日，他呱呱坠地，成了“板房第一宝宝”，依偎在祖母的怀里，10 个月大的他忽闪着大眼睛骄傲地看着大家，一点也不认生，仿佛天生就是个名人坯子。

大白天的，怎么除了老人和孩子，整个小区内看不到多少人呢？

“孩子去学校念书去了，他爸街上蹬三轮去了，我也正在找零工，找着了也不在屋里待着。没有人在屋头闲待着，能干活的都出去找钱了！”40 岁的任永惠住 11 幢 8 室，她个子不高，烫着头发，一说话就笑，看起来比实际年龄小不少:“家里原来的房子塌了，新房子正在建着呢，这一年来，我们一家住的房子、水电政府都不收钱，新建房政府管大头，可孩子小，新房还得置办东西，将来过日子处处都要钱呢。”

设置在安置小区大门口的警务值班室外，几名胳膊上戴袖标的值勤保安正在巡逻。幸福家园全封闭式管理，保安 24 小时巡逻，这里物业负责人告诉记者，我们物业受到过最专业的培训，一年来，幸福小区刑事案件、治安案件的发案数都是零！

饱受地震灾难的人们，终于在幸福家园找到了宁静、祥和。

采访结束，我和网络媒体同行们走出小区的大门，回头望去，幸福家园又恢复了原有的宁静。我知道，按照成都市政府的规划，这里的临时安置板房用不了多久会成为历史的遗迹，取而代之的是现代化的政府统建住宅。

今天的采访，虽然没有收获轰轰烈烈的新闻事件，但宁静、安详的幸福家园，让我感受到了正在逐渐摆脱灾难带来的伤痛，走向新的、更加充满希望的生活。

（2009 年 5 月 6 日写作于汶川地震都江堰）

07 《世上最美合同诞生》

跟随网络媒体灾区行记者团，在 5.12 大地震重灾区都江堰市向峨乡棋盘村，三峡法制网记者见证了世上最美合同的诞生。

这份合同符合遵纪守法、诚实信用的原则，有着平等互利、共谋双赢的基础，最可贵的，它还是这一方有难、八方支援同胞情深的见证，是四川人民在家毁人亡的巨大自然灾害面前，自尊、自立、自强不息，重建家园的写真。

一阵细细的小雨过后，在青翠欲滴的群山包围之下，重建后的棋盘村美得动人心魄——花溪流水，缠绕着别墅式的庭院，仿佛来到了远在云南的丽江古城。

在中央援建政策背景下，由福建省主要承担的棋盘村重建工程，耗资 1 亿多元，在原有的地震废墟之上，打造出一个全新的世外桃源。乡亲们按照每人 35 平方米的标准，在不到一年的时间里，就搬进了从前不敢想象的新居，在欢欣鼓舞之余，村支书李天平又添了新难题：棋盘村的发展不能只靠输血不造血，一定想办法让乡亲们真正富起来。

机会就这样来了。

2008 年秋，一位来自上海市郊区的女村支书和十几个同伴到棋盘旅游，看到当地受灾的状况，她们十分焦急，一行人凑了六千多元钱，想捐给棋盘村。

在接触过程中，李天平了解到，上海市郊的农民走产业化发展之路，富裕程度远远超过了她的想象，两地两村收入差距达 30 倍以上。

沉吟许久，李天平拒绝了捐款，却主动伸出了合作之手。

棋盘村的优势资源是当地名产猕猴桃，村里的土壤气候条件，最适宜猕猴桃的生长，各种红、黄、绿瓤的猕猴桃一直广受消费者青睐，甚至远销到欧洲。

不久后，那位上海女支书带着好消息回来了。她们在上海发动了1000户热心人，每家投资1万元，在棋盘村投资发展猕猴桃产业。

于是，产生了如下的投资协议：1000万元用于在当地开发1000亩“爱心猕猴桃园区”，于2010年栽种完毕。上海的投资方出资金，棋盘村出地、出人力。按照猕猴桃的生长规律，5年后开始挂果。在5至10年内，投资人与村民按收益三七分成；10至15年内二八分成；15年后，全部股份归村民所有。

作为对上海朋友的回报，当地在发展生态观光农业的同时，将为这些热心人提供一份“终身礼物”：可以携带家人到棋盘村来度假，永久享受免费住宿。

目前，棋盘村联合上海方面成立了“申爱猕猴桃专业合作社”，投资建设冷库、运输队，联合从事猕猴桃种植和销售。

（2009年5月7日写作于汶川地震都江堰棋盘村）

08 《千辆军车送红砖的故事》

作为大型国企，东方汽轮机厂灾后308人遇难，101人失踪，厂区损毁97万平方米的恶劣的条件下，2008年坚持生产，创造产值108亿元，为此，温家宝总理曾亲临现场，对东汽人不怕牺牲，艰苦奋斗，勇攀高峰的精神给予高度赞扬。下午，我们在东汽老厂区，亲眼目睹了震灾给生产带来的巨大危害，以及灾后热火朝天的生产场面。巧的是，在大家领安全帽的时候，巧遇来此检查质量监督工作的四川省质监局局长刘云夏，采访到千辆军车送红砖的感人故事。

刘云夏告诉大家，经过测算四川重建将消耗钢材3700万吨，水泥3.7亿吨，标准砖2100亿块。短时间内，巨大的市场需求造成了供求失衡，质监部门发现，在北川建筑用的红砖，市场价一度由两毛五涨到了六毛五一块，给了不合格产品可乘之机。

灾后重建工程质量牵动着全国人民的心，质监部门责任重大。他们立即把这个情况向省委省政府进行了汇报。

决策的过程不得而知，但是灾区重建无小事。小小的红砖竟然惊动了中央军委，成都军区为此专门出动1000辆军车，执行这项特殊的紧急任务。于是，出现了千辆军车运红砖的感人场面。

很快，大批平价、优质的建筑材料源源不断地运达受灾严重地区，红砖的市场价格稳定了，顿时解了灾区重建的燃眉之急。

“真是没有想到啊！”刘云夏至今想起来还连连感叹。

（2009年5月9日写作于德阳东汽集团）

09 《枣树精神激励灾区人民自强奋进》

5月12日，网络媒体灾区行记者团采访的目标之一，是青川县黄坪乡枣树村。车子行进在蜿蜒的公路上，从车窗望出去，沿路不时可以看见用各式各样笔体书写悬挂的大幅标语:“出自己的力 流自己的汗 自己的事情自己干”，还有更响亮的一条:“有手有脚有条命，天大的困难能战胜”——这是2008年温总理在视察枣树村灾后重建时，充分肯定的两句话，他说:“这是老百姓自己的话，抗震救灾要靠这种精神，重建家园恢复生产要靠这种精神，使灾区将来发展的更好，也得靠这种精神”。

5.12大地震曾顷刻间使枣树村187间民居全部垮塌，769间受损，农田基础设施全部损毁，全村人无家可归。

仅仅一年之后，当我们再次来到这个山区小村，映入眼帘的是一座座崭新的农家院落掩映在绿树之间，一派生机盎然的美好家园。这是枣树村受灾群众不等不靠，自力更生，坚忍奋进的劳动成果，是自强不息的枣树精神的真实写照。

据了解，枣树村精神家园重建示范点由中共青川县委、县人民政府和浙江省宁波援建指挥部共同打造。枣树村精神家园重建示范点将成为爱国主义、感恩教育、灾区人民自强不息精神体现的教育基地 。

（2009年5月12日写作于青川县黄坪乡枣树村）

10 《爱，原来可以这样延续》

5.12一周年，49家网络媒体，8天行程2000余公里，走遍川蜀受灾最严重的6个地区。

看到了国家主导下18省倾力援建灾区创造的奇迹——高标准的道路、医院、学校和工业园区正在兴建或已顺利建成；看到了灾区人面对生活的勇气和智慧——搬出板房住进新建房，结婚生子，发展震区旅游经济；看到了“有手有脚有条命，天大的困难能战胜”——枣树精神的旗帜，在火热的建设工地上高高飘扬。

一转身，车窗外的河流已经不知去向；一转身，亲人走远新坟上墓草青青；一转身，废墟上幢幢优美如画的住宅拔地而起；一转身，擦干泪水的孩子们又唱起了拨动心弦的歌。

震后的灾区，生活仍在继续，人们把心酸、思念，深藏在心里。伤口既然已经存在就无法回避，有一种平静其实是蕴含力量；有一种继续其实是惊天告白。

爱原来可以这样延续。

（2009年5月14日写作于绵阳市）

第四集 • 美丽中国行

01 《宝岛台湾行》

多少次，梦到过台湾；多少次，醒来失望。

阳春二月，风和日丽，一派葱郁。走下悬梯，脚踩地，梦，变成了现实。宝岛啊，我终于来了。

这是北京总部组织的一次来去匆匆的旅行。

有人说，宝岛像一叶小舟，游弋在万顷碧波之上。有人说，宝岛似一片翡翠，镶嵌之大自然的胸襟。

我所见到的宝岛，只像她自己！

是夜，“地牛翻身”，好不晃动，来客不免惊异。然而对主人来说，却早就习以为常，还戏称是“地宫”兴奋迎贵客呢！

果然，连续多日的阴雨天，清晨开始云开雾散，一缕阳光洒落头顶，透亮，温馨，惬意。主人说是我们带来的运气，已经好久没见太阳了。

宝岛，是由蓝色和绿色编织的。湛蓝的海，捧着绿色的岛；湛蓝的天，罩着绿色的地。绿把蓝托起，蓝呵护着绿。真想把蓝和绿多采集一些，带回内地，让亲人们分享，这份深邃，这份醇厚。

宝岛，是由浪花和树叶绘就的。树迎浪舞，浪伴树唱；叶比茂，花竞放。一路风光一路歌。

宝岛，是由骨肉和亲情铸成的。血浓于水，一脉相承；骨肉难分离，亲情重于山。一路歌声一路情。

短短数日，离别依依。

从台北到台中，从阳明山到日月潭，明媚中体味着亲切，风光间盛满了向往。

从田野农舍到闹市楼阁，从陌生的路人到熟悉的面孔，礼貌中透着热情，疑惑里和着心声。

有人问：回家的路还要走多远，为何走了一程又一程？

有人叹：牵挂到何时，怎么从小到大，情未了，愁依旧？

最难忘那一幕啊！那天，在日月潭畔的露天酒吧，面对“山中有水水中山，山自凌空水自闲”的朦胧夜色，大家你一句我一句，背诵起余光中的《乡愁》：

小时候
乡愁是一枚小小的邮票
我在这头
母亲在那头
长大后
乡愁是一张窄窄的船票
我在这头
新娘在那头
后来啊
乡愁是一方矮矮的坟墓
我在外头
母亲在里头
而现在
乡愁是一湾浅浅的海峡
我在这头
大陆在那头

此刻，我看到所有在场的人眼睛里闪烁的晶莹。是激动的泪花，还是泪花的激动？只有这被无数次吟咏的诗句，最能做出诠释。而我，面对宽广的水面却哑然无语，任凭两条水线挂在面颊！

在一个阳光灿烂的日子，我们离开宝岛，也不曾带走一朵浪花和一片云彩！

（2009 年 3 月 4 日写作于北京）

02 《凤凰古城游记》

一种莫名的压力与不安突然袭来，在清明节放假三天中，为了寻找梦想，应两位美女妹妹的邀请结伴同行来到凤凰古城。踏上这块土地，人轻松了许多。这里渗透的是静谧祥和、清新醇美、勤劳智慧、古朴而神秘。“为你，它等待了千年！”我喜欢。于是，迅速地不惜昂贵地住在江边的吊脚楼。我要倚栏眺望这里的山，这里的水，沱江的晨雾，启泊的游船；我要伏窗倾听那虫鸣鸟叫，艄公的号子，岸畔浣衣妇木棰发出的“梆梆”声，我要用心感受那怡人的风景，还有没被完全开发的现代古城的一切一切……

缓缓地走在青石板的路上，走在那些老旧的街巷里，仿若行走在过去的时光里。山间小道，街上石阶，到处都是湿漉漉的、静悄悄的，江面上飘起的一层袅袅的轻雾，伴着旅人被打湿了的梦轻轻入眠。我总是不自觉地放轻脚步，生怕惊扰了它们的好梦。此时天上下起了小雨，悠然坐在江边的遐昌阁中，看见细细的雨丝飘落在青绿色的江水中泛起的阵阵涟漪。一叶轻舟穿过虹桥迎面徐徐驶来，和着船工悠扬的号子，令人不觉顿悟“人杰地灵”的真正含义。偶尔一些雨丝悄悄飘飞到我的脸上，淡淡地润到肺里，就这样在湿湿的凤凰城里，我默默地念着从远古到未来，从前世到来生。浮华淡去，烦恼消逝，我要就此彻底给心情放假！

沱江河是凤凰古城的母亲河，她依着城墙缓缓流淌，世世代代哺育着古城儿女。坐上乌篷船，听着艄公的号子，看着两岸已有百年历史的土家吊脚楼，细脚伶仃地立在沱江里，像一幅悠然自得的风景；河水清澈，河道很浅，水流悠游缓和，你可以看到柔波里摇曳的水草，你可以撑一支长篙漫溯，直到跳岩附近。镜面般的河水，透着宁静，周围的气息好像凝固了，好一幅小桥流水人家的风情画卷！沱江的南岸是古城墙，用紫红砂石砌成，城墙有东、北两座城楼，虽久经沧桑，但依然壮观。沿途的古建筑依偎着这条延绵流长的河流，世世代代以来，恍惚不经尘世的喧嚣，一下从一个古老而宁静的过去回到了繁华的现实生活之中。泛舟里的笑朗朗、乐融融，让那小女孩和爸爸妈妈都沉浸在古城透着的灵秀与醇美之中，此时，也只有一颗宁静的心沉浸其中，才能触摸到凤凰那古老而神秘的灵魂，对于身处浮躁都市的我似乎也只有梦里寻他千百度才能找到。顺水而下，穿过虹桥，万寿宫、万名塔、夺翠楼展现眼前，一种远离尘世的感觉油然而生。

那永远青灰色的古街、小巷，如一条历史的小河，悠悠的古韵永不停歇地渗透出来，在中间流淌，然后去弄湿每一个涉足者长长的思绪。在历史的胶片上，剽悍的苗兵复活了，文学大师沈从文走来了，凤凰经过了历史之火的涅磬，虽有些渺小，有些原始，似乎还有些杂乱，但她却是最美的。凤凰就像一位脱俗的少妇，她隐藏着巨大的心灵磁场，让我为之心旌鼓动，为之魂牵梦萦。她使我深深地沉浸其中而不能自拔，使我一见钟情而终身不忘，至少使我暂时抖落了现代文明沉重的物质负荷，复归心灵的静谧！

看不够啊，看不够的沱江，看不够的虹桥，看不够的跳岩，还有那看不够的吊脚楼和看不够的浣衣妇，“为你，它等待了千年”！

（2009 年 4 月 9 日写作于湖南凤凰古城）

03 《柑橘飘香我故乡》

我的故乡——中国柑橘城。2009 年 4 月 18 日晚 8 点，以歌颂忠县柑橘文化、历史文化、忠文化、半城文化为主题的重庆忠县中国柑橘文化节之“半城山水满城橘”大型音乐诗歌朗诵会在重庆市人民大礼堂隆重举行！著名电影表演艺术家“玛诺”王晓棠、“吴琼花”祝希娟、著名配音演员“佐罗”童自荣、央视美女主持刘芳菲等 20 余名大腕将为山城观众献上诗歌朗诵节目。王晓棠更是以一首原创的诗歌献给山城人民。本人因是忠县人，也被家乡人民邀请前往现场观看。

大型音乐诗歌朗诵会由四部分组成，在亚洲著名 MV 导演邝盛亲自操刀制作的重庆忠县音乐形象歌曲《半城山水满城橘》MV 隆重开场，在色彩鲜明、风格迥异的春、夏、秋、冬四大篇章里，在著名表演艺术大家激扬的朗诵中，优美的视频画面、精妙绝伦的音乐大师演奏与名人名段的诗歌朗诵四位一体，配合文人骚客历史绝唱和革命英雄诗歌巧妙串场，12 首大家原创诗篇时如流水，时如高山，一气呵成，以全新的原创视听震撼观众，让人耳目一新。

序：千古橘颂

南国有佳木，苏世独立，横而不流，称为橘颂。

橘之气，坚贞之守。以橘咏歌，赞橘之地——半城忠州之千古忠义

第一篇：青橘美人

当万物初苏，她似江上美人，点绿于满山墨黛中。

在打马江南的惆怅中，于莺草飞歌的润雨间，她的纯粹，点亮了过往舟客

的心。

第二篇：橘香入夏

世之良品，今入市井，味美寻常人家。

古有荔枝词，今有柑橘赋。

汁瓣鲜美，沁脾甘美；清香味郁，可以消夏。忠义内外，世人敬仰。

第三篇：秋梦橘海

人生秋知，道一声橘子红了。赏橘秋游，放山归林，快意人生。

它用漫山的金彩，远迎八方来客。留下果间的笑声，带走收获的丰足。

第四篇：三峡橘祝

三峡的精灵，百果的君子。

霜橘红胜枫，由绿变黄，由黄变红，识途人生的风景，柑橘在岁月四季中演绎成生命的浆果。

尾声：吉祥如橘

金橘嘉瑞，预兆吉祥。橘瓣团聚，象征着民族团结，寓意国运昌盛。

今天我们坐享硕果，不应忘记革命成果的来之不易。

今天我们以橘祈吉，祝愿国家明天更美好！

（2009 年 4 月 18 日创作于重庆市忠县）

04　《木兰山游记》

国庆节前往武汉大姐家探亲，顺便旅游木兰山。十月二日上午 10 时，天下着细雨，我们驱车启程前行。

犹如老天眷顾，到达木兰天池风景区时，天空突然放晴。展现在我面前的是起伏的群山，纵横的沟壑，随处可见的湖泊，那树木苍翠浓密，点缀其间的有淡黄的枫叶和黄中带绿的景带，就和平常家中所挂的外国风景挂历那么美，完全给我一种视觉的冲击，原来木兰山竟如此美啊！

我走向了大山。

不远处在半山腰便可看到花木兰那英姿飒爽的雕塑。我朝上攀去，在一个人工堤坝前出现一个静卧在群山之间的大湖，面积约有五十亩地大，这就是木兰天池中的小天池。湖面如镜，呈现墨绿色，浅处见底，一只小鸟悠闲的划过，泛起丝丝涟漪。湖地陡峭处修了人工梯道，有些巨石似乎要砸下，很是惊险。这些石头有一种金属光泽，我都怀疑是银矿了。我边看湖景，边向深处走去，想探究湖的水源在哪里，在幽幽陡峭的山道上行进着。偌大的一个山看不到一个活的生物，除了听到树叶沙沙声和潺潺的流水声，四周静谧的可怕，那流水声更像天籁之音。

越往前走，山道越发险峻，湖也缩小成一条沟渠，从山上流下的水经过沟渠便注入了湖中，声声不息，也不知流淌了多少年，冲刷过的山石显现出水流过的痕迹。湖中有一座吊桥，横跨湖的正中，我晃晃悠悠的上了桥，也见到了水中的我。沟渠汇入一个深潭，便无路可走，正找寻，发现展现在面前的是一个大峡谷了，须回折从另一段巨石爬上去，才又有了前行的路，我觉得这座山峰最高了，“会当凌绝顶，一览众山小”，爬上去便可大功告成，再打转回家也不迟。我顿生勇气，时而扶石，时而拉树，走至半山腰，累得气喘吁吁，见有一个休息亭，便坐下喘气。待静下来，才发觉四周是如此的美妙，近观怪石奇木多多，远眺绿树环山，虽不及华山的险，泰山的雄伟，庐山的秀，但我想此山小而险、小而奇、小而秀是它们的一个缩影吧。

静下心来，我突然联想到，传说中的那些神仙道人妖魔鬼怪，侠客英雄都是以山为家的，远离尘世，在这练就绝世仙魔之功是完全有可能的。在这静谧的环境中，吸日月之精华，聚山地之灵气，静坐修禅，除去凡心，远离世扰，一定可通汇贯顶，顿悟开窍，不成仙也可成通古博今，感知未来的高人。佛祖释迦摩尼不就是在菩提树下顿悟的吗？“菩提本无树，明镜亦非台。本来无一物，何处惹尘埃。”我也似乎吸收了山地之灵气，产生了一种心灵愉悦的感觉，缠结心头的郁气也消散不少，自然之美也让我体验到生命之美好，人生如隙，更要珍惜生命，热爱生活，享受一切啊。

休息片刻，又沿着蜿蜒山道前行，时而有路，时而攀行，终于登上山顶。此处有一亭阁，彩绘雕刻很是精美，这时我才发现我所登的是一个小山头而已，前面则是更高的山头，真是人外有人，山外有山啊！

时针指上15时，算上折返时间，天便要黑下来，我们在天街呆不到十分钟，便下山而行。

我按记忆找着下山的路，山谷中回想着我穿着皮靴的脚步声，抬头望，天上圆月发出冰冷的光，山顶云雾缠绕，下着冷气。走到那个深潭前，我跨上一块山石，弯腰掬水喝，直中冰凉沁甜，索性抹了把脸，燥热的脸上立刻感受到了清凉，很是惬意。不敢久呆，匆匆往回赶，二十分钟后终于走到了出口处，回来再望已看不到路了，先前的苍绿色全抛在身后了。

途经大余湾，当车驶入木兰风景区境内的时候，发现民居风格具有特色，灰砖土瓦、琉璃翘檐，仿佛又回到明清时代，那历史的沧桑古朴感扑面而来，让人顿生肃穆之心。

我带着一份对木兰山的敬畏和人生的感悟，上了路。古有花木兰，曾有红七军，今有展览馆，无不彰显了木兰山古今的传奇故事。

旅游完毕。远离了静谧，又走向喧嚣，真的回味无穷，希望心能恢复平静。

05　《重游三省边城——洪安》

1 月 11 日，我和中央电视台《精彩视界》栏目组一行前往渝东南重镇——秀山。借此，让我再次重游了三省边城——洪安。

洪安古镇位于重庆市秀山县境东南，距秀山县城 47 公里，全镇辖区面积 52 平方公里，人口 1.6 万，位于重庆、湖南和贵州的交界处，东与湖南省花垣县的茶峒镇隔河相望，南与贵州省松桃县的迓驾镇山水相连，为渝东南门户。是一脚踏三省的插花地，也是沈从文笔下的《边城》原型。清代名人章恺曾诗曰“蜀道有近时，春风几处分，吹来黔地雨，卷入楚天云”，描绘了“一脚踏三省”的地利之优。

如今的洪安，已成为远近闻名的旅游胜地。不仅是复温《边城》故事、品位古镇文明和体验边区贸易的理想场所，更是一座自然风光荟萃、文化积淀深厚的精神家园。当年沈从文先生从北京回到湘西，重游边城时，再度被边地人民纯朴、善良、包容的民风感染，回北京后，于 1934 年写出了不朽的经典传世小说《边城》，营造了又一个令人神往的桃源秘境。洪安古镇作为《边城》小说中凄婉爱情故事的发生地，由此赋予了更为浑厚的文化蕴意。

《边城》的诗意来自浓郁的湘西乡土气息。作家通过翠翠和傩送、天保之间的爱情故事，将茶峒的自然景物和生活风习错综有致地展现在读者面前。那清澈见底的河流，那凭水依山的小城，那河街上的吊脚楼，那攀引缆索的渡船，那关系茶峒“风水”的白塔，那深翠逼人的竹篁中鸟雀的交替鸣叫，……这些富有地方色彩的景物，都自然而又清丽，优美而不加浓涂艳沫。洪安古镇作为《边城》小说中凄婉爱情故事的发生地，由此赋予了更为浑厚的文化蕴意。沈从文笔下宁静幽远的《边城》原型地——秀山洪安古镇曾引得无数游客向往。

作品几乎用整整一节的篇幅来描绘这座边地小城和酉水上游的地势、历史、物产、买卖、人情、风俗。酉水岸边的吊脚楼，碾坊，碧溪咀的竹篁、白塔、绳渡，茶峒的小街、码头、店铺，这一切景物和融不隔，构成令人心驰神往的诗歌与图画。“有一小溪，溪边有座白色小塔，塔下住了一户单独的人家。这人家只一个老人，一个女孩子，一只黄狗。小溪流下去，绕山岨流，约三里便汇入茶峒的大河，人若过溪越小山走去，则只一里路就到了茶峒城边。溪流如弓背，山路如弓弦，故远近有了小小差异。小溪宽约二十丈，河床为大片石头作成。静静的水即或深到一篙不能落地，却依然清澈透明，河中游鱼来去皆可以计数。”置身于如此宁静而偏僻的小城镇，任凭时光流淌，你可以真真实实的得到一种融合，你的内心深处，对于生活、生命、世界感观等等，可以浓缩到，一座小屋、一个村庄、一个城镇……的美妙境界。边城中的边城，隐藏在时光深处，韵味在有风走过的河面波光粼粼。错落有致的吊脚楼与宛如出岫的朝霞相互纠葛，淤积着不断被人遗忘的古老画卷，青翠的山峦，黛青的屋瓦，朴实的笑脸穿插于过往来者。无数丹青妙手曾经在斑驳的城墙上、古老的吊脚楼上寻找岁月的足迹，无数文人骚客曾在潮湿的青石板路上、苍翠的丛林之中，寻找乡村韵味、寻找从文旧梦。“在此之前，不曾有惆怅的理由；在此之后，不再有漂泊的借口。”

我站在拉拉渡口边，眼前呈现出边城古镇的秀丽山水，耳畔仍回响着茶峒人的歌声干净剔透自然清新，与山与水交融在一起，带着浓浓的乡土味，牵起母亲和翠翠的梦，久久回荡在我们每个人心里。《边城》注重的不是故事的情节，而是意蕴和情感。《边城》是一部地域作品。作为理想世界的寄托，小说中的茶峒是实有的，我们可以从今天的湘西找出对应地方；茶峒又是虚存的，明显带有想象和象征意味的，它纯净美好，代表的是作者的理想社会和社会理想。《边城》大概是现代文学史上最纯净最淳朴的一部小说，它能让浮躁的人心慢慢沉静下来，像水一样明净起来，敞亮开来……但当你合上书本，世事纷沓而来的时候，好像恍若隔世《边城》的那个场景，那个瞬间是那样地不真实，仿佛是一段偷来的并不属于你的时光……

06　《西湖印象》

踏出萧山机场，一阵微风扑面而来，顿觉神清气爽，四肢百骸俱有了活力。看着艳阳高照，白云飘飘，心情似乎也明朗了许多。

离京前，北京正是雾霾天，天气预报重度污染，于是深感悲哀，生活在祖国的心脏，不仅要整天疲于奔命，还要时时呼吸毒气，诚如孟子所言“天将降大任于斯人也”？自勉乎，自嘲乎？

在好友陪同下，拜访了众多杭州名胜，杜牧诗云：南朝四百八十寺，多少楼台烟雨中，诚哉斯言。上天竺古寺已使我目不暇接，灵隐寺的金碧辉煌，高大雄伟更是令人叹为观止，居士信徒摩肩接踵，僧众法师梵音绕梁，重彩泥金描绘出来的煌煌神威，香樟楠木雕刻出来的庄严宝相，无处不体现了佛教的鼎盛春秋，万千气象。看着这众多游客如云，香火缭绕的古刹宝寺，不禁感叹，也只有这跨越千年的繁花似锦之地才能有这样雕梁画栋的亭台楼阁。

进雷峰塔景区大门，拾级而上，并不算陡峭的台阶中间修了一条自动扶梯，直达塔底，进入塔中，一层用巨大的玻璃墙围住了原雷峰塔的遗址，四周六块整块实木浮雕配合着彩灯，描绘着白娘子的千年传奇，雕工细腻到极致，光色柔美到动人。塔底有一部观光电梯直达塔顶，此时正值深秋，阳光明媚，秋气凉爽，放眼整个西湖，顿觉胸中郁闷之气一扫而光。“时维九月，序列三秋，烟光凝而暮山紫，潦水尽而寒潭清”正是此时的真实写照。

晚上看了张艺谋的大作，情景歌舞剧《印象·西湖》，一览无余的湖面上，浮桥、画舫、孤舟、水幕，配合现代化的灯光音响一一出场，亦真亦假，如幻如真，令人心旷神怡，如坠云雾。演出后，经歌舞团团长介绍，该剧除了杭州最冷的两个月，连年不断演出，场场爆满，已成为赴杭必观一景，为杭州财政每年贡献一个多亿。

观此情此景，心中不禁喟然长叹，文化是生产力，科技是生产力，文化和科技的结合在生产步伐如此之快的当今社会，更是使经济发展如虎添翼。也许有人说，宗教繁荣并不表示社会进步，雷峰塔的电梯和乘着快艇的白娘子有些不伦不类，但我认为，时代发展了，观念也应该有所变更，与时俱进是所有行业谋求发展的正道坦途，给已经不堪重负的现代生活寻找些心灵的寄托，减轻些旅途的负担，增加些后现代的美感不仅无伤大雅，而且正是新时代文化的发展方向和所应具备的社会效力。

党的十八届三中全会后，深化文化体制改革的号角刚刚吹响，如何在这时代巨变的狂风巨浪中屹立潮头，是每个有志于文化事业的单位和个人都应深思熟虑的问题，杭州的旅游文化走到了政策前方，是其决策者和运营者前瞻思维和超前意识的集中体现，值得全国的旅游部门乃至文化部门向其取经学习。

第五集·震撼心灵

01 《人间正道是沧桑》观后感

很久没有这么酣畅淋漓地看一部电视剧，也很少这么感动、激动、冲动了。五十集长的电视剧，我几乎一集没落下。只要有时间就会打开看，几乎是盯着屏幕，不愿意漏掉那些美丽的画面，不愿意漏掉每一句精彩的对白。

剧终人散已有一周时间，我的心久久沉浸其间，终于忍不住坐在键盘旁，敲打出这一篇不精彩，但绝对是真情实感的观后感，我相信，很多朋友看后，都会想发表一下自己的感慨。

我平时很少看连续剧。第一次看是在电视里，央视一台播放的不知道是哪一集，后来在优酷网里搜索到了视频。却没想到立刻就被吸引了，画面摄影很唯美，演员的形象又是那么生动，还有那些意味深长却又充满诙谐调侃的对白……让人不得不喜欢，那段令人尴尬的历史不可回避，那些我一直没有兴趣去了解的事件一件件呈现在眼前，我不禁想：当年要是有这样的好作品，估计《中国革命史》写起来就很轻松。

不过，这部作品最打动我的，还是一个我一直很少去想的东西，那就是信仰。在那个年代，出生、爱情都会因为信仰的不同而随之变化。“人生曾可贵，爱情价更高，若为自由故，二者皆可抛。”

说起信仰这个词语，估计很多人是不以为然的，现在这个时代，提信仰可能会令很多人感到枯燥、空洞，但是，正如片中的“老爷子”杨廷鹤临终的时候说的那样:“人之所以为人，就是因为人是有信仰的”是的，细细品味片中我欣赏的几位人物，他们之所以具有如此强烈的感染力和人格魅力，是因为他们都是一群有信仰的人。

先说说此片的灵魂人物——瞿恩（据说是以瞿秋白为原形），他不是领衔主演，但我认为他是片中当之无愧的灵魂人物，瞿恩是最理想、最完美的共产主义者，对共产主义抱有最坚定的信仰，为了自己的信仰，他视死如归，笑对刑场，从而赢得了同志、对手的敬重和崇拜，瞿恩死的时候，我流泪了，他中弹的镜头一点也不血腥，那个很悲壮、很潇洒、很唯美的瞬间，永远定格在黄埔师生的脑海里，也定格在观众的心里。

孙红雷扮演的杨立青从形象上不是我特别欣赏的那种儒雅型，更像一个吊儿郎当的大男孩，但是因为受了瞿恩的影响，他开始有了自己的信仰，在对理想的坚守和执着中，立青终于成长为一名真正的革命者，一名成熟坚定的男子汉，理性果敢，令人刮目相看。

我最喜欢的角色就算是瞿霞，她是片中最美丽的女人，瞿霞纯洁善良、热情洋溢，在革命工作中她冷静睿智，生活中却不失最初的纯真浪漫，让杨家两兄弟双双坠入爱河，瞿霞的结局很令人伤感，当她在狱中受到非人刑讯的时候，我相信所有观看的人都会感到心痛的，她那么美丽，那么柔弱，却又那么坚定那么执着，她纷飞的短发在风里飘过，坚毅的脸上罩着一层圣洁的光辉，那一刻，我的心被这样一份信仰之美震撼了。

给我感动最深的是她八年的狱中生活，没有放弃自己的信仰，而在狱中学习英语，用学习来度过寂寞的狱中生活，以致后来全国解放和周副主席筹备外交部的工作，还有她对待自己的爱情，八年的狱中生活，让她受尽了人间折磨，出狱后虽然还是那么爱着杨立青，可她毅然选择父女般的爱情。想到这些我就会骤然泪下。

带给我感动和震撼的人物还有很多，包括和立青有不同信仰的其兄杨立仁、姐姐杨立华，还有那个信仰实用主义的董其昌，他们的身上都有令人感动的东西，为了自己心中的信仰，他们付出了一生的努力，无论历史怎样评说，我都觉得，他们仍然有值得尊敬的地方。

看完此片，再对当今的现状作一番思索，会让人有很多感慨！人们没有信仰的生活是无趣的！

看看那些革命先烈，为了自己的信仰，生死都置之度外。

对爱情的失落，工作、生活中遇到一点困难又算什么呢?

（2009 年 7 月 20 日写作于北京中央警卫局招待所）

02 在水立方看《天鹅湖》

从北京回重庆有半个多月了，想起在北京待的那几天，觉得最开心最值得记忆的事情就是去水立方看俄罗斯的皇家芭蕾舞团的全景芭蕾舞剧天鹅湖。本来是想去人艺看话剧《鸟人》的，但没有买到票。

我和中央政法委一个朋友去的，套票300元，还算不错，距离舞台的位置也较近。难以掩饰内心激动的心情。一句话，太美了。

从奥杰塔公主的出场就美得令人窒息，她坐在小船上舞动手臂的样子高贵典雅，在水立方蓝色梦幻的光影交错中，伴着小提琴优美的调子，也只有童话才会有如此这般的景象吧。

由于是全景芭蕾，也就是舞台上，水池中，包括跳水台都运用其中，令人应接不暇。特别是魔王，由两个人扮演，一个刚刚从十米跳台跳下，另一个就已经出现在舞台中央了。我最喜欢的是水上芭蕾的姑娘们，开场时有一个优美的鱼跃，那个姑娘的白色身影在蓝色的水面上划出一道完美的弧线。但是我想由于当时大部分观众的精力都在舞台上，没有多少人看到她们这一个精彩的瞬间。

王子的生日宴会的场景。王子的舞姿也令众人倾倒，他的每一次跳跃都仿佛可以飞翔。男性芭蕾舞者是有关力度与柔美相结合最好的阐释。

虽然自己不是很懂得舞蹈，但是也能感觉到不同的角色在肢体上不同的阐释与演绎。相对于王子的舞步来说，魔王则更彰显其力度与速度，每一个跳跃都显锐利，带着劲风。魔王的女儿，黑天鹅，虽然她出场的时间很短，但她的三十二圈单足旋转，赢得了全场最热烈的掌声。故事中黑天鹅是白天鹅的冒充者，但是我想有一天，这个舞者以她的能力也将成为天鹅湖剧中的女主角——真正的奥杰塔。

出场，漫天星光，水立方的夜景流光溢彩，魅力无穷。

（2009年8月17日写作于重庆山城）

03　七夕夜重温《亮剑》片断：血色浪漫里的震撼

下班后打开电视，央视三台正重播电视剧《亮剑》。剧情恰巧是平安城一战。李云龙炮轰城楼，他的妻子秀芹在炮火中壮烈牺牲。这一集曾经看过不止一遍，每次都令我热泪盈眼。何况，今夜又逢七夕！

《亮剑》播放之初，紧张激烈的场面，曲折生动的情节，栩栩如生的人物，深深地吸引了我。等不及电视台的慢性子，我从网上下载后，一口气看了个饱。感人至深的地方实在太多，犹令我难忘的便是篇首提到的那一节。

新婚之夜，李云龙遭敌人偷袭驻地后，侥幸逃脱，可妻子秀芹不幸落入敌手。强攻平安城，与其说是救妻子为乡亲报仇，不如说展示了英雄李云龙的儿女情长。李云龙也许不是一个纪律严明的军人，但确实是一个有血有肉的汉子。我们可以质疑李云龙的组织纪律性，却不能怀疑他情深义重的真性情。

当负隅顽抗的敌人在城头出现，拿秀芹做人质强迫李云龙停火时，刚强无比的李云龙柔肠寸断。与敌人的对话，扣人心弦。一方面是爱人身陷虎口、危在旦夕，另一方面是战友浴血奋战、克城在即。进与退，情于理，生与死，激烈碰撞。秀芹大义凛然，甘愿为胜利牺牲；李云龙真情难舍，但最终舍小我顾大局，命令开炮！

硝烟纷飞中，巾帼英雄秀芹为国捐躯，李云龙却瘫软在地。男儿有泪不轻弹，只因未到伤心时。此刻李云龙的心要碎了，英雄，一个悲情英雄，气贯长虹：

烽烟滚滚唱英雄，四面青山侧耳听，侧耳听
青天响雷敲金鼓，大海扬波作和声
人民战士驱虎豹，舍生忘死保和平
为什么战旗美如画，英雄的鲜血染红了她
为什么大地春常在，英雄的生命开鲜花

声嘶力竭发出“开炮”口令的李云龙，实现了从男人向英雄的过渡，不！李云龙以一个心怀大爱男人的形象，永远地矗立在每一位观众的心中！花前月下的平和，卿卿我我的柔情，不正需要《亮剑》透射出的阳刚吗？

七夕夜，重温《亮剑》的精彩片段，血色浪漫里的震撼，让我心绪难平，久久。

（2009 年 8 月 27 日写作于重庆观音桥）

04 《潜伏》观看记

前言：

《潜伏》的热映可谓是一石激起了千层浪，此片让我思考起了一个许久没有思考过的主题——爱情观

我相信余则成曾经深爱着左蓝，我也相信余则成会与穆晚秋成就一个美满的家庭。但是我更相信，翠平才是余则成最深最真的爱，因为它朴实却真实，简单却刻骨铭心。

我看《潜伏》的爱情

最近让这《潜伏》弄得五迷三道，不仅那跌宕起伏的剧情，也不仅那扣人心弦的悬疑，还因为剧中男女主角在平常中迸发的震人心魄的爱情。按说，到我这岁数，不说是看破红尘，也至少应该做到心如止水了。但余则成和翠平这两个在外人看来绝对不搭调的人竟然在新中国成立前地下工作的特殊时期产生了深厚爱情，这不能不说是这部戏的绝妙。

没有一定人生阅历的人很难体会余则成和翠平之间爱情的浪漫。一个是目不识丁、粗野蛮横的游击队女队长；一个是聪明机敏、城府极深的地下工作者，这两个人凑到一起，任谁想破了脑袋也想不出什么感天动地的神话。但这部戏就做到了，它让他们的爱情欲语还休、欲哭无泪……

这是那个特殊的时代和使命造就的吗？因为他们随时面临着死亡的威胁。

这是他们共同的信仰引领的吗？因为余则成说，左蓝给了他一种信仰，而翠平给了他这种信仰的力量。

这是上辈子注定的吗？因为余则成对翠平说："姑奶奶，我上辈子一定欠你什么东西。"

这是同住一室，朝夕相处的结果吗？因为余则成在翠平镜子前装扮自己的时候凝视，在翠平英姿飒爽的射击时发呆。

这些，都是，也都不是。

他们就这样萌生了对彼此深深的爱。尽管，等爱情发生的时候他们却不知道能不能履行爱的仪式。尽管，等他们真正拥有彼此后却又很快天各一方，分

别的时候，他们没有深情相拥。孙红雷说，“这是我所演过的角色中，最硬的硬汉。他不是那种仅仅是表面强大的英雄，他是一个真正的内心非常强大的英雄。”所以，英雄的爱情也就更有另一番味道，难以体会，却不能释怀。

当然，余则成与翠平的这种爱情也颇受争议。不少观众认为其实余则成并不爱翠平，他们在一起只是彼此在那个特殊时期空虚与压力的排解方式。也有的观众认为，翠平配不上余则成，他们真正在一起了也很难幸福。这些说法我都很难赞成。我相信余则成曾经深爱着左蓝，我也相信余则成会与穆晚秋成就一个美满的家庭。但是我更相信，翠平才是余则成最深最真的爱，因为它朴实却真实，简单却刻骨铭心。

回到现实，余则成与翠平也是最经典、最正牌的夫妻搭档。男的沉稳机敏，不失幽默，却时刻想着保护自己身边的女人；女的简单率性，甚至常冒傻气，却对自己的男人忠贞不渝。这样的两种人做夫妻，会比任何其他类型的夫妻搭档更有人情味儿，尽管他们也许会因为观点不一而经常吵架，但这丝毫不会影响他们对彼此的信任。

虽然电视剧的结尾让余则成与穆晚秋假结婚（也许是真结婚）继续执行潜伏任务，但余则成仍然怀念与翠平简单、真实的爱。

网上给这部戏续了很多完美的结尾，但我想说一句：

回来吧，台湾，不要因为你的轻言离开阻隔太多悲壮的爱情。

（2009 年 5 月 3 日写作于重庆）

05 《凤凰涅磐》

凤凰是一种神话中的鸟，是百鸟之王，有五百年的寿命，当生命到了尽头，便会浴火重生！在火中起舞，受尽火焰的烧灼，当羽毛、骨肉皆成灰烬时，却忽见火中亮出一片比火更夺目的红羽，新生的凤凰便出现了！涅磐则是佛家的语言，也就是重生的意思，佛教中说道不要因为出生感到欣喜，因为来到这世上便意味着走向死亡；亦不要因为死亡感到恐惧和不安，因为那只是走向往生的一种方式！生而何欢？死而何惧？这也就是世间的因果轮回了！所以凤凰和涅磐便总是放在一起了！

记得曾经有人对我说过，你要快乐，你就要放下记忆，放下你心里背负的伤痛！因为过去已经是你经过的了，不能重演、不能抹去！可以遗忘、可以忘怀！那个希望我能像凤凰一样重生的人，在尽力为我抚平伤痕，温暖我心的漫长付出的日子里，终究没有等到我亮羽而歌，浴火重生，便逝去了！他的死，他的留言就像是那堆梧桐燃成的重生之火，让我自省，让我懂得快乐、只有自己才能给自己！而今，我真的重生了，懂得珍惜自己拥有的今天，懂得放下心中的过往，懂得寻找快乐、创造快乐了，就如那凤凰涅磐！而那点燃梧桐火的人，却成了心头的一滴泪！

今天，我写下凤凰涅磐，之后转身将这滴泪自心中拭去！因为，不能忘记就会给自己再添枷锁！就辜负了那助我重生的人，辜负了他的付出！只有我活的精彩，我活的快乐，才是对他最好的回答！

我希望每一个人，每一个看到我写的这篇文字的人，都能找到自己的梧桐之火，烧去往昔，烧出今生的快乐，今生的精彩！

人是一种很惰性的东西，他会因为生活之后形成某种习惯，之后又会将习惯变成本性，其实什么是本性？只有那个赤条条来的躯体是根本！什么是善？什么是恶？不过是生长的过程中如同一片片抽出的绿叶一样，无论怎样都会长出来，只是要看在长的过程中遇到了怎样的环境，怎样的老师！善与恶是怎样来区分的，对与错又是怎样区分的？

从真实的自私的角度来区分，违逆了你的意志，你的想法在你心中就是错了！就是恶了！谁人能免俗？只是在一个共同生活的大空间里，作为有智慧的人类能给大多数人找到一个共同点，达成一种共识，给善恶，对错加上一个不是标准的标准而已！也更因为人们本来就是有一个共性，就是对幸福的追求，就是都想自己得到的多一点，再多一点！而幸福的标准却又是那样的一致！

什么是对？我不知道！我只知道追求自己的感受，自己的幸福没有错！什么是善？我不知道！我只知道此刻，直至我死去，我的心始终是鲜红的，无愧的！

生，便要像那树夏花，用尽力气去繁花似锦！死，也要微笑着对你说抱歉，我先走了，你要保重！这便是我要的一生，爱要痛快，恨要痛快，生要痛快，死要痛快。

（2010 年 8 月 10 日写于北京）

06 《记者节感言》

今天是我与记者职业结缘整整10周年。在第十一个记者节来临之际，蓦然回首，10年间亲历的那些或浓或淡、亦真亦幻的岁月历历在目，心中充盈着说不出的感动、感激和感慨。

10年不寻常，甘苦寸心知。记不清多少次奔波在路上，多少次鏖战在采访现场，多少次在灯下苦思冥想。重庆打黑大行动、汶川大地震、12.23开县井喷、三峡百万移民外迁……我为亲身经历这些大事而自豪，我为自己成为新闻人而骄傲。

如今已走过了10年的风雨历程。10年来，我们和老百姓水乳交融，休戚与共。是老百姓给了我们智慧与才思，是老百姓给了我们信心和力量，是老百姓让我们一路向前。有他们的支持，我们无惧无畏；有他们的认可，我们才会成为“无冕之王”。

10年，数千篇稿件，五百多万字，捧在手里沉甸甸的，让我多少有点敝帚自珍的感觉。也许我是微不足道的，但每一篇新闻报道和每件调查报告中的每一个亮点有我的一份光芒，人生的意义因此而崇高起来。

10年是一个轮回。今天，我重温使命，更坚定了新闻人关注民生、传递温暖、抑恶扬善、坚守正义、维护和谐、推动进步的社会担当。正如《蒹葭》中的诗句:“蒹葭苍苍，白露为霜；所谓伊人，在水一方……”。

（2010年11月8日写作于北京万寿路）

07 《一个农民工的心灵启迪》

女儿小学毕业前的最后一次家长会，是我参加的。

七点整，学生的家长陆陆续续到齐，签过到，找到自己孩子的座位，依次坐下。看得出，大家都是精心打扮了一下，衣服都比较光鲜得体，区别只是有的人浓妆艳抹，有的没有；偶有两个家长走性感路线，丰乳肥臀，走在教室里，让人感觉有点格格不入。

签到的时候，有的家长彬彬有礼，有的家长目空一切，有的家长细微谨慎，有的家长大大咧咧；其中有一位家长言行举止与众不同，惹得其他家长对她投来无数恶厌的眼光。只见她一见老师，开口就一句，“老师，难怪许××成绩那么差，就是因为你们把她安排在最后!”说完拿起笔刷刷刷签完名，随手将笔一扔，昂首挺胸迈开大步朝第二组离讲台最近的位置走去，不管三七二十一，一屁股就坐了下去，高跟鞋与水泥地板摩擦的声音相当的刺耳。此情此景，稍微有点素质的家长，无不摇头，老师斜眼看了她一眼，未理她，继续招呼其他家长签到。

会是七点半开，随着时间的临近，老师时不时抬头看看墙上的挂钟，并不厌其烦的回答学生家长提出的各类问题。时间到了，老师示意众家长安静，门轻轻关上，老师清了清嗓子，正准备开口时，刚关上的门又轻轻的开了。

只见一中年男人，满身尘土出现在门口，脸上带着微笑，用广东普通话一个劲的对老师说着抱歉的话。

声音不大，却吸引了所有家长的眼光；只见他穿着一件已经褪色的蓝色工衣，上面有斑斑点点的各色油漆；裤子全是灰尘，一只吊着，一只垂着，穿着雨靴，上面沾满泥浆。一看，就知道刚从建筑工地赶来。

“这位家长，请问你的孩子是……”

“我是王××的爸爸!”

“哦……”老师露出惊讶的表情。

“请问老师，我坐哪儿?”

看着满满一教室的家长，一时找不到座位的王××的爸爸问到，教室又是一阵笑。

“就是你右侧的那个空位!”说完，老师又回头对王××的父亲说，“麻烦您签个到，这儿有笔!”

只见王××的父亲拿着笔，一脸的惶恐，把签到本转了个360度，也不知道如何下笔。

老师以为他找不到王××的名字，立马用手指出来，并说道，“您就签在这儿。”

“老，老师，我，我不识字……”王××的父亲把头压得很低很低。教室又发出一阵笑声。

“哦，没事，没事，我代签吧，您请回到王××的座位。”

“诸位家长，今天这个家长会，是本学期的最后一次家长会，感谢诸位家长一直以来对我们工作的大力支持；今天呢，就长话短说，我知道，所有家长都关心自己孩子的成绩，‘望子成龙’，是每个家长的心愿，今天的会，就是请学习成绩好的家长上台来，讲述一下自己教育孩子的方法与心得。”

教室一阵骚动，老师挥了挥手，示意大家安静。

“现在请许××的家长上台来……”

许××的家长讲完，连续有两个家长上台讲了自己教育子女的经验，无什么新意，无非是自己如何严格的管孩子，让孩子多做作业，帮孩子请家教……

当老师点到请王××家长上台时，一时叽叽喳喳声不绝的教室，一下子鸦雀无声。这太出乎人的意料之外了，他如此寒碜，他的孩子，怎么会成绩如此优秀？

只见王××父亲不自然的弯腰站了起来，走出来的时候，一不小心，踢倒了板凳，发出清脆的声音，连说了几声对不起，赶紧将凳子扶正，缓慢的走上了讲台。

“嘿嘿嘿……”王××父亲干笑了几声，眼睛不敢直视坐在下面的家长。

“王××是我们班学习成绩最好的学生，他的数学成绩，一直排在第一名，这孩子相当刻苦，从不迟到，与每个同学都玩得好，现在请大家安静，听王××家长说说他是如何教育孩子的。”

“经，经验我说不上，我就是喜欢看我孩子做作业；每天收工之后，不管多累，我都会坐在儿子旁边看他做作业。”

王××父亲停了一下，看了一眼老师，老师微笑的示意他继续。

“有一天，儿子问我，爸爸，你天天坐在我旁边看我做作业，这作业你看得懂吗？”

“我说，我看不懂。”儿子又问我，“爸爸，你既然看不懂，你怎么知道我是会做还是不会做？”

我说，“如果我儿子做得很快，拿起笔，刷刷刷，我就知道这题目会做、很好做；如果我儿子要开风扇，要喝水，我就知道，这题目难做。”

教室相当安静，一根针掉在地上，估计都听得到，其他教室陆续有人回家，也有人隔着窗倾听。

“我是做建筑工的，平时忙得很，要说教育，真没花时间教育他，也就是平时与他聊聊天，孩子每次看我挑石头，挖泥巴的时候，我就与孩子聊聊天。

我说，儿子，你想不想像主席那样出国?

儿子说，我想。我说，那你就好好读书喽。儿子点点头。

我抬头看了看我亲手盖的高楼，我又问他，儿子，想不想住高高的、大大的、漂亮的房子?

儿子点点头。我说，那你就好好读书喽。

看到马路上跑得很快的，长长的，很黑的，油漆很发亮的汽车，我又问我儿子，想不想开这样长长的汽车?

儿子说想。我说，那你就好好读书喽。

我没读过书，字也不识一个，找不到深的道理教育孩子，只能在做工的时候，看到什么，就与儿子聊什么，看到儿子不停的点头，我就很开心，我一开心，就喜欢抚摸儿子的头。儿子喜欢蹲在我旁边，看我做事，有时，还给我递一杯水；我很少给儿子零花钱，几乎不给，所以呢，我儿子不会上网，更不会进网吧，也不会到外面乱买东西吃，大把时间在家做家务，有时，还帮我洗衣服。

我们做建筑工的，四海为家，工地在哪儿，家就在哪儿，说经验，我真没什么经验，我就是喜欢与孩子待在一起，喜欢看他做作业，喜欢摸他的头，喜欢问他……感谢学校，感谢老师，把我儿子教育得这么好，这么懂事，你们辛苦了!”

说完，他向老师深深的鞠了一躬!

这一躬，深深的震撼了在座的全体家长的心灵。我们这些家长，何曾想到过要向老师鞠一躬，向老师道一声谢谢，道一声辛苦?孩子成绩不好，怪老师没教育好；孩子成绩好，功劳全是自己。与王××的“文盲家长”相比，我们这些读过几天书的人，真是羞愧难当呀。

当我还在沉思的时候，王××的父亲已经轻轻的回到了座位，教室发出雷鸣般的掌声。

心灵感悟

这是值得让人感动和思考的真实故事。故事中的父亲是一个大字不识，也没有优越的家境，为什么会培养出学习好、人品好的孩子？仔细想想，值得我将此故事写出来让大家读读，从这位家长对孩子观察的如此之细——“如果我儿子做得很快，拿起笔，刷刷刷，我就知道这题目会做、很好做；如果我儿子要开风扇，要喝水，我就知道，这题目难做。”从他愿意一有时间就和孩子聊天、交流，我们从他对老师的尊敬、对周围人的尊重，我们可能找到答案！

（2010 年 6 月 20 日写于重庆万州）

第六集 • 人间真情

01 《特别的爱给特别的你》

6 月 17 日，是父亲节！在父亲节来临之前，记者在万州随机采访了一些市民，在采访过程中，有很多市民不知道“6.17”这一天是父亲节，却只有一小部分市民知道有一个父亲节。那么，就让我们来听听这些市民们的心声吧！

孩子是最好的宝贝

在天城移民开发区分水镇工作的熊先生，今年 27 岁。5 月 26 日上午 8 点钟，他如愿以偿地得到一个宝贝儿子。喜出望外的他在高兴之余，意识到自己肩上的责任与压力会愈加重大，儿子的出生令他感受对妻子的爱情在升华，他深情地对妻子说：儿子是我们爱情的结晶。不用言表，记者已经看出在熊先生妻子的眼睛中充满着幸福。

此时，熊先生他不好意思地挠着头对记者说，可是我现在还不是一个合格的父亲。小家伙饿了“哇哇”哭，撒尿也“哇哇”哭，我还搞不懂他的要求，经常弄得我手忙脚乱，狼狈惨了……不管怎么样，熊先生认为儿子是他们最好的宝贝！

父爱扶我站起来

离父亲节还有三、四天，黄小华（化名）最感慨的莫过于父亲、母亲还有奶奶千里迢迢赶到劳教所看望他，特别是他父亲，为了他能吃上几个“酥芯”糖及水果，在老家特地卖了 100 斤小麦，换来的钱买了几斤水果及糕点糖果，专程给他送来。他拿着水果不时放到鼻子闻一闻，却总舍不得吃。

来自奉节县吐祥一个边远山区，今年 17 岁的黄小华在劳教所里度过了一年半的时光。两年前，他来到万州读书，刚来的时候不管是在学习上，还是在生活上都是很严格要求自己的。时间久了，由于自己家里贫穷，比不上城市里富裕家庭的孩子，因此，渐渐地产生了自卑心理。随后，就开始逃学了。然后，在学校里干起了小偷小摸。2002 年 5 月，他决定铤而走险——偷。他把目光瞄准了学校的财务室。“那天，也不知哪来的胆，我一共偷了两次，总共才偷了 500 元。正准备‘转移阵地’，学校的保安和老师带着警察赶到，将我拿住了。”黄小华回忆起这段往事时连连摇头，“当时不知中了么子邪。”

社会并没有遗弃这个刚进入中学的法盲少年，在劳教所管教干部耐心细致的教育、感化下，起初桀骜不驯的他如今已有很大的转变。管教干部如父亲一般的关爱让他明白了许多事理，而一年半来父亲一如既往的关心，更让他增添了重新做人的勇气和决心。黄小华告诉记者，一年多来，他一共给父母写了10多封信，问候父母身体状况，介绍自己在劳教所里面的表现。他说:“我经常在梦里想起父亲给我做的饭菜，特别好吃。还经常回忆起父亲将含辛茹苦播种的粮食换成钱，然后给自己买衣服穿的情景。每次见到父亲将一把皱巴巴的钱交给营业员时，我就直想哭。”

面对即将到来的父亲节，黄小华最想对脸上已布满皱纹的父亲说句心里话:“以前是自己不懂法才会迷途。出来后，我会重新站起来，做一个对社会有用的人。”

牵挂你的人是我

黄小华的父亲黄世成是一个老实巴交的农民。黄世成有两个孩子，大女儿今年有22岁，在西南财经大学读书。另一个就是一时失足在劳教所进行劳动教养的黄小华。6月14日，黄世成向记者说，他曾经最不放心的便是黄小华。

1987年6月9日，当乖巧伶俐的黄小华降生之时，如愿以偿地得到一个宝贝儿子的黄世成甭提心里有多高兴。没念过多少书的黄世成一直默默地祈盼孩子今后能出人头地。

然而，事与愿违。黄小华自从在老家初中毕业，来到万州读书后不久，就贪玩好耍、调皮捣蛋、成绩开始下降。于是，开始学偷学摸。由于离家较远，黄小华在万州出事家里不知道。

2002年“五一”节，原本说好的放假回家，谁知后来传来噩耗：黄小华因偷盗学校的钱出事了，被公安局拘留了。黄世成从奉节立即赶到万州。好不容易在拘留所见到黄小华。百感交集、千言万语涌上心头的他当时只说出了一句:“华崽儿，饿了吗，想吃点什么?”黄小华回答父亲说想吃点稀饭、凉面。黄世成于是掉头就去买，在走了1里多路后才打听了卖凉面、稀饭的地方。当他一手端凉面、一手端稀饭风尘仆仆赶回拘留所时，黄小华趴在囚室窗下“呜呜”地大哭。黄世成望着铁窗内泪眼婆娑的儿子，再看看手中的凉面、稀饭，不禁潸然泪下。

这之后，直到劳教所他才见到儿子。期间，他为了看儿子、想早点知道处理结果，他贷款 5000 余元，10 次在往返奉节与万州之间奔波。

儿子送到劳教所后，做父亲的黄世成老是坐卧不安，他妻子也是经常急得直哭。为了探望儿子、捎点东西，他卖猪儿、卖粮食再加之大女儿在大学里节约的一点奖学金东拼西凑，每次要给黄小华带 100 元零花钱。并经常给儿子写信，鼓励他好好改造、重新做人，在劳教所里多学点东西。

面对记者，黄世成坦言:“儿子小时候乖巧可爱，他偶尔调皮捣蛋也没太注意。他走到这步，我心里确实难过。但世上没有后悔药，只希望他在这里听管教干部的话，好好改造，出来以后别再走老路……”说到此，眼泪已开始在黄世成眼眶里不断打转。

儿女来时就是节日

“父亲节”对于夕阳红敬老院中当了几十年父亲的老爷爷们来说绝对是一个陌生的名词。前两天，当记者告诉他们 6 月 17 日就是每一个父亲的节日时，他们居然不相信还有这样一回事，老人们对我这个“不速之客”表现出异常的热情，纷纷上来与记者攀谈。也许，这些因为种种原因不得不离开他们的儿女的父亲们，在缺少亲情关爱的晚年生活中，难免会感觉到几分凄凉与落寞。

80 岁的赵华志老人没有亲生儿女。抗美援朝回来后，当时被安排到了四川阿坝州去当了一名伐木工人。在那个山高林密的原始森林里别说找对象，就是见到一个女人都不容易，所以直到 40 岁，赵华志才回到万州与离过婚并有 4 个女儿的妻子结为夫妻。刚结婚就当爸爸，赵华志心里说不出是高兴还是无奈，但从此，他义不容辞地承担起抚养 4 个未成年女儿的责任，在他心目中，4 个乖巧听话的女儿不是亲生却胜似亲生。

老人家告诉记者，4 个女儿长大以后，除了大女儿留在万州，其余 3 个子女都分别去了北京、深圳和昆明。大女婿和大女儿一样，以前都是罐头厂的工人，后来厂子垮了，夫妻二人不得不在外面打工，家庭经济状况也不太好，一家人挤在一个 40 来个平方的房子里，还有一个一、二十岁大的外孙女，自己留在女儿家也没人照顾，后来干脆到了敬老院。

老人家说，人到晚年，谁不想与自己的亲人在一起享受天伦之乐。在敬老院，虽然有工作人员的精心照料，但他不抽烟不喝酒不打牌，很难真正融入这个大家庭中，女儿抽空来看他的日子才是真正的父亲节。

在敬老院，83 岁的何光友老人算是最幸运的父亲了。老人耳朵不好，满口的牙齿掉差不多了，与记者交流十分困难，后来记者给他纸和笔，他首先在纸上写道：我的两个后人都对我非常好，我感到很幸福。敬老院一位姓王的工作人员对记者说，何爷爷的两个女儿在港务局和医院工作，何爷爷的老伴去世后，忙于工作的女儿们怕老人一个人无人照顾精神寂寞，在征得老人同意后把他送到了敬老院，两个女儿三天两头往敬老院跑，一遇有节假日便接老人回去团聚。虽然过得很充实，但何爷爷说，他仍然每天很想念女儿和外孙，想天天见到他们。

76 岁的张中华原是铁二局的退休干部，7 年前老伴死了，自己一个人住在一间 10 来个平方米的私房里。后来经人介绍，他与一位老太太谈起了“黄昏恋”，使他暂时忘记了丧偶之痛，一段时间以后，他发现自己与新的老伴性格差异极大，他不得不选择离开。但一个年事已高且有疾病缠身的老人生活难以自理，而他又不愿去打扰女儿一家的清净，便毅然决定一个人来到敬老院。老人说，女儿会每月按时把 700 多元的退休金送过来，生活费和零花钱基本够用了。每天和老伙伴们打打牌、聊聊天，日子过得也挺快。几十年不知道“父亲节”不一样也过来了吗？他这样安慰自己。

［2004 年 6 月 17 日写于三峡库区（万州）记者站］

02 《痛失外甥》

外甥一路走好！

明天，8 月 8 日，这是一个撕心裂肺、悲痛欲绝的日子；这是一个父母送儿子、妻子送丈夫、孩子送父亲的日子；这一天，是我姐的儿子，我的外甥——杨金川，入土而安的日子。

我大姐她共有三个孩子。前两个是儿子，第三个是女儿，死者是老二，才 25 岁。三个孩子都已经成家，他们生活在武汉城郊。姐姐和姐夫是地地道道的老实人，传统思想和封建观念在他们心中已经根深蒂固，所以，为了孩子们，他们什么都舍得。孙女出生后，他们更是疼爱有加。现在，孙女已经 2 岁半。本来可以享受天伦之乐的姐姐一家，却遭此厄运，受到沉重打击，他们的天刹那间轰然坍塌了。儿媳年轻，孙女幼小，这剩下的日子怎么过啊!!!

外甥是几个朋友邀请出去喝酒，回来的路上出车祸死的，一车四人都去见马克思了。在 7 月 29 日凌晨 1 点半，他们在汉口喝夜啤酒后在回来的路上，还有 10 来分钟的路程就可以到家了。可是这时正遇上一外地车——辽宁省铁岭市大地运输公司的一辆加长大货车逆行与其相撞。等 120 急救车来到时，他们四人已经没有生命了。

外甥的朋友，司机也喝酒了，这是醉酒驾车的沉痛教训呀，一念之差就会酿成惨祸。如果司机不喝酒，见到逆行的车也可以避让呀；如果他们时刻想到为人子、为人夫、为人父的责任；如果他们的司机不存在侥幸的心理；如果……；如果……然而，没有这么多的如果。一个个一颗年轻的心脏永远停止了跳动，一个个鲜活的生命永远地离开了人间。

逝去的人永远离开了人世间的悲喜情仇，而痛苦却真真切切的永远留给了活着的人，尤其是他们最亲近的人。

当我听到噩耗后，次日在出差的路上马上直奔武汉为其生存者维权索赔。经过四天唇枪舌剑，终于为他们生者在金钱上得到了 45 万元的一定补偿；但金钱远远弥补不了精神上的沉痛打击呀！而面对精神痛苦这样的境况，我却无能为力，我只能说：姐和姐夫啊，你们要保重自己，死去的人不能复生，活着的人还要好好的活着。

明天就是外甥火化入土而安的日子，由于公务缠身，在武汉不能久留，我于昨日回到了重庆。现在我只能对我的外甥说：孩子呀，舅舅公务缠身要赶路，不能等你火化入土而安啦，舅舅对不住你，只能祝你在天堂路上一路走好!

（2009 年 8 月 7 日写作于武汉市盘龙城）

03 《一个流浪者的寂静抒情》（上）

春天在人间

三月，阳光暖暖。暖到内心盛开。三月，油菜花开，金黄的光泽遍地流淌。金黄的火焰燃烧了整个大地，燃烧了一个人的视野。油菜花香渗透到一个农民苍凉的内心。风很轻，很轻地用男人的手打开油菜花，娶走了她的爱情。

三月，草莓像一个少女脸上光滑的红晕，鲜艳欲滴。三月，轻轻地向我们走来，为我们带来春天。三月的油菜花，三月的草莓，有几分柔情，有几分妩媚，有几分馨香，有几分朴素，有几分清丽，在民间。

三月，微风打开了春天的心事，打开了春天美好的容颜，打开了春天的世界。春天的脚步踩暖了谁的心灵？三月的脚步踩疼了谁的心动？三月的脚步踩亮了谁的诗行？

三月，油菜花传递着慰藉的火焰，述说着一个个生动而真切的情事。三月，草莓，是邻家那个调皮的少女，正在满怀着怀春的心事，向你微笑。三月，少女格外美丽、动人，她们穿着红裙子、绿裙子在风中飘舞，飞扬着青春的气息，传递着一种幽香。幽香漫过大地。

三月。美好的三月。开花的三月。花朵深浅地开放，是让人陶醉的春色。三月，是属于春天的，油菜花是属于春天的，草莓是属于春天的，一颗熬过严冬的诗心也应该是春天的！春天，是属于大地的。春天在人间！

三月的诗篇

迎着微风慢慢地向前走，没有目的地。田野上一切熬过严冬的事物，都已开始返青。嫩嫩的绿，让人心生温暖。如果想读懂生命，只有靠近大地；如果想写出动人的诗篇，只有读懂大地。

不再沉沦在冬季的梦呓里。醒来吧，诗人；醒来吧，情感；醒来吧，伤口！影子和我一起深入到什么当中呢？冬天的雪花，经不住大地的深入，已经融化了。过去的一切，都已无处找寻。逝去无声。逝去暗暗涌动。

阳光下，一抹泥土的湿润和芳香来自春天的燃烧。春天正在慢慢复苏。在苍茫中悄悄回首，我小心翼翼地把过去的泪水收藏在心里，捡拾起过去的碎片，告别过去的漂浮，扎根于泥土，深入大地。

其实，我们一直在某条道路上行走。因为我们只能行走。我们在生命的长河中，不过是大海中的一滴水，不过是昙花一现。凋落之后，慢慢地变成一粒尘埃，想到这里心里突然生出一丝苍凉。

在今生有限的岁月里，我感动于有你同行；我感动于有诗歌同在；我感动于有上帝的牵引；我感动于有父母的爱护；我感动于有苦难浇灌；我感动于万事万物的美好。在四季的变化中，我找寻着赞美情感的词语，在人生沧桑中找寻安慰。关爱或关注每一个生命，每一个细节。

就像现在，三月，只要你敞开眼睛，你就能看到一朵朵野花，一棵棵小草，正在春天里昂然开放，尽情陶醉在春风中。只要你打开耳朵，你就能听到万物的吟唱，听到我的情话。亲爱的，你要好好地活着，我要用春天一样的温暖和大地一样的胸怀拥抱你，热爱你。

纪念文老庚

三月，春天来了，花朵开了。老庚，你在哪里？老庚，三月，到处都弥漫着一个母亲的忧伤，母亲的思念，你知道吗？老庚，母亲，老了，垂下白发。老庚，老了的母亲，走在乡间的地头，泪流如雨。老庚，老了的母亲，想你。

老庚，你愿意将自己埋葬在四周高高的山冈上，守望大地的家园。老庚，你可知道和你一起埋葬的还有什么？老庚，母亲在乡间念诵着你的诗篇，给你逝去的诗魂。老庚，我听得泪流满面。

老庚，麦地已经返青，春天已经遍地流淌，你的世界是否有阳光可以照耀？老庚，三月是一个悲伤的季节，三月是你死去又复活的日子。

老庚，老了的母亲多么想你。老了的母亲泪水一次次洗你已经苍白的遗容。老庚，抒情的歌者，你可知道是谁在三月，在春暖花开的时候念诵着你的诗歌悲从中来？

老庚，三月，返青的大地上，词语孤独的美丽着。老庚，在春暖花开的时候，你是否仍旧孤独，仍旧痛苦？老庚，词语释放着情感的芬芳。

老庚，你燃烧起一片火焰，温暖尘世中那些孤寂的心灵。你在岁月中，渐渐清冷。老庚，春天为谁而来？谁来收藏起你的呓语？老庚，谁还能写下那些抒情的动人的诗行？

老庚，在三月，一个和你一样执着于抒情的人在纪念你……

内心的散章

是什么把你衔到这里？是谁让你生长在大地上，却又死在大地上？一种生命的血液，流过人类的血管。

许多的烟云已经消散了。许多的往事已经淡忘了。许多的岁月已经逝去了。

我们各自的内心在为自己歌唱。我们各自的词语在为自己抒情。所有的丰收在我们周围呼唤着谁的名字？是谁已被六月六压弯了脊背？是什么叫醒了沉睡的镰刀？是谁仍然铭记着往事，如烟的往事？

六月六，一把镰刀，一顶草帽，背着太阳升起，又背着太阳落下。一把镰刀的根扎在大地上。一个农民的根扎在田野里。扎得很深，很深……

看到大地上的一切贫困，悲苦和辛酸。这些是生命活过的证据。这些是时光留给人类的果实。没有人能够拔出扎在田野里的根。没有人能拔出为了劳动渐渐陷下去的脚！

麦子倒下。镰刀充满了劳累之后的虚脱，慢慢放松下来。割麦的人满面汗尘。是什么把割麦的人和麦子一起收割了？站在生命的高度，站在六月六的肩上，在编织幸福梦想之网的人是谁？

太阳如火，太阳流火。燃烧着青春，吸走青春。时光暗暗地逝去，生命旺盛地生长着，旺盛地衰败着。六月六，依依不舍的人是谁？生生不息的事物是什么？

六月六，请不要抛弃我，请把我覆盖……

生命——粮食

粮食安慰了一个农民的心。粮食满足了一个农民的渴望。粮食给了农民更加真实的生活。粮食，是农民用痛苦煮开的花朵。粮食，是农民用汗水结成的果实。谁如果能够明白这样简单的道理，谁就是深刻地爱着大地的人！

深入粮食，其实就是深入大地，深入到农民的劳动，深入到农民的汗水当中，去发掘生命的源泉。为粮食付出过的人，额头都有着很深的皱纹，手上都有着厚厚的老茧。粮食，是我们生命中的骨头，支撑着我们时光的列车，在其上无穷无尽地奔跑。

和粮食亲近，是否就意味着和自己亲近，和生命亲近，和自己的父母亲近？是的。对于我来说，这才是生命的意义。粮食不需要美丽，它们一直坚持恪守着对生命的关爱，对生命的关怀和慰藉。

粮食，是一种品质。粮食，是一种力量，热血奔涌。粮食，就是从母亲脸上滚下的汗水。粮食，就是母亲额头透明的抒情的灯盏？粮食，照彻了一个家庭的喜哀。身上带有泥土芳香和十足乡音的粮食，在大地上向我们奔跑。健康，朴实，温暖的粮食，正在收拢它们的翅膀，遮住荒凉无比的大地。

是谁和粮食同在？是谁和粮食同行？是谁和粮食一样养育着我们？

大地——母亲

黄昏中央。你站在田野上远望着，呆呆地远望着，被一个诗人摄入了自己的眼睛。昏黄的光泽，染红了大地。轻轻的风，打开了时光的门，抚摸着你满头的白发。你日渐衰竭的心跳，打动了你的皱纹，让它在我的额头上，深入地流淌。

你身后是荒凉的村庄。留不住什么。村庄和你形成了一种风景，一种默契。谁在呼唤你的乳名？谁在孤独着时光的孤独？

有些情绪无法梳理。它在游动，不停地流动。淡淡的炊烟缠绕着一个人的归期、淡淡的炊烟嘹亮了一个人内心深处的乡愁、麦田和稻田里留下了你劳作的身影。这是一条道路，通向哪里？现在，你一个人正从这条路上走过。乡村的一切都是有感情的。你知冷知热，常常在汗水滴落之后，让我想念。你常常跟我说：一个内心远离土地的人，不是你的儿子。我常常想着这句话，在夜里泪流满面。

我此时脚下所站的土地，该是你用汗水浇灌的吧！不知不觉你已经走入了黄昏，我也四十五岁了。

你站在黄昏下的身影，多像一粒麦子或者一粒稻子，闪着朴素的色彩。我知道，我们都只是一粒麦子或者一粒稻子，我们最终将被大地收藏起来。

你是谁呢？你是一个朴实善良的农民，你是我慈祥的母亲吧！在黄昏下我站在你曾经劳作过的土地上，很想念你。

《一个流浪者的寂静抒情》（下）

致心中的人

你在大地上流淌。你是大地的一切。你走入我的眼睛，深入我内心的诗篇。是谁用目光把你捧在掌心，缓缓地捧在自己渴望幸福、渴望温暖、渴望爱情的怀里？

你是春天的儿女、你是春天的化身、你是我精神的恋人、你是我将苦恋一生的情人，你是否能够爱上一个身在俗世中的，一个忧伤的男人？

我看见漫天开放的雪花，从天空飘洒下来，飘成一只只白鸟，一团团火焰。你站在雪花中央，很美、很美……美得让人心生自卑。

此刻，一切的花朵都已凋谢。你仍在断桥边开放，开入一个流浪者的内心、苍凉的内心、无人可以安慰。

渐次隐退的时光已经不再。内心的花园出现了永远的芬芳，永远的美丽，永远的娇艳。是你，用你的女性的美学填补了时光的苍白，内心的空缺。

向着严寒，你燃烧着。孤独地绽放着你的美，燃烧着你的芬芳，温暖了尘世中孤寂的心灵。你用灿烂的容颜和笑容，点缀了生命的苍凉。

梅花，你为谁开放？谁来收藏起你这份寂寞的美丽？谁能为你写下动人的诗篇？谁能欣赏你不畏严寒独自开放的傲骨？

内心的情诗

我所爱的人披着薄薄的朦胧的月光笼罩着我的肉体，穿过淤积的岁月把我照亮。你的身体，就是我的生活。我想用自己换回一些青春，换回那些我们逝去的青春。

我相信，你的阳光肯定会一丝不挂地把我照耀；我相信，你的泉水肯定会一心一意地把我浇灌；我相信，你的爱情肯定会一览无遗地把我守护；我相信，我会把春天写上你的名字。

我知道，很多年以后，我们会把彼此纪念。我要把你放在我的肋骨上。我要为你写诗。我把所有的诗稿都放在你的笑容里。我知道你是岁月酝酿的酒，让我陶醉。咀嚼，是一种拥有，是一种深入，是一种认同。

我的青春能否漫过你的田野？我的花朵能否开在你的家园？我的春天能否睡在你的肉体上？有什么可以蔓延到我的怀里？是你的身体。

我从苦难中站起来的心，我从泪水中站起来的爱，能否把你打动，把你融化？我就是你缀满词语和花朵的道路，通向我的内心；我就是你插满婚姻的马车，通向我的诗歌；我就是你充满情感的词语，不停地为你抒情；我就是你一贫如洗的男人，一贫如洗地爱大地。

一贫如洗的男人，脸庞充满忧伤，影子就像微风，想吹开你的爱情，想唤醒你沉睡的内心。在对你的思念上久坐，我被你的笑容粘住，我被你的美丽吸引，幸福打湿了我的命运……

散乱的文字

身体长满尘土的人，身体沉重。浓浓的思念揪住了一颗想你的心。是谁的身影打湿了谁的眼睛？是谁的面容久坐在我的内心？

是谁摘下古老的月亮放在你梦的上空，照亮所有的事物？是谁使用了唐朝的遗风，宋朝的词语爱你？大雪下，是谁用词语和爱情为你取暖？

我带着泪水一起走来。你可以通过一些文字认识我，我是谁的孩子？我是谁的婚姻？我是谁的爱情？一些词语从你涌向我。一些情感从我涌向你，笔尖开出绿芽，稿纸开出花朵，是什么正在向你走去？是什么已经远离？是谁的背影长满了小草？

那些抚摸过我的手已经半埋于地。那些曾经爱过我的人已经深埋于地，这是时光的果实、这是逝去的生命、这是熄灭的光芒。

在荒凉的阳光下，谁能看见我为你，泪流满面？如果你能手持着自己的花朵给我拥抱，我就用一生的爱情将你融化。如果你能手持着自己的爱情给我啜饮，我就为你点亮春天。如果你能手持着自己的裸体给我享用，我就用自己的诗篇深入到你的领地。

花朵的命运

我独坐在三月的微风中，我独坐在微风拉下来的黄昏里，我望着远方，心生感叹。远方很远，一个流浪者的音容很远。海子，那些缓缓而来的事物，其中到底蕴含着什么呢？

这样渐渐下沉的黄昏，这样轻轻吹拂的晚风，这样短暂的风景，为什么让我内心怅然若失呢？这是夕阳无限好，只是近黄昏吧。春风轻轻地拂去我脸上落满的尘埃，轻轻洗涤我们疲惫的身心和灵魂。我在黄昏里越陷越深。温暖的，温柔的，亲切的，情感的，轻松的，关于春天的一切，都在抚慰着我们孤寂的心灵。

躺在冬天刚刚离开的地方，我渐凉的内心得以慢慢升温。渐渐温热起来的血，在血管里涌动着燃烧的快意。海子，春风从我脸庞爬到你的脸上时，天就黑了。天黑下来以后，你应该可以歌唱了吧！

春天来了，有些需要我们珍惜的事物，我们应该倍加珍惜。未来还有很长的路途，需要我艰难地向前行走。我顶多还有人生一半的时间，所以，我应该珍惜，大不了让我独自歌唱吧！

独坐在自己的内心，独坐在黄昏下的大地上，一粒粒饱含深情的文字，一粒粒用心铭记的感动，一粒粒透明的纯粹的泪水照亮了什么？狗儿，我在问你呢。

一些事物渐渐没入黄昏深处、一些事物渐渐没入遗忘、一些事物渐渐被春天覆盖、一些事物渐渐融入花朵的命运。狗儿，你的春天在哪里呢？我的春天在哪里呢？

诗歌的感慨

我坐在夜风中、我坐在星空下、我坐在流动的月光中。我像一条鱼，体内蕴含了一条河流。在月光下，谁周身闪闪发光？

是月光把我们找到了、是春天把我们温暖了、是诗意把我们呈现了、是时光把我们深入了。多余的话语已经没有意义。现今的爱情，已经苍白。那些随风而去的往事，是一种伤害，幸好有春天可以抚慰我们。

从此，不必担心什么，一个人孤独地坐在春天的星空下，感觉到大地是那么辽阔，星空是那么幽深。你在哪里，我又在哪里呢？有些诗意缓缓而来。被春风唤醒的情感，被我亲手点亮了。那些爱的种子沉在苦难中开始发芽。

晚风在大地上带着什么遍地流淌？我的眼睛眺望着远方，追随着春风里的事物远去的身影，暗自伤感。我充满深情地眺望着远方，究竟是因为什么呢？

远方，是我内心的思念；远方，是我内心的挂牵；远方，是我的爱情；远方，是我的婚姻；远方，有很多让我心动，让我神往的东西；远方，还有我未来的爱人。

在星空下内心除了思念，别无他物。内心被星光镀上了一层色彩。在星空下，渐渐地回到少数派，寂静和真实。

一切都将安静下来。就像我终会驶入另外一个世界，留下自己的文字作为自己爱过的证据。你们怎么找也找不到我。春天的夜空下，有什么可以沿着你的心事返回？

（《一个流浪者的寂静抒情》（上）（下）经过三个月的空闲时间整理，终于在 2009 年 10 月 18 日完成）

04 《曾经老师帮学生改变命运 现在学生助老师摆脱困境》

10多年前，她们是万州区第一批“春蕾女童”。因为家庭经济状况不佳，即将面临失学。在老师吴宗祥和社会各界的帮助下，她们终于得到了改变命运的机会，继续完成了自己的学业，走上各自的工作岗位。

2012年底，一条微博给他们带来一个震惊的消息，昔日曾经帮助过自己的吴老师的爱子患上了肾衰竭，面对巨大的治疗费用，已经清了老底的吴老师无以为继。于是，在2013年元旦，他们怀着一份感恩的心再次聚集起来。短短的几天里，这些昔日的“春蕾女童”捐款4万余元，再加上好心人士的捐款，目前累计捐款约有6万元。

微博上得知老师陷困境

在云阳青山小学工作的向群英是当年的“春蕾女童”之一，10多年前，作为贫困山区春蕾班的一名学生，她初中毕业后，由于家境困难，面临着失学的危险，悲观失望，对未来失去信心。这时，是吴宗祥老师挺身而出，冒着酷暑四处奔走，呼吁社会对春蕾女生们伸出援助之手。经过他的不懈努力和再三呼吁，一些人慷慨解囊，使所有女生全部顺利升学。

去年年底的一天，她突然接到了同学的电话。同学告诉她，从微博上了解到，昔日为了改变她们的命运到处奔波的吴老师现在遇到了困境，需要帮助。

点开同学发过来的链接，向群英看到了那条名为《他曾经帮助过许多人解脱困境，如今他身陷困境，谁来帮助他?》的微博。通过同学间不断的联络，吴老师的情况渐渐明朗。

吴宗祥老师现在万州新田中学教初二，带着两个班。他的儿子叫吴师，今年17岁，也是新田中学的学生，正在念高二。

去年12月初，吴师出现了感冒、呕吐、呼吸困难的症状。当时以为是感冒，可检查结果出来后，大家才知道吴师得的是慢性肾功能衰竭晚期（尿毒症）。拿到检查结果那天，吴老师正在办公室批改作业。听了医生的解释，他愣了愣，一下子瘫坐在椅子上，哭了起来。

25 年来，一直扎根农村教育工作的吴老师，生平第一次将生活重心从学校转移到孩子身上。他说，这或许是自己弥补儿子的唯一方式。

吴师很快就转院到重庆新桥医院肾内科，检查结果还是不乐观。要想治好病，就必须给吴师换肾，在找到合适的肾源前，透析是延续吴师生命的唯一办法。可别的费用不说，仅透析费每次都要 1000 多元，“入院仅 24 天，就花去了 5 万块，家里积蓄早没了。”

老师坐火车都要改卷子

不过，吴老师最终还是没有丢下自己的学生。他先后送走了七届高中毕业班和十三届初中毕业班。曾经荣获“万州区十佳青年”“重庆市基础课程改革先进个人”“重庆市优秀教师”“重庆市优秀春蕾园丁”等多种嘉奖。2000 年，他是全重庆市唯一的“全国十佳园丁”候选人。吴老师坚信，读书可以帮学生改变现状，如果辍学，他们一辈子的命运都很难改变。为了不给自己和学生们留遗憾，他只有挤时间往返于学校和医院。

根据课程安排，吴老师一个星期要上 3 天课。每到上完课的那一天，他会带上学生们的试卷，晚上 6 时许出发，到万州火车站赶 11 点 48 分的火车上重庆。这样，他就在第二天一大早抵达重庆照顾儿子。

也许是职业习惯，教数学的他，对有限的时间总是精打细算。“坐火车比汽车便宜，虽然要花 6 个半小时，但是可以节约白天时间，而且能省下 50 元钱。”吴老师说，最关键的在于，火车上有座有桌的，他不会浪费坐车的这空闲的几个小时，可以在火车上批改学生的试题、备课或者出题。这样一来，他回学校的时候，就可以立刻给学生们上课讲题了。

在深夜的列车上，只有实在困得不行的时候，吴老师才靠在座椅上打会儿盹。就这么东拼西凑，20 多天来，吴老师每天的休息时间也就 3 个多小时。这么一点时间，搁正常人，早崩溃了。但吴老师坚持了下来，他经常挂着这样一句话:“马上就要期末考试了，我放不下儿子，也放不下班里 120 多个学生。”

养好身体就要割肾救子

早上 6 时许，载着吴老师的列车到站了。他一刻也不耽搁，直接乘公交车，在儿子做透析前赶到医院。吴老师感觉得出来，每次透析儿子还是有些紧张。每当这时，他就会拍拍儿子的肩膀，给儿子打气。“娃儿，我们最该战胜的敌人是自己，爸爸一直陪着你！”做一次透析要 3 个半小时，对于吴老师和儿子来说，这无疑是世上最漫长的一段时间。

自从当年吴老师和妻子分开后，儿子就和他一起生活。许多时候，家里只有父子两人。到了晚上，学校要开会，还要上晚自习，儿子没人照顾，五六岁开始就自己独自玩。“我上班时，娃儿放了学就自己耍，有一次把眼睛撞到了，右眼角还留了疤。”吴老师说，夏天，儿子经常一个人在操场上睡着了，等到他下晚自习回家发现，已经是晚上 9 点多。

“一直以来，我对他的照顾都太少。无论付出多大代价，我都会为儿子治病。”这是吴老师的新年愿望。可是除了钱，肾源也是问题。据了解，亲属供肾是全世界缓解肾源短缺问题的主要途径。为了增大成功几率，吴老师的弟弟、妹妹和现任妻子都来到医院检查、配型。

目前，吴宗祥的配型报告已经出来了，虽然他的肾能跟孩子配上，但是医院同时检查出来他的肝功能指标里转氨酶偏高，必须坚持服药一个月以上才有可能控制下来。吴宗祥现在正在积极配合服药，争取尽快让转氨酶指标合格，将自己的肾移植给儿子。

春蕾班同学看望并捐款

“他曾经帮助很多人，自己有困难，却一个人在承担着，没有告诉任何人。”向群英说，多亏有热心网友将吴老师的情况发布到微博上进行传播，大家才知道了他的事情。这些天，吴老师的朋友、同事以及他教过的学生陆续送来捐款。另外，还有不少热心网友看到微博后，直接到医院捐款。很多人都是放下钱就走，吴老师和家属都没能来得及记下他们的名字。

在 2013 年的元旦节里，一部分当年春蕾班的学生相约专门到重庆新桥医院，为老师的爱子捐款。云阳青山小学的向群英捐 2000 元、远在达州的谭女士捐 5000 元……吴老师当年的学生们就捐助了 4 万余元。再加上好心人士的捐款，目前累计捐款约有 6 万元。

不过，相比起整个治疗过程来说，这 6 万元钱还远远不够。昔日春蕾班的学生们说：“我们都是刚参加工作没几年，工资也不高，即使我们咬紧牙关节约的这点钱拿来，也帮不了吴老师完全渡过难关。所以，我们还得求助于社会，希望有爱心的人士来帮帮我们的老师！”

（2013 年 1 月 17 日写作于重庆观音桥）

05 《十年裸捐　大爱无疆》

张经国是四川省渠县公安局一名普通警员。他 1996 年参加公安工作，2002 年 6 月入党，先后在琅琊派出所、天星派出所、文崇派出所、渠县看守所工作；2007 年 7 月调到渠县公安局治安管理大队工作至今。他十年如一日，扶危济困，把一颗滚烫的爱心播种在大山深处。他将自己舍不得吃，舍不得穿，省吃俭用，节省下来的工资先后帮扶辖区 100 余名孤寡老人、数十名残疾人和近 1000 名留守贫困儿童及 100 余户贫困农民；裸捐达十多万元，被誉为警界“裸捐第一人”。为此，他多次被评为优秀政法干警和优秀共产党员，荣立个人三等功一次；2011 年被授予“四川省五一劳动奖章”；今年，先后两次被评选为“最美达州人”和“四川省十大雷锋标兵”。

扶贫济困　遍及渠江大地

2002 年，张经国刚到渠县文崇派出所不久，偶然得知报恩乡金光村村民任开忠常年要照顾智障妻子和 4 岁的儿子，生活十分困苦。张经国来到任家，摸出身上的 500 元钱给任开忠，并开导他要自强自立。张经国走后，任开忠用这 500 元钱将房屋修缮好，并购置了收购废旧物品的工具，靠收购废旧维持生计。

2007 年，张经国因工作调动离开了文崇派出所，但每年春耕生产、新学期开学、逢年过节都要去任家，送去化肥、种子、农药、学习用品等，以及 300 元、500 元、1000 元不等的资助金。在他的帮助下，任开忠一家生活渐渐有了起色。

除了任开忠，涌兴镇涌北村双腿截肢 20 年的林学志和患有先天性小儿麻痹症瘫睡在床的林学胜两兄弟、三板乡香安村 98 岁的孤寡老人金德珍、望江乡搭莲村先天性智障的苏剑滔、岩峰镇月宫村双目失明的老人冯作清、桂坝村 6 社 13 岁的伍琴琴、有庆 7 岁的方涵义和 5 岁小女孩方俊秀……都是张经国的帮助对象。

……

渠县三板乡香安村 98 岁的老人金德珍，膝下有两个 70 多岁的儿子，大儿子是瘸子，一直未娶；二儿子结婚后，由于家庭贫困，媳妇离家出走，一家 5 口挤住在摇摇欲坠的泥土墙茅草房里，生活十分窘迫。张经国听到情况后，背着一大袋生活日用品，爬坡上坎，走了 3 公里多山路，送到金德珍老人家中。临走，他塞给金老汉的大儿子 700 元现金。

张经国扶贫济困的身影遍及渠县的东南西北，可以说，哪里有极贫危困的人，哪里就有他的爱心！渠江大地人们都是这样说:“他们不是亲人胜似亲人”！

爱洒山村　润甜留守儿童

近千封写给近千名留守儿童家长的书信倾注着张经国对孩子们的关爱。吴玲珑两兄妹，上一趟学要走两个半小时的坑洼、曲折山埂路，张经国得知后每月给这两兄妹两百元钱，鼓励他们勤奋学习。

龙潭乡老龙小学和丰乐乡小学的学生把张经国当做学雷锋的好榜样。他免费为学校送去学习文具、健身器具等，鼓励每名学生每个月做一件好事。

渠县龙潭乡老龙小学的几十名留守贫困孩子，小的 3 岁，大的十来岁，孩子们上学，近的要走 10 多里山路，远的要走 35 里山路。

一次工作中途经老龙小学，在简陋的教室里，几个孩子为了半截铅笔大哭大闹。看到这一幕后，张经国默默地离开了。

两天后，他带着 60 本新字典、60 支笔、60 个书包和羽毛球、乒乓球、篮球等体育用品，送到了学校和孩子们手里。当他看到大部分学生的鞋又破又烂时，又返回县城为学生每人购了一双软底运动鞋……

远离渠城 80 公里外的丰乐二小也受到张经国的关爱。张经国为该校送去 600 本《新编字典》、600 支钢笔、600 支铅笔、600 本课堂笔记本以及部分健身器具，另外还有红花油、正骨水、风油精、创可贴、虎骨膏药等。他还向四名家庭困难的小学生每人捐助了 200 元。今年 6 月，张经国又为丰乐二小送去了百余箱板蓝根等药品。进入深秋，他又为学生送去保暖袜。

……

张经国的爱心，在孩子们心里开了花，四年级的郑油汉同学在作文中写道:“长大后，我要当一名人民警察，我也要帮助和支持边远山区的儿童完成学业，作出我的贡献，将爱奉献给他们……”

一位学生家长、年过八旬的杨老汉动情地说道:“还是共产党好，还是共产党培养的人民公安好！这种精神啊，值得我们学习……”

爱洒人间　永远闪烁光芒

“这两天我跟凉山昭觉县四开乡小学联系好了，今年我主要去凉山关心这些‘失依儿童’的学习和生活。”前不久，记者联系上张经国时已是晚上 9 点多，他才办完案子回到家。自从看到凉山“失依儿童”的相关报道，张经国就开始联系各方，希望能够给孩子们带去一些关爱。

汶川大地震发生后的一天，张经国从乡下办案刚回到办公室便毫不犹豫地将身上仅有的 300 元现金捐献出来。不久，他又把 2 个月的工资共 1100 元以交纳特殊党费的形式全数捐出。

玉树地震发生后，他将工资卡上所剩的 1100 多元全数捐了出来。

2010 年 7·18 特大洪水后，张经国冒着炎热的酷暑，往返 140 多公里的坑洼乡路，将 120 瓶矿泉水、120 袋方便面、100 袋米、100 袋盐巴、100 袋味精、80 瓶酱油、80 瓶醋等生活用品送到丰乐乡柳田村 40 余名学生家中。

2011 年渠县突遇百年不遇的洪涝灾害使丰乐乡黎乐村紧靠河畔的王富奎、周茂防等九户留守高龄老人破烂不堪的房屋被冲垮，他于 10 月 21 日下午带着油、盐、米、酱、醋、洗衣粉、手巾、牛奶、米面等日常生活用品，踏着数公里脚掌般大的泥泞田埂路，挨家挨户嘘寒问暖，并给每家受灾户送去现金 200 元。不久又给他们送去了锄头、圆锹、铁耙、水桶等农具，为他们恢复重建增添力量。

尤其是今年 7 月 20 日，渠县汇东乡发生重大泥石流灾害，他第一时间坐了一个多小时的渡船，爬山越岭为 46 户被泥石流冲毁淹没房屋的受灾户分别送去了锅灶、面包、创可贴、板蓝根等物品。

……

张经国的扶贫济困、助人为乐的事迹在渠江大地广为流传，其淳朴善良的爱心也不胜枚举，就连他自己也记不清做了多少善事好事，他就是这样十年如一日不图名、不图利地坚持献爱心，做慈善，帮贫济困，倡导和谐！他的爱心如天一样宽广，如海一样辽阔；他的爱心故事像山一样连绵，像河一样长远！是他把一颗“扶贫济困、助人为乐”滚烫的爱心播种在大山深处，在那里永远闪烁光芒！

（2013 年 2 月 17 日采访写于四川渠县公安局）

06 《我的弟弟》

前不久，记者因出差回到万州，再次遇到结拜兄弟“吴老幺”时，见他的脸色比上次在新桥医院见到时好多了。问及儿子和兄弟手术后的近况（我于今年元旦期间所报道的《他曾经帮助过许多人解脱困境，如今他身陷困境，谁来帮助他?》），“由于弟弟的无偿捐肾，拯救了儿子，两个人的手术很成功。弟弟早已出院，儿子还在医院康复治疗之中，术后各项指数比较正常”。记者听后为他高兴：必定好人有好报！同时，他还向记者讲述了他和他弟弟的故事，记者听后深受感动：他们兄弟的故事，在现代社会及现实生活中演绎了人间真情，值得大家读一读——《我的弟弟》。

父亲去公社上户口时，还没有给弟弟取名字，由于当天公社成立革命委员会，文书“与时俱进”，就越俎代庖取名建革。

弟弟小时候，脸圆头大，把父亲去山西大寨大队参观时，买的那个灯芯绒鸭舌帽涨得满满的，外加上帽檐上那个蝴蝶结的映衬，弟弟更加可爱，我常带着他到处走，还时不时地在他头上揉搓。

白天人们都出门忙活，院子里只有赵家的癞头长年气喘在家，弟弟常与他为伴，较牙劲，如果天热，弟弟就是光着胴胴坐在赵家门前的石条上与他对聊，弟弟头大脸圆，但长得很瘦，赵就给弟叫“干筋吧儿”，弟也对他不尊，直呼他:“癞头，癞头!”晚上，大人收工回家后，弟就把白天的所见所闻，十分夸张，滔滔不绝的摆给我们听，于是我妹（比弟大三岁）就叫他“摆缸先生”。

弟弟上小学时，我上中学住学校，只有周末才回家，弟放学回家时听到或者看到我时多远就喊着“二哥！二哥!”地扑向我怀里。有时，我坐在灶门口烧火煮饭，他来不及放下书包，便伸着长长的古头，十分撒娇地跑前来和我亲昵，在灶台上切菜的妈就要骂他“得意儿”。

一次我无意翻到他的作文本，上面写着“我的二哥，在中学当的石（室）长哟！……”我当时心里很惭愧！有时扭他脸时，难免惹毛了他，但又拗不过我，于是就假装把嘴挨到我耳朵说悄悄话——趁我不注意，突然给我耳朵吐一泡口痰，然后撒腿就跑得远远的。

一年夏天，我放假回家，妈妈说前些时候弟弟得“出血热”，差点死过去。听到妈妈的话，我喉咙突然一阵发硬，泪眼潸然……我在怨尤老天爷的同时，对老天爷也心存一分感念：毕竟，他没忍心带走我弟弟，最终还是把可爱的弟弟还给了我们。

美好而略带苦涩的童年时光不经意间匆匆而过。不知不觉间，弟弟长成了个顶天立地的男子汉。和当今天下许多做兄弟的一样，因为忙于各自的生计，一年之中我和弟弟已难得见上几回。2006 年，我因车祸受伤住进西南医院。其时父母已年迈，儿子还小，弟弟从早到晚陪护在我病床前。为我擦洗身子，翻转睡姿，喂汤喂饭，接大小便……一个当弟弟的该做的和不该做的，他全都做了。为了便于后期康复，从医院出来后，弟弟就直接把我接到他家。2012 年 12 月 11 日，我正在办公室批改作业时，医生打来电话说：我儿子化验结果是尿毒症！当时的我，突然瘫软。懵了好一阵之后，才想到：马上给弟弟打电话！马上赶往医院！

弟听说治疗尿毒症的有效措施是肾移植时，他安排有直接血缘关系的兄妹、间接血缘关系的堂兄妹、表兄妹，分批到新桥医院抽血配型。先一批是我弟、我妹和儿子他妈抽血。十分幸运的是：三个配型都成功！可弟毅然决定换他的肾给我儿子！弟的体检报告单上写明：右肾下可见一囊性暗区直径 0.86 厘米。弟又决定换最好的——左肾！

2013 年 5 月 28 日，是我弟弟和儿子手术的日子。我赶到医院时，已是凌晨 2 点多。我以为弟弟睡着了，轻轻进入病房。其实他并没睡着，见到我，招呼我睡 17 床。我知道，尽管医学上说捐肾对一个人并无大碍。但是，普天之下，又有几人心甘情愿割掉自己一个肾！他心里一定有许多不便言说的顾虑。他决然捐出自己的一个肾，完全是为我，为我儿子，弟弟的侄儿。他不忍看着我儿子曙光熹微的生命就此湮灭。在这黎明前的黑夜里，他又怎能安然入睡！

等待手术的时间漫长而难熬。从早上七点半一直到中午一点半，弟弟才被推出手术室。我守在 52 床弟的旁边，弟用左手摸指着左下肋骨处说“啷个这儿要痛些?!”护士说手术开了 20 公分的口子，取肾时怕擦伤肾脏而被医生锯掉一根肋骨！

看着弟腰部被纱布紧裹的长长的伤口，看着一滴一滴黑红的血从伤口引流管渗出，看着血与药水相渗透过后伤口的疼痛而又装着无所谓的表情……那一刻，我所感受到的，只是五内悲摧，百味杂陈。

2010 年大年初一深夜，刚出院两天的父亲突然病情加重，我远在他乡度假，弟弟怕影响我休息也没给我打电话，背起父亲一口气奔下十层楼送往医院抢救。父亲病故，正逢春节长假，又要马上办理安排很多事，弟弟说我是“书呆子”不懂这些，他全面安排布置，叫我只负责在灵堂前“答孝”。

……

这些年来，接连的家庭变故，以及其他许多不如意事，都是弟为我挽狂澜于将倒……我深知：弟弟为我、为我儿子、为我们这大家庭所做的一切，此生难以言报。我所能希求的——上天允许我们下辈子继续做兄弟！

（2013 年 8 月 15 日采写于重庆万州五桥移民开发区）

07　《追思天堂里的亲人》

清明时节，许多人不惜千里迢迢回乡祭祀扫墓，为离去的亲人寄上一份哀思，把对亲人的思念寄托在香烛冥币的燃烧之中，因而有了许多的诗词来描写这一特定时节景象。由于因公在外，不能回乡祭祖，此时的我把人间的许多无奈伤感，愁绪百结都用这些凄婉美丽的载体来遥寄给去世的亲人，捎去我的一份牵挂和祈愿。

唐朝诗人白居易的一首《寒食野望吟》描写了当时墓祭之情形：“乌啼鹊噪昏乔木，清明寒食谁家哭。风吹旷野纸钱飞，古墓垒垒春草绿。棠梨花映白杨树，尽是死生别离处。冥冥重泉哭不闻，萧萧暮雨人归去。”另一位唐朝诗人杜牧的《清明》诗最为后人吟诵：“清明时节雨纷纷，路上行人欲断魂。借问酒家何处有？牧童遥指杏花村。”清朝诗人高菊卿的诗也这样写道：“南北山头多墓田，清明祭扫各纷然；纸灰飞做白蝴蝶，泪血染成红杜鹃。日出狐狸眠冢土，夜归儿女笑灯前；人生有酒须当醉，一滴何曾到九泉。”所有的文字和诗词无不在描述思念亲人、追忆亲人、痛失亲人的感伤，而我也不能例外，只能用我笨拙和词不达意的文字来表达对在天堂上亲人们的思念吧！

［2013 年 4 月 4 日（清明节）写作于重庆］

08 《金钱买不到的亲情，一生还不清的债！》

这是一个真实的故事，从娘胎出来就过继到伯父家。不到两岁，养父去世了。母子俩相依为命，成了生产队特困家庭。

母亲没改嫁，含辛茹苦地拉扯着我。那时生产队里没通电，我每晚在油灯下书声朗朗、写写画画，母亲拿着针线，轻轻、细细地将母爱密密缝进我的衣衫。日复一日，年复一年，当一张张奖状覆盖了两面斑驳陆离的土墙时，我也像春天的翠竹，噌噌地往上长。望着高出自己半头的我，母亲眼角的皱纹长满了笑意。

当满山的树木泛出秋意时，我考上了区中学。而且当年刚好实行农村土地承包制改革，母亲却患上了严重的风湿病，干不了农活，有时连饭都吃不饱。那时的区中学，学生每月都得带 20 斤米交给食堂。我知道母亲拿不出，便说："娘，我要退学，帮你干农活。"母亲摸着我的头，疼爱地说："你有这份心，娘打心眼儿里高兴，但书是非读不可。放心，妈没什么本事，但还是有法子养你。你先到学校报名，我就送米去。"我固执地说不，母亲说快去，我还是说不，母亲挥起粗糙的巴掌，结实地甩在我脸上，这是 14 岁的我第一次挨打。

我终于上学去了，母亲望着我远去的背影，在默默沉思。没多久，区中学的大食堂迎来了姗姗来迟的母亲。她一瘸一拐地挪进门，气喘吁吁地从肩上卸下一袋米。负责掌秤登记的熊师傅打开袋口，抓起一把米看了看，眉头就锁紧了，说："你们这些做家长的，总喜欢占点小便宜。你看看，这里有早稻、中稻、晚稻，还有细米，简直把我们食堂当杂米桶了。"母亲臊红了脸，连说对不起。熊师傅见状，没再说什么，收了。母亲又掏出一个小布包，说："大师傅，这是 5 元钱，我儿子这个月的生活费，麻烦您转给他。"熊师傅接过去，摇了摇，里面的硬币丁丁当当。他开玩笑说："怎么，你在街上卖茶凉水？"母亲的脸又红了，吱唔着道个谢，一瘸一拐地走了。

又一个月初，母亲再次背着一袋米走进食堂。熊师傅照例开袋看米，眉头又锁紧，还是杂色米。他想，是不是上次没给母亲交代清楚，便一字一顿地对她说："不管什么米，我们都收。但品种要分开，千万不能混在一起，否则没法煮，煮出的饭也是夹生的。下次还这样，我就不收了。”母亲有些惶恐地请求道：“大师傅，我家的米都是这样的，怎么办？”熊师傅哭笑不得，反问道：“你家一亩田能种出百样米？真好笑。”遭此抢白，母亲不敢吱声，熊师傅也不再理我妈妈。

第三个月初，母亲又来了，熊师傅一看米，勃然大怒，用几乎失去理智的语气，毛辣辣地呵斥：“哎，我说你这个当妈的，怎么顽固不化呀？咋还是杂色米呢？你呀，今天是怎么背来的，还是怎样背回去！”

母亲似乎早有预料，双膝一弯，跪在熊师傅面前，两行热泪顺着凹陷无神的眼眶涌出：“大师傅，我跟您实说了吧，这米是我讨……讨饭得来的啊！”熊师傅大吃一惊，眼睛瞪得溜圆，半晌说不出话。母亲坐在地上，挽起裤腿，露出一双僵硬变形的腿，肿得像梭形……母亲抹了一把泪，说：“我得了风湿病，连走路都困难，更甭说种田了。儿子懂事，要退学帮我，被我一巴掌打到了学校……”

妈妈又向熊师傅解释，她一直瞒着乡亲，更怕我知道伤了我的自尊心。每天天蒙蒙亮，妈妈就揣着空米袋，拄着棍子悄悄到十多里外的村子去讨饭，然后挨到天黑后才偷偷摸进村回到家。妈妈将讨来的米聚在一起，月初送到学校……母亲絮絮叨叨地说着，熊师傅早已潸然泪下。他扶起母亲，说：“好妈妈啊，我马上去告诉校长，要学校给你家捐款。”母亲慌不迭地摇着手，说：“别、别，如果我儿子知道娘讨饭供他上学，就毁了他的自尊心。影响他读书可不好。大师傅的好意我领了，求你为我保密，切记！切记！”母亲走了，一瘸一拐。

学校骆校长最终知道了这件事，不动声色，以特困生的名义减免了我两年的学费与生活费。两年后，我以优异的成绩考进了政法学院。欢送毕业生那天，区中学锣鼓喧天，校长特意将我请上主席台，当时我很纳闷，丈二和尚摸不着头：考了高分的同学有好几个，为什么单单请我上台呢？更令人奇怪的是，台上还堆着三只鼓囊囊的蛇皮袋。此时，熊师傅上台讲了母亲讨米供儿上学的故事，台下鸦雀无声。校长指着三只蛇皮袋，情绪激昂地说：“这就是故事中的母亲讨得的三袋米，这是世上用金钱买不到的粮食。下面有请这位伟大的母亲上台。”

我疑惑地往后看，只见熊师傅扶着母亲正一步一步往台上挪。我也不知那一刻想些什么，只觉得一片惊涛骇浪。于是，人间最温暖的一幕亲情上演了，我们母子俩对视着，母亲的目光暖暖的、柔柔的，一绺儿有些花白的头发散乱地搭在额前，我立马猛扑上前，搂住妈妈，号啕大哭："妈啊，我的妈妈啊……

从那时刻起，使我深深懂得：三袋米，代表了大如天、重如山的母爱。也许不是所有的父母，都像我母亲一样在艰难中支撑起儿子的天空。但天下父母对孩子的爱，都是一样的。父母恩难报，他们给予了我们一生中不可替代的——生命！因此，孝顺父母不能等，让我们用心去感恩。

（2014 年 6 月 17 日写于北京万寿路）

09 谁愿为身患癌症的花季少女圆上"康复梦"？

"亲爱的吧友、网友、乡友及社会各界的朋友们：当您在感受与亲人团聚的幸福时刻，感受着家庭所带来的温馨，您一定流连这世间的'真爱'。然而，在我们身边却有着这样一位不幸的花季女孩——丁蕙兰！它却为与'癌魔'抗争，花季少女近两年来忍受着常人无法想象的种种痛苦：癌变发作头痛欲裂、放化疗导致面目惨白、头发掉光……谁愿为身患癌症的花季少女圆'康复梦'？"一则网上的信息引起了记者的注意。

1 月 13 日下午 4 时，笔者在一群四川籍老乡的带引下，在北京市朝阳区十八里地南桥吕家营南甲里 1 号中国医学科学院肿瘤医院桓兴病区肿瘤内科一楼 31 床采访到这个命途多舛却坚强乐观的花季少女。

白皙的皮肤、瘦削的脸庞、腼腆的微笑——她叫丁蕙兰，1990 年出生，是四川省达州市通川区北山人。她的父亲是四川老家乡村学校的一名普通教师，母亲无工作，每月也就二千多元的工资维持家用。

老天爷开个大玩笑

2013 年 4 月 1 日，这天是愚人节，但上天却给还有两个月就大学毕业的达州女孩丁蕙兰开了个大大的玩笑。这天早上，丁蕙兰被叫去医院"检查"，其实是父母骗她去做化疗。医生告诉她，她得了乳腺癌，前期治疗费用需 30 万。后来已经不知道医生说了什么，内心的震惊让她脑子里嗡嗡作响，继而晕倒。醒来时，她已经躺在病床上，而周围都是剃光头发的"病友"。

还在成都上大学的丁蕙兰突感身体不适，前往医院检查。医生拿到检查结果后什么都没说，只告诉她："有点问题，叫你父母过来一趟吧。"丁蕙兰当时并未觉得是大问题。拿到确诊报告，一向乐观开朗的她悄悄哭了一场。但很快，她就将内心的雾霾驱散，擦干眼泪，她说，一定可以好起来的。依然像往常一样去学校参加最后的答辩，并顺利通过了毕业考试。谁也不知道，因为药物会导致大量掉发，参加完答辩后的丁蕙兰，第二天就去医院楼下剃光了头发。一向爱美的她没有沮丧，她说，自己现在是"光头强"。

与癌魔抗争 经济陷入困境

为了给丁蕙兰治病，父母拿出了这个家庭所有的积蓄，借遍了认识的所有的亲朋好友。这个贫寒的家庭，面对"无底洞"的医疗费，简直就是晴天霹雳，雪上加霜，高昂的医疗费用，让丁蕙兰一家束手无策，泪水，流到了心里。经过近一年的治疗，2014 年 2 月，医生终于告诉她，可以出院了。"出院后最想做的就是赶紧工作，家里为我的病已经欠债 30 多万，我要努力挣钱还债。"可刚刚出院不久，再复查时却发现癌细胞转移了，她还要继续接受治疗，可经济却陷入了困境。

癌魔无情　人间有爱

提起化疗过程，丁蕙兰忍不住"吐槽"："从早吐到晚，太痛苦了。最难忍的一次，有半边脸痛了七天七夜。"因为不停地接受化疗，她的手臂内侧早已"千疮百孔"。两年来忍受着常人无法想象的种种痛苦：癌变发作头痛欲裂、放化疗导致面目惨白、头发掉光……但这些痛苦的经历在她的嘴里轻描淡写地一句话带过。在同学的面前时，她也总是一副无所谓的样子。同学们为她感到心疼："这么好的女孩，为什么要遭受这样的折磨!"她却笑着安慰："没什么的，上天会有奇迹出现!"

2014 年 12 月，她只身去往北京求医，这让做了一辈子乡镇教师的父亲丁家敏感动不已："我女儿总是说她一个人可以，不让我们过去照顾。平时电话里，她也从来不诉苦，都是说好的。但等放了寒假，她姐姐还是要过去照顾她。如今面临最大的问题就是医疗费用，家里已经欠下 30 多万巨债。女儿去北京后，又花去了近 4 万，接下来的治疗还不知如何是好。"提起女儿如今的病情，丁家敏数次忍不住哭起来。

同学，乡友被她的乐观所感动，也为她感到心疼，丁蕙兰的同学们开始自发组织起来为她捐款，“目前已收到 5 万多元的善款，但面临着一个“无底洞”的医疗费，5 万元的善款也只是杯水车薪！

笔者在采访丁蕙兰时，她的乐观精神感动了主治医生马龙、感动了同室的病友，同时更感动了笔者！因此，谁愿为身患癌症的花季少女圆上“康复梦”？请全社会各界爱心人士伸出友爱之手，援助之手，献上一份爱心，献出一份“真爱”，有钱出钱，有力出力，一起帮助花季少女丁蕙兰战胜病魔，圆她“康复梦”！

（2015 年 1 月 14 日采写于北京）

10 《写给女儿的一封信》

我亲爱的女儿：

你好！老爸写这封信给你，基于三个原因：

一、你正站在高三人生节点上：回首，是悄然溜走的童年时光，向前，青春的帷幕徐徐向你开启。明年高考也是你人生的分水岭。

二、有些话，我们不跟你说，没有人会跟你说。

三、彼此约定：老爸好好工作，女儿好好读书，谁也不让谁操心。

1. 关于目标：人可以没有伟大理想，但不能失去目标。在一考定终身的体制下，不管你平时多么努力、多么用功、多么厉害，只要考砸了，就会被淘汰！你应该明白，作业多、书包重、没日没夜去学习，不是老爸无情，而是现实残酷！不管怎样，自己不但要有志向，还要有终极目标。

2. 关于定位：在家里，你是爸爸的娇娇女，但在学校，没人会把你当回事！除非你的成绩更优秀、你的才艺更出众、你的表现更出色，老师才当你是块宝。社会也一样，以后，你要成为什么类型的人，全靠自己，要别人瞧不起还是尊重，都靠自己负责。总之，老爸只希望你头脑冷静清醒，懂得感恩，积极进取。

3. 关于身体：在学校，学习是主要的，但不是唯一的，学习好却体质差，这与“读书读书、越读越猪”没两样。同学间搞聚会，要比就比：20 岁比学历、30 岁比能力、40 岁比阅历、50 岁比财力、60 岁比体力、70 岁比病历、80 岁翻黄历，人生几十载，归根到底就是比身体，女儿，好好锻炼吧。老爸知道你体质差，上好体育课，注意饮食，确保身体健康，身体才是革命的本钱！老爸没其他本事，唯独有的就是挺棒的好身体！

4. 关于未来：一个人的未来由知识、能力、态度决定。知识可以通过学习获得，能力也可以在实践中增长，而态度却由习惯养成。你在良好习惯培养上，有时缺乏持之以恒的精神。现在，端正态度还来得及。未来，我希望你所做的一切，是既利己又利人。老爸在培训小记者时强调：学习态度与良好的学习习惯很重要。

5. 关于自己：由于老爸工作性质的原因，平时很少在你身边，从小对你关照不够，这是老爸的过错。老爸只是告诉你：在学校，老师没有义务对你好，除非你首先尊重老师；同学没有义务关心你，除非你首先关心同学。在你的一生中，也没有人有义务要对你好，除了我和你老妈（尽管我与你老妈离婚近 10 年了，但不因与你老妈离了婚，你就不是我女儿，不是你老妈的女儿啦，父女、母女永远是血浓于水）。不要以为世界少了自己，地球就转不了，不要以为个人渺小，就自我放弃和抛弃。因此老爸仍希望你在尊重和关心他人的同时，学会自尊、自重、自爱、自立，不要以自我为中心。

6. 关于朋友：交友就像投资。投资当然要考虑回报，如果你找了个朋友，而朋友最后没有给你回报，只能证明你投资失败。你要找那些比你强大的人做朋友，尤其记住，在朋友落难时，一定要施以援手。因为，与自己一起笑过的人易忘记，与自己一起哭过的人最难忘。这就是雪中送炭比锦上添花更有意义。老爸一生的经历告诉你要谨慎交友，要交比自己优秀的同学为友，要互相鼓励和打气，要互相补充正能量！

7. 关于恋爱：早晚有一天，你是要谈恋爱的，我以过来人身份忠告：花前月下漫步总是美好的，甜言蜜语更是迷人，可别忘了现实中的你的身份。你正是长身体，学知识的黄金时间。老爸相信你能拒绝诱惑，明辨是非美丑，文明着装，把美好向往化作学习动力！

8. 关于距离：为人父母，谁都渴望与子女的距离短些，但随着儿女的成长，属于你们的天空肯定会越来越广阔，与老爸的空间距离与时间距离也肯定会越来越远。作为老爸，当然特别在乎自己到底能够占据女儿多大的天空位置！因为，老爸的天空与女儿的天空恰恰相反——随着一天天老去而变得愈来愈小。凡人百姓，同样拥有大众情怀，同样在乎你是否常在身边。我的女儿，老爸的儿女情长，你是否读得懂？老爸只希望你能感恩你身边的每一个人，理解老爸的一片苦心，好好学习，将来能回报社会！

9. 关于得失：一个人，不可能永远得意，也不可能永远失意，得意时，你要清醒，这个世界上有太多比自己厉害的人，要记得自己的渺小；失意时，不退缩，坚持下去。过去是怎样走过来的，现在就怎样走过去。老爸一生也很坎坷，但老爸坚持挺过来啦！因此，希望女儿像老爸一样学会坚强，要有坚持力与恒心，要自律，要学会心态平和！

10. 关于亲人：亲人只有一次缘分，这辈子，即使无法与你一路伴行，但在风雨交加的时候，总会想着为你遮风挡雨一程！即使不能与你一路并肩作战，但在艰难险阻的时候，总会想着与你一同分担苦痛！这辈子，无论老爸和你相处多久，也请好好珍惜共聚的时光，因为下辈子，我们父女永远不会再相见！

老爸唠叨这么多，望女儿用心读此信，连读三五遍，相信女儿进步多多！

祝女儿快乐生活，快乐学习，身心健康！

（2015 年 11 月 22 日写于北京）

11 《那份师道情怀》

承蒙文华兄弟抬爱，邀我为此书作序。出于兄弟情谊所有，出于朋友情感所依，我爽快答应。然而，随之而来的是文华兄弟的一次又一次催促，和我的一次又一次失约。

为什么？历来，邀名人为书作序，虽有借鸡生蛋之嫌，但经久不衰。我也劝文华好好找个名人大家，好好做个序，好好为书装个门面，也不枉费了兄弟多年的心血。然而，文华兄弟执意相邀，我也不能不爽快！既得文华兄弟相中，邀以小文为大序，出于个人情感所托，就静读书稿，回味往事，以零碎言辞，力求概而求其次，不失文华兄弟风范。

人生中往往有很多很多记忆被锁住，沉淀于心底，成为心灵之花，释放是最好的结果……他一直都把自己的苦与乐灌注在笔尖：多年，与纸和笔相依相伴，搀扶着走过了多少孤寂和欣慰的日子，也排解了多少剪不断理还乱的情怀。日子长了，不知不觉，他就攒下了这么些叫做文章的东西，进而有了发自内心的对师道、对家庭、对生活、对工作的透彻认识，最终诞生了这本叫作《借给老师一分钟》的书，而这本书便是他为人、为师、为友等等的一个缩影，还需我们细细品，静静读。

与文华兄弟之交，源于三十年前的一次德育教学的公开课：皮肤黝黑，身材健硕，笑声爽朗的他，一登台就让我刮目相看。文雅的谈吐，朴素的外表，这种鲜明反差所带来的强烈冲击，令我敬佩，更令我关注这个和我一样来自农村的教师。那次，我记下他的名字：文华。

熟识后，我们常常通信联系，探讨教育教学问题，我越发觉得他温文尔雅，谦谦君子风范令人仰慕。于是，我称他“公子小文”。我知道，他的这份气场皆源于他那颗勤奋进取之心。普普通通的农村教师，一步步走到今天，在《现代教育报》开辟专栏，成为重庆首届名师、重庆市教育专家、重庆市名校长培养对象……这一切，离不开他与纸笔为伴，一点点日积月累的执着与坚韧。曾见过他奋笔疾书，争分夺秒的身姿。须臾，洋洋洒洒的美文佳作，跃然纸上，博古通今，雅俗共赏……这是何等的积淀？这是何等的才情？

单单公子之才情已让人羡煞，而他的爽朗健硕更添几分豪情。一年四季，青龙水库他振臂徜徉，锻炼的是身体，磨砺的是心性，锤炼的是君子傲骨。

一身傲骨，满腔柔情。文华兄弟酷爱摄影，从春暖花开到飘雪冬日，他的镜头下有自家楼台潜心培育的“春的花事”，有寻觅山野间，山花掩映下的笑脸，有一家人饱览名胜欢喜的足迹，有滚滚云海，有静静碧波……生活于他，总是在俯仰之间绽放着诗情画意般的美好！县城里的学校活动多，他总是想办法带着他的团队去学习交流，并用他专业的水准为人们拍下精彩瞬间。于是，一张张精美传神的照片，让“公子小文”成了新中团队的朋友，或者说偶像。

诗书立业，孝悌做人。文华兄弟时常带妻女回家看望父母，这一点最让我心生敬佩！好男儿莫过于此！

与文华兄弟三十年的相识相知，深觉得他如家乡的老井，总有取之不尽的甘甜。不熟悉他的人，会觉得这一切都是神话，然，公子之才，公子之志，公子之韧，公子之雅，公子之孝，浩浩然立于天地！人生路上，难得与文华兄弟的相遇并一起在文学上前行，未来路上，我们始终坚信：心有多大，舞台就有多大！皇天不负有心人！

读一本书，就是在读一个人，读他的心路历程，他的酸辣苦涩，他的梦想、希冀和期盼。文华兄弟的书里，满满的，都是对美好生活的描述，催人思索、引人攀登。

让我们一起循着文华兄弟的成长路，一起追逐梦想，一起超越梦想，点亮每一盏心灯，收获幸福吧！

（2016 年 3 月 14 日写作于中央电视台梅地亚中心）

12 一个真实的故事：树欲静而风不止，子欲养而亲不待

五十多年前，有一棵又高又大的树。

一位小男孩，天天到树下来，他爬上去摘果子吃，在树荫下睡觉。他爱大树，大树也爱和他一起玩耍。后来，小男孩长大了，不再天天来玩耍。

一天他又来到树下，很伤心的样子。大树要和他一起玩，男孩说:“不行，我不小了，不能再和你玩，我要玩具，可是没钱买。”

大树说:“很遗憾，我也没钱，不过，把我所有的果子摘下来卖掉，你不就有钱了?”

男孩十分激动，他摘下所有的果子，高高兴兴地走了。然后，男孩好久都没有来。大树很伤心。

有一天，男孩终于来了，大树兴奋地邀他一起玩。男孩说:“不行，我没有时间，我要努力工作，我们需要一幢房子，好安家立业，你能帮忙吗?”

“我没有房子，”大树说，“不过你可以把我的树枝统统砍下来，拿去搭房子。”

于是男孩砍下所有的树枝，高高兴兴地运走去盖房子。看到男孩高兴大树好快乐。从此，男孩又不来了。大树再次陷入孤单和悲伤之中。

一年夏天，男孩回来了，大树太快乐了:“来呀！孩子，来和我玩呀。”

男孩却说:“我心情不好，一天天老了，我要扬帆出海，轻松一下，你能给

我一艘船吗?”

大树说:“把我的树干砍去，拿去做船吧!”于是男孩砍下了它的树干，造了条船，然后驾船走了，很久都没有回来。大树好快乐……但不是真的。

许多年过去，男孩终于回来，大树说:“对不起，孩子，我已经没有东西可以给你了，我的果子没了。”

男孩说:“我的牙都掉了，吃不了苹果了。”

大树又说:“我再没有树干，让你爬上来了。”

男孩说:“我太老了，爬不动了。”

“我再也没有什么给得出手了……，只剩下枯死下去的老根，”树流着泪说。

男孩说:“这么多年过去了，现在我感到累了，什么也不想要，只要一个休息的地方。”

“好啊！老根是最适合坐下来休息的，来啊，坐下来和我一起休息吧!”男孩坐下来，大树高兴得流下了眼泪……

这就是我们每个人的故事。这棵树就是我的九十多岁的老妈妈。

从娘胎落地到过继到伯父家。很小的时候（不到两岁，伯父因故去逝），我喜欢和妈妈玩……长大后，我就离开了她，只在需要什么东西或者遇到麻烦的时候，才回到她身边。

无论如何，大树永远都在那儿，倾其所有使你快乐。你可能认为这个男孩对树很残酷，但这就是我们每个人对待大树（父母）的方式。

我的老妈妈九十多岁了，她为人间培育了与她一样的一棵树，从某种意义上来讲：只有甘心地默默付出，不求一丝回报，学习了老人家的精神。但作为当儿子的我却无法在身边照顾她，每次都想带着另一个人一块回去看望老妈妈，可不遂愿，内心极其痛苦！远不如一个普通朋友。

前天很想邀请一位自认为很特别的“普通”朋友一块回老家看望老妈妈时，他告诉我：不好意思！我也难得遇到时间能陪我爸妈和孩子！所以现在有时间除了做工作上没做完或紧急的事情！就是在家给他们做饭和好好休息一下！所以明天不能陪你！抱歉！我听后十分感动：人生确实如此！请朋友们珍惜与父母在一起的时间！因为:“树欲静而风不止，子欲养而亲不待”!

（2016 年 5 月 2 日写作于重庆忠县）

13 《永恒的记忆》

今天，是农历五月廿八，既是父亲的诞生日，也是父亲的祭日。父亲已经去世整整二十五年了，父亲去世那年，由于被单位派驻内蒙古，那时通讯和交通极不方便，无法赶回老家为父亲披麻戴孝送上一程，是我一生的遗憾。由于没有留下父亲任何一张照片和纸质的东西，现在留下的只有脑海中永恒的记忆。

我父亲是一个苦命之人。据奶奶讲，父亲还在奶奶肚子时，爷爷就被国民党抓壮丁一去不回，杳无音讯，是一个从小没有父亲的人。靠奶奶坚强的毅力终生没改嫁将我的养父和生父养大成人。

我父母生育了七个儿女。我排老六，上有两个哥哥、三个姐姐，下有一个妹妹。由于家里兄弟姊妹多，再则伯父家无子，所以，我从娘胎出来就过继到伯父家。只不过在我幼小的时候无法有这种记忆，都感觉是一家人，因养父家、生父家和奶奶家都是进出的一扇大门。在我不到三岁时，养父不幸去世，养父长什么模样至今朦朦胧胧的都无法追忆。

我是两家里唯一受宠的一个男丁，前面几个都是哥哥姐姐都没我幸福，整个家族小时候都很照顾我，特别是我当时已经年老的奶奶。

然而，幼小的心灵里，我却有些恨父亲，因为他不但时常为了我而骂母亲，同时也骂我，甚至还会打我，因此，小小的心灵中对父亲又恨又怕，逆反的心理中，当父亲为我痛心为我着急时，我竟然莫名其妙的感到一丝高兴。

父亲不善言辞，因为从小没有父亲，十多岁就开始学艺当木匠，因此，没有上过一天私塾，斗大的字也不认识；但是父亲是一把干活的好手，新中国成立后，曾经很多单位请父亲去做师傅，让他把他的做犁耙技术传授出来，结果他都没有去，以至于在我记事时，公社还准备成立一家木材加工厂，因父亲不愿意出山而告终，一肚子的技术竟然失传了。

其实，不是父亲害怕几十年的技术被人偷学，而是因为一大家人，离不开他，需要他挣工分，那时候，我家奶奶是一个农村寡妇带大我们父辈养活我们一家人（那时候我还没有出生），很大的一家人，而父亲，是家里的主要劳动力，新中国成立前，靠做木活维持一大家人生活，新中国成立后，大家庭分了家，父亲成了生产队里最好的犁田能手，据说，生产队里很多人都是他教会的，那时候犁田，没有任何机械，人和牛是主要劳动力。自然，每年工分也只有父亲最高，是我们一家主要维持生活的来源，也正是这个原因，才使多次请父亲出山办厂而得到拒绝。

在我的前面有一个大姐，好像是十岁时因饥饿而死去。那几年，父亲遭遇到闹饥荒一连串的打击，性情大变，在我来到这个世上后，稍微多了一些笑容。

朦朦胧胧中我开始会跑了，会调皮捣蛋了，小学读书回家，和一帮小伙伴到处翻箱倒柜的瞎玩，有些模糊的记忆中，我记得，父亲的一个小箱子里，好多个大铜钱都被我偷出去当滚滚玩弄不见了，可惜要是现在还在，可是要卖好价钱的（那时候不准用）。自然，当父亲发现全部没有了后，气得狠狠的打了我。

而最让父亲生气的是，我和伙伴们一起去挖水田的缺口，听着咚咚咚的流水声音，那时候的我们就那么高兴，可惜，一田水就这样被我们放干了，而那时候，没有抽水机，完全靠人工舀水，因此，水成了秧苗的生命，而因为好玩就这样白浪费了一田水的我，后来被生产队队长发现抓住了，叫父亲来领人，自然是少不了被骂和挨打了，只是，那时候，我不知道我错在了哪里，我记下的是父亲气急败坏的骂和狠狠的打。

冬天里的农村小孩子读书，都喜欢提一个炭灰笼去，上课时烤脚，那时候的我们，都是和小伙伴成群结队一起，父母是没有时间管我们的。有一次，我一个人一路，结果因为下雨路滑摔在一条水沟里，灰笼里的炭火倒在我的腿上，把我的腿烫了一大片，闻讯赶来的父亲没有骂我，竟然心疼得流泪。后来的一个星期，父亲每天都抽空背我去五里远的学校，我趴在父亲瘦弱的背上，竟然感到一丝高兴，为把父亲整到了而高兴。

偷偷去堰塘里洗澡和爬树是农村孩子最喜欢的事情，却也是父亲和全家最不放心和害怕的事情，为这，我屡教屡犯，也没有少挨打，终于，有一次，和同队 30 多个小伙伴在悬崖边爬桐子树，结果摔下悬崖，幸好命大，掉下去的地方是土，但身上却划了长长的一道口子，父亲背着我，一路小跑了近十里路，几乎是跪着求医生赶紧给我手术，一共缝了十来针的我竟然一点没有怕意，却为父亲为我着急为我难过而高兴。

上小学三年级时，从小最疼我的外婆去世了，看到父亲和所有长辈们的痛哭，我开始慢慢明白了什么是亲情，什么才叫难过，而看到父亲自己都舍不得吃，每次外出干木活打小包的瓜子、糖果等一些，总把好吃的留给我，我明白了，虽然父亲打我骂我，那是教育我的一种方式而已，而打在我的身上，痛却在他的心里。初中时候的我，再没有挨过父亲的打和骂了，只是回家会经常听到他的唠叨“万，幺呢，我这一辈子就是不识字啊，你一定要好好读书啊，要像你大哥那样争取有出息呀（大哥在我出生那年考学跳出农门，在当时十里八乡都被乡亲们称赞）”从此，我暗下决心，决不辜负了父亲的重托，一定要做一个有出息的人。

在初中毕业升入高中后，我通过努力学习，边读边代课，边代课边学习，终于圆梦上了政法大学。

进入二十世纪九十年代，九〇年，九一年，九二年，苦日子熬出头的奶奶和父母本应享受天伦之乐，可灾难接踵而来。九〇年国庆节，当时在成都工作的大哥和我，突然收到老家发来“母亲病逝”的电报噩耗。我和大哥立马启程用三天时间转辗才回到家里，可回到家却晚了，我哥俩都没送上母亲最后一程。在家待了两天，给奶奶、父亲做了一些安慰工作，然后，带着遗憾回了成都。

母亲去世后，奶奶在入冬后一病不起，于九一年春节后，拉着我的手依依永别。

九二年我带着任务被单位派驻内蒙古工作，那年的农历五月廿八，是我父亲 65 周岁的生日，父亲还邀请了一些亲戚当日团聚。在当晚客人还没离开时，父亲就永远地离我们而去。

后来据我养母讲，临去世的两天，所有的亲人他都看到了，而唯独把我当心肝宝贝的我却没有在，弥留之际还一直喊着我的名字（那时候没有电话，来往信件要走很久）。春节回老家，在父亲的坟前，我哭我喊，可惜，父亲再不能打我骂我唠叨我了，回答我的只有风的轻吟。

如今我已为人父，在教育我的孩子时，我也打过骂过，我不知道我的孩子是不是和我一样的恨我，但我深深明白，作为父母，的确是打在儿身上，痛在爹娘心头啊！

树欲静而风不止，子欲孝而亲不在，父母还健在的朋友们，好好的孝敬自己的父母吧，有空多陪陪他们吧！

14　写给女儿的一封信

——《自我保全是你的终生必修课》

2017年炎夏，北大女生章莹颖在美国失踪20多天最终遇害一案，在中美两国引发极大关注。

那么优秀漂亮的女孩，怀揣着好学向上的心，离乡追逐梦想，却落得个生不见人、死不见尸的下场，在为这位女孩扼腕叹息的同时，我也陷入了深思。

因为我也是个有女儿的爸爸，看到别人的不幸，除了震痛还有心惊，深感有义务为我的女儿写下若干文字，因女儿马上也面临着出国，以示警戒。

女儿，你长相漂亮，思维缜密，这是你作为女孩的优点。

但你天生性格急躁，一言不合就翻脸，一直是我的心病。所以从你小学开始，我就坚持让你学习钢琴，期望优雅的琴声能够中和你基因中的暴躁因子。

我在近20年的媒体工作中，接触过很多案件都是由于一言不合，在激情之下发生的。

结合这些案件，我总结出的以下几条经验，或许对你有用。

1. 在任何情况下，切记不要激怒对方。

这个“对方”可以是陌生人、服务员、保安、保洁、快递小哥，也可以是同事、亲戚、恋人、丈夫、好友、同学。

很多女孩自诩牙尖嘴利，说话不把对方顶到南墙不罢休，殊不知这一类人极可能就吃亏在嘴巴上。

有数据显示，至少有70%案件中的女性受害者在遇害之前，都与嫌疑人有过相当激烈的争吵。

尤其是跟男性打交道，更应注意说话的分寸。男性天生自带一条Y染色体，莽撞和野性刻在他们的每一条基因链上，有可能伤害到你的人，未必就是十恶不赦的坏人，很多激情杀人都是在被刺激之下发生。

玫瑰带刺，兔子咬人，每个人心里都住着一个小魔鬼，你要做的就是不将它激怒，放它酣睡百年。

作为女孩子，无论何时何地都应学会避其锋芒，学会委婉表达，哪怕得理，也得饶人。

别跟小人斗气，别和烂事胶着，有证据的事儿交给警察叔叔，没证据的事儿交给因果报应。

与人争吵，可讲理论事，别出言羞辱。因为，不是所有人都懂道理，也不是所有牛都通音律，一百个人就有一百种思维体系，跟对方讲不通的时候，耸耸肩摊摊手，放弃。

不管生活多么丑陋、命运多么阴险，我请你坚持做一个性情平和、内心美好的人。因为，你温暖就会迎来春天，你冷酷就有概率遇上尖刀。

2. 防范意识远比防盗门管用。

我主张一定要争取住在市中心的成熟小区里，这可以确保你在方圆五公里内的生活圈里衣食出行是安全的。

如果没钱，可以选择市中心成熟小区小一点的房子，或者租房子。但市中心和成熟小区，这两个硬件断断不可马虎。

判断一个小区是否成熟，你尽可观察它的保安和保洁。

如果一个小区的保安都是精壮的小伙子，楼道里没有张贴的牛皮癣，那这个小区应该就是宜居的；

如果一个小区的保安都是坐在收费岗亭里昏昏欲睡的老人家，楼道贴满了牛皮癣，那这个小区的安全肯定是无法保障的。

科技发展到今日，已有可以在手机上直接观摩的家庭实时监控，待你成年之后，这种科技只会更加发达。

如果你是一人居住，在回家前习惯性地拿出手机上扫一眼家中的角角落落，将它变成保持终生的习惯。

3. 作为女孩，心细如发绝对可以化险境于无形。

前几年深圳三个女白领被入室歹徒杀害，而歹徒仅仅只是偶然路过她们楼下，看到她们忘关窗户了临时起意攀爬入室抢劫杀人。

三个女白领当中的任何一位能细心一点，在夜幕降临前就关好窗户这道重要屏障，肯定可将这场血光之灾化为乌有。

心细如发可以表现在很多方面：走路不时回头，可防尾随；先拉上窗帘再开灯，可防偷窥；出差不告诉别人自己住哪个宾馆，可防骚扰。

4. 休闲的时候门前屋后晒太阳，泡泡茶，读读书，弹弹钢琴，最安全。

到了一定年龄，喜欢宅并不是一件坏事，它能让你于无形中在不自知的情况下免除很多祸患。

5. 必须高度警惕你周围某些了无牵挂的人。

越是上无老下无小，没事业没家当的人，越光脚越不怕穿鞋，一旦受到刺激，他们挥舞屠刀时通常不会左顾右盼。

须更高度地警惕你身边有赌博嗜好的人。十赌九输，一个想扳本的赌徒，会不惜动用他的一切聪明才智琢磨别人的卡上余额。为了迫不及待地达到目的，他们根本不介意多一条人命。

任何一个需要你不得不喝酒和不得不在夜晚外出的工作，都是你可以果断放弃的工作，不管它有多高的薪水。

真正爱你的人只会劝你不要喝酒，劝你喝酒的每一个人，都来者不善。

因为他们明知一个柔弱女孩不胜酒力的可怕后果，却希望和纵容这种后果的发生。在今后的交集中，你需要对这种人高度警惕。

很大比例的罪恶都可以在夜幕的掩饰下悄悄进行。一个女孩在夜晚出现危险的可能性，远高于白天。

女孩的出行应当尽可能地安排在白天，朗朗乾坤可以在你不自知的情况下，令你免危险于无形。

优良的作息习惯是：晚上六点半回到家，不再出门，晚上九点整睡觉，早晨四点半到五点之间起床。

四点半到七点半这三个小时是一天当中思维最敏捷、心情最舒畅、工作效率最佳的时候，我经常在这三小时里完成一整天的工作任务。

这种良好的作息，希望你可以传承。

6. 小心危险的熟人。

最后我想向你提出一个预警：现实中来自熟人的伤害，至少占比五成。因为，只有熟人才能接触到你。毕竟，走在路上被怀揣二级精神残疾的陌生人偷袭的可能性极小。

而熟人，知悉你的行程路线、家庭情况、性格喜好、经济状况。所以有些情况下，熟人，有时候比陌生人更可怕。

与熟人不必过于粘乎，太过蜜里调油的关系，一般都会走向唇枪舌剑的穷途末路。

要记住一个原则：与熟人之间的关系，保持真诚、友好，但要有距离。一段有距离的熟人关系，才是相对长久和安全的。

7. 人身安全问题永远放在第一位。

与学习、财富、爱情相比，人身安全排在第一要位，人身安全重大到对人生绝对有一票否决权。

你的身体发肤受之父母，因此，你并不完全属于你自己，你还属于你的爸爸和你的妈妈。

因此我恳请你，时刻绷紧安全这根弦，把自我保全作为终生必修课！

［2017年8月24日（女儿出国前一天）写于重庆］

第七集 · 新闻纪实

01 《100岁兄弟“百岁书”创出版纪录》

两位百岁老人昨日同时推新书，引文坛轰动

90岁王火、85岁李致和80岁王蒙都来捧场

图一 马识途（左）与哥哥马士弘（右）交谈甚欢

图二 王蒙（左）与马识途相见甚欢

图三　马识途亲笔题词庆贺新书发布

马氏百岁亲兄弟，同出百岁回忆录。100 岁的马识途与他 103 岁的哥哥马士弘，一同推出各自的人生百年回忆录，既是文坛盛事，也是人间佳话。8 月 4 日上午，马识途回忆录《百岁拾忆》和马士弘《百岁追忆》在成都举行新书发布会。马氏兄弟齐齐亮相出席，并亲自发表致辞。著名作家 80 岁王蒙、85 岁李致和 90 岁王火等也都亲临现场祝贺。发布会上洋溢着浓浓的喜庆气息。

马识途：《百岁拾忆》

在十九章、共 22 万字的《百岁拾忆》中，马老奉行“学习巴金说真话”的精神，用真切坦诚的态度，将自己走过的百岁人生路中的所作所为所见所思，繁简有致地讲述出来。在书中，马老不仅回忆了自己的童年趣事，还详解了自己的革命生涯以及文学创作心得。

马士弘：《百岁追忆》

该书回顾了抗战老兵马士弘一生的坎坷经历，时间跨度长达 103 年，从晚清末年的 1911 年一直到现在。他讲述自己的家族，开明的家风，自己见证父亲在四川办教育、剿匪、对付大地主刘文彩等颇具传奇色彩的事迹；后来考入北平中国大学学习，因亲眼目睹了日本侵略者的暴行从而投笔从戎等传奇故事。

百岁书遒劲　百岁马家兄弟同出书

马识途与马士弘出生在忠县，这对兄弟时而同气相投，共赴国难；时而楚汉鸿沟，井水河水；时而人生厄运，同声相应，剪不断，理还乱，盘根错节纠缠在一起。但他们都怀抱爱国之心、救国之志，殊途同归，为社会的进步和发展作出了自己的贡献。

昨日的发布会上午十点才开始，而马氏兄弟，9 点一过就现身购书中心候场。弟弟马识途先到，两三分钟以后哥哥马士弘也到了。兄弟相见，很是亲切，并排而坐，面带平静的笑容，不时交头接耳谈论些什么。而周围的读者更是将两位老人围得水泄不通，围观加拍照，面带敬意。

在作者发言环节，百岁的马识途步伐干脆利索走上前台，讲话铿锵有力。在感谢出版社为他和哥哥的回忆录出版所做的工作之后，马老直诉衷肠，“我这本书是我百岁人生的真实写照，也是我为理想而奋斗一生的真实记录。我这本书，不求畅销上榜，只希望青年人能从中读到对自己有用处的东西。”马识途还提到，这本回忆录是一本“学习巴金说真话”的书，“虽然我说的真话并不一定都是真理。但是我觉得，说真话，比说那些自以为正确的假话要好。”台下掌声雷动。

“我是一名老兵。”马老的哥哥、103 岁的马士弘，坐在轮椅上发表的致辞，同样也很精彩。“当年日本人侵占中国，咱们国家面临危亡关头。我也投入了抗战的阵营当中……希望年轻人不要忘记那段历史。”103 岁高龄的老人，思维逻辑如此清晰，声音中气十足，让在场读者赞叹声一片。

文坛传佳话　王蒙现场拟“广告词”

“马氏兄弟这两本回忆录，我已经先睹为快读完了。真的很好看！他们用质朴的语言，将历史以生动、真诚、平实的方式呈现出来，返璞归真，让人见识大历史。百岁兄弟一起出书，是书界奇迹，历史瑰宝。”在中国现代文坛上，马识途以他独具特色的文学作品和传奇的人生经历，备受作家同行尊敬。

在昨日的发布会上，文化部前部长、著名作家王蒙，也顶着酷暑，专程赶到成都参加马老及其哥哥的新书首发式。发布会开始之前，见到马老，更是送上一个结结实实的大拥抱。在发布会上台讲话时，王蒙全程面带笑容，话语生动幽默。他大赞马老及哥哥的两本回忆录，并激动表示，自己已经替出版社推广想好这两本书的“广告词”：读马氏兄弟新书，获千年灵瑞之气！

出版方在首发式上表示，两位百岁老人同时在一家出版社出版回忆录，在中国当代出版史上没有第二例。而熟悉马老的人都知道，马老虽已经年至百岁，但依然笔耕不辍。茅盾文学奖获得者、著名作家王火，在现场告诉华西都市报记者，“百岁兄弟齐出书，经历和见识又如此不凡。我把世界大百科全书关于作家卷的部分，全部翻完了，我查到的记录是，对高寿依然笔耕不辍的作家记录中，萧伯纳 93 岁还在写作。雨果是写到 83 岁。但像马老这样到百岁依然写作的作家，我还没找到。马老百岁笔耕不辍，而且跟他的哥哥百岁齐出书，肯定是创了新纪录了!”

王蒙“点赞”：马老的思想依然有锋芒

80 岁的王蒙，在接受笔者访谈时，仍是饶有兴趣地大谈他对马老的尊敬和欣赏，“坦白说，很多人上了年纪以后，老态特别明显。但是马老和他的哥哥，却不是这样。他们虽然已经是百岁老人，但是看起来依然精神饱满，让人感觉特别舒服，这实在令人佩服。”

王蒙还幽默表示，“我在作家群里算年纪大的了，也算是耄耋老人了吧。看到马老和他的哥哥以百岁高龄，能将精神、思想状态保持如此之好，我从中受到很大鼓舞。我感觉，我虽然已经 80 岁了，但依然算是年富力强!”

王蒙还特别认真仔细地分析了马氏兄弟的两本回忆录，“这两本回忆录，细节生动、鲜活，心态豁达。语言没有任何矫饰，有一股真、纯之气，同时表达力又很强。更妙的是，兄弟俩是国共兄弟，各自的回忆既有互相印证之处，也有互相补充，可以让读者看到中国百年历史的完整面貌。”

提到对马识途文学作品的认识，王蒙透露:“那还是 20 世纪 60 年代，我在《人民文学》杂志上看到过马老写的小说。后来又看到他的长篇小说《清江壮歌》。后来马老常到北京开会，我们会碰见。”今年 5 月，马识途百岁书法展在北京举行，王蒙除了出席开幕式之外，还格外认真欣赏了马老的书法作品。谈及此，王蒙说，“我特别喜欢马老写的对联。看到很多都过目不忘，拍案叫绝。从中可以看出，马老的思想依然敏锐有锋芒。”

值得一提的是，王蒙在接受笔者访谈时特别强调，“今天的主题是马老及其哥哥新书首发，采访内容最好是围绕主题，不用提问关于我的事情哈。”记者还特别注意到，王蒙去年结婚的妻子单三娅女士也一同前来。在采访活动之外，两人形影不离、谈笑风生，很是恩爱。

（2014 年 8 月 8 日采写于成都）

02 《2016 粉红盛典》

——关爱女姓 关爱母亲 关心未来 健康中国

2016 粉红盛典健康慈善夜暨 2017 启动晚会在京隆重举行

2016 年 12 月 12 日，由中国关心下一代工作委员会指导，中国人生科学学会主办、粉爱文化传媒承办的以“关爱女姓，关爱母亲，关注未来，健康中国”为主题的 2016 粉红盛典健康慈善夜暨 2017 年粉红盛典启动晚会，在北京国际大学生艺术交流中心剧场隆重举行。中共中央宣传部、文化部、卫健委、民政部、国家新闻出版广电总局等相关部委领导应邀出席，文化演艺界众星云集，共同为健康中国助力。中共中央宣传部老干部局书记薛启亮、中国人生科学学会会长关山越分别代表嘉宾和主办单位讲话致辞。

十八届五中全会后，建设“健康中国”上升为国家战略，“健康中国”是增进民生福祉的幸福之基。由此，本届“粉红盛典慈善夜晚会”也确立了“唤醒爱”的主题，携手演艺明星，携手万千女性，唤醒关爱，传递信念，将粉红盛典的健康理念和慈善公益进行到底!

晚会在邱三强的一首《最美星空》中拉开帷幕。

晚会由著名主持人瞿弦和与天雅共同联袂主持。瞿弦和是国家一级演员，现任中国煤矿文工团团长、全国政协委员、中国戏剧家协会副主席。资深前辈与青年主持人的搭配，让晚会的内容更加别具一格。由粉红盛典公益艺术团群星的联合演唱，粉红盛典晚会总导演吕磊作曲作词的粉红盛典主题曲《用我的爱牵你的手》，气势恢宏，震撼人心。

来自中国歌剧舞剧院著名女高音歌唱家万山红演唱《巫山神女》，知名歌手白雪、京剧表演艺术家董圆圆、春晚小童星邓鸣璐、知名歌手曲比阿乌、知名歌手唐小向、纳西情歌王子达坡阿玻、昆曲新秀李云鹤等分别表演精彩节目，通过艺术的方式，为健康加油，为慈善助力!

粉红盛典活动组委会主任王清毅讲话指出，健康的传播可以影响更多的人关注健康，慈善的行动可以影响更多的人参与慈善。2017 年的粉红盛典，将不再局限于一场单纯的晚会，包括粉红盛典健康慈善夜、公益艺术团、健康音乐节、健康文化创意园等六大板块。希望更多的艺术家，医学专家，文艺工作者，都可以通过自己的方式，一起传播健康的理念。希望更多的爱心企业，在自己的能力范围内，积极地参与到实实在在的慈善捐助行动中来，助力精准扶贫，共同推动健康中国建设。

来自中国名家书画艺术院院长、中国十大书法名家简耀斌捐赠“上善若水”书法作品；中国名家书画艺术院副院长、中央直属机关书画协会理事、中国著名书画大师沈鹏、娄师白嫡传弟子沈鹏正举捐赠“善行天下”书法作品；中国儒商国际书画院副院长、中国名家书画艺术院院士、京城著名葡萄王画家张庆刚捐赠葡萄书画作品，用于粉红盛典活动慈善拍卖。凯德斯达医药集团捐赠价值30万元的乌金胶囊，将用于捐助贫困地区的医疗卫生所。他们的爱心捐赠给晚会增添了璀璨的光辉，赢得了全场观众的热烈掌声。

晚会同时举行了2017粉红盛典启动仪式。中宣部老干部局书记薛启亮，民政部原副部长陈虹，文化部原副部长潘震宙，原国家广电总局副局长张丕民，中国人生科学学会会长关山越，中国少数民族文化对外交流协会副会长张东辉，原卫生部健康报社副社长蔡胜利，世界和平大使邵玉凤，中央电视台原办公室副主任刘民朝，粉红盛典活动组委会主任王清毅，粉红盛典活动总导演吕磊，原武警总队副司令员孙魁等领导和嘉宾参与了启动仪式。

母亲的爱是最伟大的，关爱女性，关爱母亲，也是本次晚会的重点内容。晚会通过对军旅作家孙魁的访谈《母爱与家风》，通过对母亲的追忆及感恩，通过一个善良淳朴的母亲，对孩子的教育，让孩子成长为一个忠于祖国，忠于党的职业军人，也体现了一个平凡母亲，不凡的爱与她的家国情怀。来自东方歌舞团的歌唱家郭蓉《给我你的爱》、中央歌剧院著名女高音歌唱家尤泓斐演唱《仰望母亲》、著名男中音歌唱家廖昌永的《我们的母亲》将晚会推上高潮。

来自部队文艺工作者、青年歌唱家、身患多年乳腺癌康复患者刘贺带来的《缘分》和来自粉红盛典公益艺术团深圳分团（深圳凤凰涅磐艺术团）的舞蹈《凤凰女兵》、诗歌朗诵《爱在木棉花开的季节》和情景剧《妈妈你别走》，让全场震憾，表演者全部都是癌症的康复患者。她们的表演，表达了对生命，对公益，对慈善的理解和对生活的热爱；她们的表演，深深地打动了现场所有的人。

来自一群热爱中国传统文化的中年女性组合，表演的《旗风瓷韵颂牡丹》

与《香云纱之秀》，她们通过对传统中国文化的精彩演绎，同时也展示了在新中国的发展和进步下，现代母亲的崭新风采。

唤醒爱，歌颂爱，传播爱。晚会上，粉红盛典组委会还分别颁发了粉红盛典公益形象大使奖、粉红盛典公益明星奖、粉红盛典健康成就奖、粉红盛典公益勇士奖等奖项。以表彰和鼓励更多的热心人士，积极参与健康公益事业！

晚会在舞蹈演员李潇慧、恩佐的舞蹈《醒来我的爱》和青年歌唱家张英席、陈小朵联袂演唱粉红盛典主题曲《用我的爱牵你的手》的动人旋律中圆满结束。同时，也意味着新的更丰富多彩，更落地生根的 2017 粉红盛典健康公益系列活动正式启动。

（2016 年 12 月 13 日采写于北京）

03　《高山生态扶贫搬迁换新颜》

近日，记者前往重庆市东南第一门户——秀山采访。让记者感叹的是秀山县在短短的不到两年时间探索一套完整切实有效的高山生态扶贫搬迁方案：坚持政府引导、群众主导，整合资源、多方配套，让“农民下山、产业上山，资本下乡、资源进城”，昔日“农民”变“居民”、“穷山”变“金山”。高山移民个个都自豪地说：“党的政策真好，高山生态扶贫搬迁不仅让我们生产生活发生了改变，而且还让我们住上了宽敞的新房，真是旧貌换新颜呀”！

农民下山　产业上山

秀山地处武陵山腹地，近 10 万人居住在占全县面积 1/3 的高山地带，山高坡陡，偏远闭塞，贫困落后。“上山爬半天，下山脚打闪，对山叫得应，往来要半天”，是当地生存环境的真实写照。受地理环境制约，群众居住分散，水、电、路、通讯等基础设施建设难度大成本高，教育、医疗、文化等公共服务难以覆盖，传统扶贫开发模式时间长、见效慢、易反弹，成为全县高山扶贫开发的难点。2011 年，该县部分乡镇通过“村民自愿、集中规划、统一建设、适当补助”方式，对部分高山居民实施了集中易地搬迁，如溶溪镇高楼村集中搬迁 98 户 440 人，妙泉镇小浩村集中搬迁 33 户 157 人，孝溪乡檬子村集中搬迁 58 户 204 人，下山后生活条件极大改善，山上原有宅基地纳入复垦，耕地流转大户经营，群众十分满意，愿意主动搬迁。

今年初，重庆市委决定大力实施高山生态扶贫搬迁，吹响了推动高寒山区贫困群众脱贫致富的“号角”。这既是当前扶贫开发的新模式，又是惠及高寒地带群众的民心工程，更是秀山县早日“脱贫摘帽”的重大机遇。于是，秀山县委、县政府迅速启动高山生态扶贫搬迁工作，提出“农民进城入镇，资本下乡上山”，让农民跳出大山沟，让山地焕发新生机。

梯度引导农民搬迁。组织力量对全县高山生态扶贫搬迁对象进行摸底调查，摸清每一个有搬迁意愿农户的人口、就业、收入状况，了解其对搬迁安置、就业意向、土地调整、产业发展的打算，逐户登记建卡，建立搬迁需求人口数据库。经摸底统计，全县符合搬迁条件的10万人中，有意愿搬迁的达1.6万户、6.4万人。在摸底的基础上，充分尊重群众意愿，引导群众有序转移，县外安置约占10%，县城安置约占20%，集镇安置约占40%，就近集中安置约占30%，实现“区域梯度转移”；在家庭内部，对部分老年人习惯山区生活而不愿下山的，引导子女先下山安置，保留山上房子供老年人居住，实现“户内批次转移”。

大力发展特色产业。坚持扶贫搬迁与产业发展相结合，通过项目、资金、技术等措施进行引导，重点发展金银花等中药材、猕猴桃、茶叶、土鸡、生猪等特色种养植业，即使搬迁后的土地发挥最大效益，又使搬迁户能够稳定获得土地收益。近年来，投入财政扶贫资金8473.5万元，新建和管护金银花基地7.9万亩、茶叶基地1.81万亩、猕猴桃基地4.33万亩。落实财政扶贫资金830万元，在大溪乡、钟灵镇、孝溪乡等高山搬迁乡镇启动8个乡村旅游接待点，去年接待户户均增收1.45万元。

以地生财　地尽其用

土地是农民的“命根子”。高山农民搬下山，建房安居需新占用地，还需要菜园等生产用地，原有承包地相隔较远可能闲置，土地问题成为制约群众搬迁的重要因素。要想让高山群众顺利搬迁，不仅要让群众思想上接受，更要让农民群众不失地、不失保障。为此，县委、县政府在土地上做文章，以土地流转、宅基地复垦、“三权”抵押贷款等方式，破解土地难题，增加搬迁群众的土地收益。

土地流转让荒山变金山。高山地带由于沟壑纵横，地块零碎，70%为坡耕地，耕作难度较大，单家独户的小农生产劳动强度大、收入低，导致许多农民因种田无利而无心种地。县委、县政府提出“向大山要财富，靠特色求发展”，大力引导和鼓励群众流转土地，将土地流转与农业规模化种植、产业化管理、市场化经营相结合，收到“土地不撂荒、农民有收入、产业大发展”多重效益。目前，全县实施土地流转30.9万亩，占全县耕地面积的1/3，其中50亩以上规模流转达19.4万亩。土地流转使农业集约化、规模化、现代化经营大大迈出一步，推动了全县特色农业的快速发展。如该县岑溪乡采取入股分红、转让、出租等方式流转土地8900亩，涉及农户1873户，建立标准化生产基地28个，规模化发展猕猴桃基地1.2万亩。土地流转使农民“身价”倍增，农民每年每亩可获得300元左右的收益，同时就地务工创造劳务收入，成为新时期股金、薪金、租金、保障金“四金农民”。

土地复垦让废地变良田。用好用活重庆市特有的土地复垦政策，对涉及高山生态扶贫搬迁的复垦项目，优先安排报批；对拟用于地票的复垦项目，积极开展收益权质押，提前落实建设资金。近两年，土地复垦入库11.57万亩，增加农民收入12亿元。

金融扶持让资源变资金。对贫困户搬迁给予担保公司担保和银行“三权”抵押贷款支持，并由扶贫资金给予适当担保费补助和扶贫小额到户贷款贴息。近两年，累计发放“三权”抵押贷款11.57亿元，发放大额、小额贷款贴息资金1028万元，组建贫困村互助资金协会69个，吸引农户和社会闲散资金170万元。

完善配套　优美宜居

高山生态扶贫搬迁过程中，农民最关心的是“人往何处去”。为此，秀山县委、县政府综合考虑城镇建设、新农村建设、生产耕作、产业布局等因素，合理确定搬迁安置点。一是尽量向城镇集中。依托县城、园区、中心城镇建设，加快剩余劳动力技能培训和劳务转移步伐，解决搬迁群众的生活出路和就业问题；二是尽量向农民新村集中。鼓励搬迁对象就近进入已规划的农民新村，进行统一选址、统一规划、统一风貌、统一建设。近年来，秀山县投入3.2亿元用于农村房屋、乡村公路、人行便道、人畜饮水工程、沼气池等基础设施建设，完成90个农民新村规划选址，建成38个农民新村。在安置规划引导下，整合农业、城建、扶贫、水务、林业等项目资金，加大安置区基础设施建设投入，巩固和改善人居环境。

“十二个一”让搬迁户住得安心。县财政每年每乡镇（街道）配套100万元，帮助乡镇（街道）特别是有搬迁安置点的乡镇实施“十二个一”工程（1个市民广场、1条硬化集镇过境路、1个自来水站、1个简易污水处理站、1个垃圾处理场、1个标准化卫生院、1个文化活动中心、1个敬老院、1个连锁超市、1个农贸市场、1个汽车客运站、1个中心幼儿园）等基础设施，提升集镇安置点的吸附能力。通过三年努力，“十二个一”完成率达80%以上。

“美丽乡村”让搬迁户住得舒心。以启动农村面源污染为着力点，创新污水、垃圾处理模式为抓手，按照“山清水秀、庭院整洁、产业特色、设施完善、乡风文明、民主自治”的目标，在全县大力推进“美丽乡村”建设。近年来，秀山县重点在高山生态搬迁安置区开展垃圾收集清运，探索构建了“户分类、村收集、镇转运、县处理”的生活垃圾收运处置体系。如清溪场镇龙凤社区安置点，采取“以卫养卫”模式，群众自愿缴纳适当卫生管理费用，镇政府“以奖代补”帮助添置环卫设施，聘请4名环卫人员进行安置点卫生长效管理。

“一所一院一中心一公寓”让搬迁户住得顺心。充分利用原撤乡并镇旧址、村民公共服务中心，集中推进“一所一院一中心一公寓”养老设施建设，对高山生态搬迁困难群体，特别是农村“五保”对象，实行集中供养安置。目前，全县共建有24个社区托老所、31所乡镇敬老院、1所社会福利中心，1所老年公寓，五保老人集中供养率达56%，比前3年提高40个百分点。

政策扶持　因户施策

高山生态扶贫搬迁是一项系统工程，既有搬迁动员、搬迁安置，还有搬迁后续扶持、自我发展。为此，秀山县在调查摸底的基础上，因户施策实施搬迁安置方案，确保搬迁群众“搬得出、稳得住、逐步能致富”。

整合资金补助。整合财政专项扶贫、民族地区发展、“圈翼”结对帮扶等资金和整村推进、中小河流治理、通畅工程等项目，市级补助标准出台后，县级按每人2000元配套落实，补助提升至10000元/人，其中5000元直补到搬迁农户，3000元由乡镇（街道）统筹用于安置区供排水、出行道路等相关生产、生活设施建设，县上配套2000元以项目形式用于安置区基础设施建设。对特别困难的搬迁农户，同时享受D级危房改造资金，以及“爱心助迁”募捐等途径给予支持。

加强就业培训。大力发展职业教育，坚持“培训技能—外出就业—增收脱困”和“培训技术—就地创业—增收脱贫”两条腿走路，把搬迁扶贫与实施“雨露计划”、“阳光工程”和劳动力转移就业紧密结合起来，提高搬迁群众创业能力和自我发展能力。近年来，共开展搬迁群众实用技术培训1.5万人次，劳动力转移培训1万人，创业培训0.5万人次。

完善社保体系。把搬迁户纳入迁入地管理，在当地缴纳社保、医保，享受当地社区服务，与迁入地原住民享有同等政治经济待遇。对转户进城、进集镇安置的搬迁对象，跟进社会保障、廉租房配租、职业教育与就业培训、子女入学、中职就学免费等相关待遇。

04　《热血铸法魂　温情系山区》

——巫溪县法院下堡人民法庭庭长廖子怀同志先进事迹

远山耀天平，宁河萦深情。在重庆市巫溪县边远山区下堡人民法庭，有一名普通而令人敬佩的法官——廖子怀。他扎根于下堡法庭十八年，踏热了辖区的五个乡镇、三个居民委员会、五十九个行政村，幅员七百多平方公里的山山水水。谈到他，当地的老百姓无不竖起大拇指。

在这十八年里，他直接办理了2000余件案件，没有一件改判或发回重审，案件调解率高达90%以上；在这十八年里，他一步一个脚印，从书记员成长为助理审判员、审判员、副庭长、庭长；在这十八年里，他获得荣誉无数，连续多年被巫溪县人民法院评为优秀审判员、优秀法官、先进个人；1998年被重庆市高级人民法院评为“优秀法官”；同年被中共巫溪县委评为“优秀共产党员”；1999年被中共巫溪县委评为巫溪县首届“十佳政法干警”；2000—2004年多次被重庆市第二中级人民法院评为“办案能手”和“优秀法官”；2007年被重庆市高级人民法院评为“优秀法官”；2008年被重庆市高级人民法院、重庆市司法局授予“指导人民调解工作优秀法官”称号。

忘我奉献：他把全部心血和爱献给山区人民

他是农民的儿子，艰苦的生活环境磨砺了他勤劳朴实、坚忍执着的品格。下堡法庭管辖地域辽阔，山高坡陡，属典型的大巴山山区，东西相距200多里，群众居住在海拔 260—2600 米的山坡山沟中，从这山走到那山，一走就是几个小时，交通极不便利，送达法律文书、调查取证都得步行上山。有时一去就得在山上住几天。尽管如此，他从不马虎，需去的坚决去。他从不办坐堂案、老爷案，经常深入乡村社巡回办案。2012 年全庭两名工作人员，办理各类案件 226 件，有 120 多件是到村社农家办的。其中远离法庭 100 多里的原高楼乡 75 岁高龄的唐某诉饶某工亡赔偿金纠纷一案，由于公路被洪水冲毁，他和另一名同志翻山越岭，到当地乡政府妥善的处理了这起纠纷，使老人得到了自己应得的赔偿金，老人为此感激得泪流满面。

有一次，同一个乡的几件民事纠纷相继起诉到法庭，由于这个乡距离法庭有几十里路，没有现成的公路，全靠步行。为了减轻老百姓的负担，方便诉讼，庭里决定外出巡回办案。没想到这一巡回就是 22 天，在这么多天里，他们与当地群众同吃同住，一共化解了 30 多起纠纷，有几件还是积怨时间久矛盾大的纠纷。他就讲究工作方式和方法，在法与情之间寻找最佳结合点，耐心倾听他们的诉求，和他们拉家常，通过法律与情理两方面向他们讲道理。那些天里，他借住在农户家，白天忙着审案，晚上则要熬夜书写法律文书。等回到法庭时，他满是疲惫。

他凭着对人民群众高度负责的精神，走村串户调处纠纷、巡回办案、送法下乡，晴天一身汗，雨天一身泥，足迹踏遍辖区 700 多平方公里的村落、农户。全辖区每一个村组的群众，没有不熟悉廖子怀的，他和辖区群众建立了鱼水深情，被老百姓誉为“贴心法官”。

由于长期在法庭工作，他基本上是以庭为家，根本没时间照顾家庭。说起对家人的亏欠，廖子怀印象深刻的是在 2011 年 3 月，他在福建办案的时候，家里来了电话，说他老父亲突发脑溢血，病情危重。但他还是坚持把案子办完后才往回赶，等赶回家时，老人已经离世，没能见上父亲最后一面，成了他心中最大的遗憾。他的母亲常年住在农村老家，身体孱弱，由于工作繁忙，他也只能在节假日的时候抽空回去细心照料上几天。

在这样艰苦的工作环境中，许多人都想调到条件相对较好的院机关工作，18 年来，他培养送走了一批批人才，可他自己还自愿坚守在这块阵地上。他有许多的机会可以到院机关工作。院党组也曾多次找他谈话，准备将他调到院机关工作，然而他执意不肯，他说：“虽然这里条件艰苦点，但自己对这里的村村院院都很熟悉，开展工作更容易。再说过去这么多年了，对这片土地太有感情了，就让我继续扎根在这里吧。”

情暖乡亲：他将司法为民的宗旨化作感人的故事

由于下堡法庭地域辽阔且交通不便，案件当事人一般都不能按时到庭，到庭后又急着回家，多住一天得多一天的开销。为了使当事人少花费时间，少花点钱，他长期审理案件都是“一锤锣”，有时从上午开庭到傍晚结束。一坐就是七八个小时，有时候又累又饿，但为了当事人少耽误一天时间，想到当事人还得回家，还得摸黑走几个小时，再苦再累再饿他都挺了下来。按他的话说：“老百姓不容易，我们多做一点，他们就轻松了很多”。由于长期不能按时吃饭，他得了严重的胃病，往往坚持到几个小时庭开完，胃病发作了疼得他直冒冷汗，但他一心为当事人着想还是一如既往的坚持着，从没怨言。

下堡法庭受理的案件大多数是婚姻家庭纠纷、邻里矛盾，但每个案件都牵动着几个人、几个家庭的和睦，一旦处理不慎就很容易造成更大的矛盾。廖子怀作为土生土长的农村娃，他深知调解好这些案件的重要性，他总是一遍遍耐心细致地做当事人的思想工作，从法律和情感上千方百计地去化解矛盾。他以“案结事了、定纷止争”为目标，坚持少判多调，多年来他所审结案件的调解率一直保持在90%以上，化解了大量民间纠纷，避免了大量矛盾的激化。

如他所办理的一起离婚案件，原被告双方矛盾十分尖锐，原告曾扬言要将被告置于死地，加之当事人亲朋及左邻右舍的法律意识淡薄，认为被告做事过分，也纵容原告将被告杀掉，一场恶性杀人案件，随时都有可能发生。他受理案件后，立马组织法庭干警到原、被告住所地，召集双方当事人的亲友和邻居进行法律法规的宣传、教育，指明解决纠纷的正确途径和方法，引导双方当事人走入正确的纠纷解决途径。精诚所至，双方当事人走上法庭，最后成功的调解了这起纠纷，避免了一场恶性杀人案件的发生。该案的成功调解，被县政法委等相关部门予以肯定。

2012年7月，巫溪县磐峰水电站正在紧张的施工，下游的43户农民担心电站施工产生的弃渣会随着爆发的山洪给他们带来人身伤亡和财产损失，于是多次聚众到电站阻止工程队施工，导致电站停工数天，损失较大，双方的矛盾进一步激化。当地电力匮乏，水电站长时间停工势必会影响更多村民的生产和生活。为了尽快解决纠纷，当地政府给双方做了大量工作，但矛盾还是没有得到化解，群体事件随时都有可能发生。下堡法庭接到磐峰电站和当地政府求助后，廖子怀同志带领一名书记员立即赶到了事发当地，同当地党委政府研究解决纠纷的措施，提出必须让电站尽快恢复施工，但是村民的利益也应该得到保障。于是他就挨家挨户做群众的工作，深入浅出地向村民阐明事理。同时告诫电站应当按照设计方案科学施工，避免对群众利益的损害，否则要承担法律责任。经过连续多天的协调，双方达成了协议，电站恢复了施工。之后在村民的要求下制作了民事调解书，明确了电站的义务，消除了村民的顾虑。那几天，下堡法庭的干警没有节假日和上下班，特别是廖子怀同志当时还有脚疾，每天在电站和村民之间来回奔波，当纠纷解决时，他的脚已经肿得不能走路了。

严格执法：他用忠诚谱写公正司法的动人诗篇

廖子怀同志经常说："我是一名基层法庭的法官，一生没办过一件大案要案，但对'公正'二字，我无愧于心。"他在十几年法官生涯中顶住种种压力，坚持原则，实事求是，始终依法中立裁判。他既能过"权力"关，也能冲破其他种种社会关系网，依法公正办案。他从事法律工作 18 余年，没有办过一件关系案、人情案和金钱案，没有当事人举报或反映他有不廉洁的情况，久而久之他赢得了辖区人民群众由衷的尊重和称赞。他在下堡镇生活了四十年，亲戚朋友，家族成员无数，一遇到案件，说情的，送礼的时常有，他总是婉言谢绝，讲明道理，引导他们正确行使诉讼权利。个案中，他坚持回避制度，总以党纪国法严格要求自己。廖子怀常说："作为一名人民法官，我必须对得住心中的天平，对得住自己的良心，公正的价值无法用金钱衡量。"在办理土城乡石壁村民龙某诉他人名誉权纠纷一案时，龙某为赢官司，多次阻警车送鸡子、猪脚及 500 元现金，均被他婉言拒绝。一次，一位当事人立案之后在办公室留下一袋猪脚，下班的时候，廖子怀才发现，他立即给那位当事人打电话，可那个当事人说自己已经回家了，让他一定收下，当时法庭没有冰箱，为了防止猪脚变坏，他就把猪脚拿到街上的一个饭馆卖了，等开庭的时候把这笔钱给了当事人，并严厉的批评了他的行为，这位当事人难为情的说，没想到廖法官这么清廉，我相信我的案子肯定会得到公正的判决。

自参加法院工作 18 年以来，廖子怀拒吃请 1000 余人次，拒收礼物礼金 200 余次，拒贿金额累计 6 万余元。他不仅严格要求自己，而且也认真履行

"一岗双责"，他常对庭里的工作人员讲：其他方面出现错误可以改进，但廉政上出问题是绝对不能容忍的，要守得住清贫，耐得住寂寞。在他的严格要求下，下堡法庭从未出现过不廉洁的行为和事件。18 年来，廖子怀没办过一件错案，也没有接受过当事人的一次吃请和礼金，许多到法庭打官司的人都说："案件到了廖法官手里，我们心里就踏实了。"

05 《万州的腾飞　博云的超越》

——六载精耕城市，问鼎建筑界巅峰

我们习惯于把建筑称作凝固的音乐，永恒的艺术，时代的坐标，社会变迁的编年史。

我们致力于大建设领域，赋予建筑以生命，蕴含人文之精神，传承城市之文脉。

我们执着于艺术家的追求，承载梦想，演绎经典，构筑城市生活的美好未来。

我们秉承"安全生产、质量为重、诚信经营、锐意进取"的企业精神，以执著和专注为重庆第二大城市开创了一个属于自己的建筑时代。

用建筑诠释经典，用梦想创就未来。随着重庆第二大城市的迅猛崛起，以"快马再加鞭，再干 100 天"神速建成的金陵路立交桥，缔造了万州建筑界神话；随着万州居住环境巨变，添建区级城市公园——新兴公园；随着万州四通八达的交通建成，派出精兵强将和先进设备铺筑滨江沥青路和沿线绿化工程……

博云建筑公司承建的工程，涵盖了商业办公、工业厂房、文化体育、学校医院、民用住宅、道路、桥梁等众多类型，在每一种建筑类型中，成绩斐然！

—— 大幕开启 ——
梦想潮涌，书写万州建筑界的新篇章

"勇者，从不满足现状；智者，尤擅拓展疆域。"2007 年的博云正是以"勇者、智者"的雄心壮志迈出了第一步。重庆市博云建筑工程有限公司创建

于2007年1月，公司注册资金5000万元，公司总部位于重庆万州，公司经济实力雄厚，是一家拥有建筑、建筑劳务、园林绿化、地产开发、金融典当、沥青道路维护、物业管理、星级酒店及高家庄酒业有限公司等大型综合型企业。

发展中，博云公司坚持以“想干事业有机会，能干事业有舞台，干成事业有前途”的用人理念广纳贤才，形成一支高素质的专业管理团队，公司现有各类职工400余名，其中高级工程师5名，各类职称的工程技术人员130名，并加强所有工程技术人员的培训工作，让他们人尽其才，物尽其用。制定一系列激励措施，让员工对企业产生归属感，全面调动员工的积极性，让他们扎扎实实，尽心尽责为经营工作发挥自己的潜能。并且利用外出学习和培训等机会，加强员工业务能力培养，全面提升员工的综合素质。

和谐博云，文化为魂。一直以来，博云公司不断加强企业文化建设，以文化力提升企业实力。一流超越的质量文化，无私奉献的社会责任，增强了博云人的凝聚力、向心力和归属感。

为了扩张经营，提升经营成果，博云公司在固守好本土市场的前提下，加大对外市场的经营力度，挖掘各种经营资源，提出了经营新思路：“将触角伸出去，将业务接回来”。在不承担经营风险而有利可图的情况下，改变过去固守陈归的旧思想，看准对象，大胆承接万州区域外的各种项目，为公司创利近千万元。

经营管理上，公司已建立了严密的质量保证体系和安全、材料、设备、财务等一整套系统完善的科学管理制度。公司在抓好工程质量、进度的同时，认真贯彻《安全生产法》和执行《工程质量安全管理试行办法》，不断加强安全生产、文明施工监督检查，确保质量，降低成本，提升效益。在施工过程中无一起较大质量事故和人身、机具事故发生。

—— 气势磅礴 ——

实力雄厚，以务实求进的精神强势崛起

身处第一阵营却并不为人所熟知，重庆博云建筑公司做的究竟是怎样的“赚钱生意”？它能在短短六年间迅猛发展成拥有亿元资产的大公司。

重庆市博云建筑工程有限公司以强大实力为依托，以高屋建瓴的姿态投身

平湖万州的建筑事业，展示了其独有的魄力和远见。它的成立，给万州建筑界带来盘古开天辟地般的革新。

“做行业整合的‘领头羊’，打铁还需自身硬。”总经理高传云说，“做企业，首先要考虑社会责任。你修的路，你造的房子，必须是质量过硬的，能保证使用者安全性的，不然，你企业做得再大，也是失败的；其次，从市场经济规律讲，必须以完善的管理，大量的成本投入，才能使企业从一开始就站在一个较高的起跑线，这是战略选择上的前瞻性。”

本着这种思路，公司注重技术的改进和设备的更新换代，近年来淘汰了一批旧有的生产机械，引进先进的生产设备，实现了生产的现代化。公司贯彻“安全生产、质量为重、诚信经营、锐意进取”的企业精神，坚持“以房屋建筑为基础，多元化发展”的经营理念，立足重庆，辐射周边。公司在已有成绩的基础上，不懈努力、开拓进取，为社会创造了一大批优质精品工程，在三峡库区建筑市场占有了一席之地，赢得了社会各界的一致好评。

2010 年 10 月，万州掀起重点项目建设“第二战役”，其中包括江南新区新兴公园的修建。新兴公园位于江南新区腹心地带，建设占地 105 亩，绿地面积 6 万平方米，道路广场等铺装约 1 万平方米，总投资 3000 余万元。博云公司接此重任后，秉承和谐自然修建理念，突出山地公园特色，自西向东以大 S 形曲线连贯一气，纵穿园区山坡地全境，布局若干圆形、半圆形、弯月形等开敞空间和次第有序排列空间系列，为万州市民修建一个集游览、休闲、健身、娱乐等多功能为一体的综合性城市滨水公园。

2011 年 1 月，万州加快第二大城市建设步伐，提出“快马再加鞭，大干 100 天”的口号，将金陵路立交路这一重大工程交给博云公司实施督建。

金陵路立交桥工程和渝万高速公路入城大道综合改造工程包括长江大桥北桥头交通优化工程和长青路综合改造工程。按照设计，长江大桥北桥头交通优化工程方案为沪蓉高谏公路入城方向改绕直行，长江大桥至沪蓉高速公路方向改为下穿通道。长青路综合改造工程起于万州长江大桥北桥头，止于渝宜高速公路万州收费站出口前，路段全长 5.9 公里，公路宽 24.5 米。

2 个多月以来，为高质量、高标准、高效率搞好工程，博云的建设者们与寒风、雨雪为伴，不分白天黑夜持续奋战抢工期，采取各种措施，加足马力，从人力、物力等方面加大投入，克服重重困难，圆满完成预定目标任务，为全区人民交了一份满意的答卷，缔造了建筑领域的奇迹。

—— 成就辉煌 ——

勤奋务实，注定取得不同凡响的成就

梅花香自苦寒来。

六年里，博云人经历无数风雨，最终取得累累硕果。

六年里，博云公司先后承接万州区金陵路立交桥工程、万州江南新区新兴公园景观工程、万州江南中学校园景观道路工程、北滨路沿线绿化工程、贵州朗月集团项目建设、贵州恒鼎集团项目建设、洪兴煤矿煤仓皮带走廊工程、弓角田煤矿办公楼项目工程、万州区盛泰飞骏厂房工程、万州盐气化工园区配套热岛中心一期工程供热部分锅炉施工工程、多晶硅项目二期场地平整工程、万州区化工大道与北环路改造工程、重庆三峡光电科技产业园一期标准厂房厂区公路沥青混凝土工程、江南新区核心区部分路段沥青砼路面铺筑工程、万州区城市道路综合改造工程、万州中小学塑胶运动场建设工程、万州体育场场内建设工程……等上百个工程项目，为公司创造产值近亿元。

六年里，博云公司先后获得“质量诚信共建单位”、“质量管理先进单位”、“先进企业”、“守合同重信用单位”、“社会贡献企业”、“重质量讲诚信企业”，“建筑企业统计考核评比中获得二等奖”等等殊荣。

六年里，公司先后具备房屋建筑工程施工总承包贰级、市政公用工程施工总承包贰级、体育场地设施工程专业承包贰级、土石方工程施工专业承包贰级、园林古建筑工程施工专业承包叁级、建筑装修装饰工程施工专业承包叁级、矿山工程施工专业承包叁级、钢结构工程施工专业承包叁级、环保工程施工专业承包叁级、城市及道路照明工程施工专业承包叁级、水利水电工程施工总承包叁级资质，并于 2009 年通过了 WSC 世标环境、质量、安全体系认证。

六年里，博云公司坚持多元化发展的经营理念，先后成立了博雁建筑劳务有限公司、博荣园林绿化有限公司、博云房地产开发有限公司、博鸿典当有限公司、捷凯物业管理有限公司、博云森林酒店有限公司、高家庄酒业有限公司等十余个全资子公司。

目前，公司正在向发展多元化、制度人性化、办公自动化、施工机械化、管理科学化迈进，积极建筑学习型企业，推进团队建设的步伐。积极做好市场调研和分析工作，积极开展市场开发工作，依靠科技进步和管理创新，紧跟发展趋势，增强公司的核心竞争力，努力扩大公司在建筑市场的份额，为重庆第二大城市的建筑做出更大的贡献。

—— 剑指未来 ——

六年磨剑，博云矢志打造建筑集团企业！

机遇的天性是易变且易逝。对于一个企业来说，机遇来临时如果不能珍惜机遇，抢抓机遇，用好机遇，一切都将变为空谈。博云公司就是在这种紧迫感下，紧抓机遇，真抓实干，善谋大事，会干大事和能干得成大事，取得了瞩目的成就。未来的博云，更将遵循这一发展规律，把机遇变成生产力，变成切实可行的大谋略。

博云公司，作为万州本土建筑企业的典型代表，在城市快速发展中把握发展契机，得以发展壮大，把建筑地域由万州扩张到忠县、开县、湖北、贵州等多个区域，并在发展中大举进入房地产领域，园林绿化业，星级酒店等行业，实现了由单一建筑劳务到地产开发的多元化发展转变。

博云公司的战略不是从今年才开始的，更不是心血来潮，博云从最初入行做建筑劳务时，就没打算只做建筑劳务，一直以来都是秉承多元化、多举措发展方针。博云人在今后的征途上，仍会铆足了劲向前冲，他们将奋勇争先，全力以赴发起“集团冲锋”，大气魄实施大建设。苦干、巧干、实干，敢干，将会继续创造一个又一个奇迹，最终赢得全面胜利。

“天翻地覆慨而慷”。博云公司迈着铿锵有力的步伐，在向集团化道路奔进的征途上，每一个项目都是大手笔、每一个工地都是超常规、每一个建设者都在抢进度，正可谓“山下旌旗在望，山头鼓角相闻，”博云人鏖战正酣。

在加快集团公司发展的征途上，400 多名博云人奋力争先，一路跨栏奔跑，因为，每个人的心中都有一个共识——发展慢了也是退步，超常规跨越式发展才是硬道理。

博采众长，云集群彦。博云人将以激昂的斗志，踏实奋进的工作态度，矢志打造企业，以矫健的步伐向集团企业迈进……

06 《便民诉讼在开州大地盛开鲜花》

2013 年 11 月 22 日，重庆市开县人民法院便民诉讼联席会在该县法院七楼会议室如期举行。该县政法委、县法院院领导以及各乡镇街道代表、便民诉讼联络员近 200 人参加了本次会议。

开县人民法院党组书记、院长陈忠结合该院便民诉讼工作实际情况，重点总结了其便利民众诉讼、化解社会矛盾、提升法律意识、破解司法难题等功能的重要性。

记者在联席会议上了解到：开县人民法院在深入开展人民法官为人民的主题教育实践活动中，为给提供更为便利快捷的司法服务，特别是在近年来，开县人民法院五步联动全力打造巡回审判便民诉讼平台，受到群众好评。仅在今年上半年，该院共巡回审判 35 次，上门立案 23 次，现场调解案件 30 起，普法宣传 25 次，征求意见 30 条。

制定巡回审判任务数，构建全员巡回审判格局。为加大全院巡回审判的力度和广度，今年年初，该院在全年绩效考核中为每位法官制定了巡回审判数量、巡回普法次数和奖罚方案，并由审管办每月对全院法官巡回审判的件数、次数进行通报，从而在全院构建了全员巡回审判、深入基层司法服务的格局。

设立巡回审判联络点，定期巡回司法服务。该院在辖区街道社区、偏远乡镇山村设置巡回审判联络点，由该街道社区、乡镇山村法官村委会主任作为巡回审判联络员，定期将巡回审判的时间、地点告知社区居民及山村村民，以便有矛盾纠纷或有法律疑问的群众在巡回法庭到来之日，能现场进行法律咨询，就地调解矛盾纠纷，调解不成，则就地立案，就地审理，最大限度的减轻群众诉累。

借助多方力量，加强巡回联调。针对不宜判决的邻里纠纷、家庭暴力案件、三养案件，该院巡回法庭主动邀请当事人德高望重的村委会成员、居委会主任、人民调解员、当事人亲友参与调解，借助其人缘地缘优势，合力做好当事人的沟通疏导工作，解开思想症结，借助多方力量共同化解矛盾纠纷，力促达到案结事了人和的三赢效果。

加大领导巡回审判力度，快速有效化解矛盾纠纷。对调解难度大且不宜判决的案件，主管院长主动参与巡回审判，借助其领导影响力和丰富的办案经验，做好双方当事人的思想疏导工作，寻找解决矛盾突破口，帮助当事人寻找双赢的利益平衡点，制定一套双方都能接受的协调和解方案，以便快速有效地解决矛盾纠纷。

做好巡回民情日记，架好普法沟通桥梁。巡回法庭所到之处，在做好以案普法的同时，积极与群众、当事人进行沟通交流，并主动征求其对法院的意见及建议，记好民情日记，架好与群众普法沟通桥梁，进一步提升群众对法院的满意度。

记者在采访中还了解到：从2010年以来，开县法院以“方便群众诉讼、减轻群众诉累”为目标，不断加强便民诉讼网络建设，形成“以人民法庭为中心、便民诉讼站为主干、便民联系点为支撑、便民联络员为纽带”的“庭、站、点、员”四位一体、覆盖乡镇农村的便民诉讼平台。到2012年，开县法院在全县范围共设立8个便民诉讼站、44个便民诉讼联系点，聘请138名便民诉讼联络员，建立了以人民法庭为中心、以便民诉讼站为主干、以便民诉讼联系点为支撑、以便民诉讼联络员为纽带的“四位一体”覆盖全县乡镇的便民诉讼网络。便民诉讼网络建成以来，法官到站、点上门收案300余件，巡回开庭236次，庭前调解纠纷400余件，委托便民诉讼联络员送达90余次，真正方便了群众诉讼。到2012年底，因便民诉讼网络工作出色，该院的6个人民法庭被市高法院授予“民生法庭达标单位”称号。

07　《明珠闪闪耀三峡》

——万州五桥移民新城建设巡礼

一位经济学家曾经说过，一座城市的夜生活就是这座城市经济建设与城市发展的晴雨表。

“现在夜晚的万州五桥移民新城，在七彩霓虹的照耀下，这座年轻得刚刚走过10个年头的移民城市显得那么摇曳多姿，那么风情万种，惹得处处游人如织”。长假中许多回到万州五桥的老乡都是这样说。

宁波路被称为五桥的“南滨路”。几十家夜市摊点迎街而立，天上飞的，地上爬的，水中游的，配之以烤、煎、煸、煮、炒、炸等十八般厨艺，佐之以麻、辣、甜、咸、鲜等味道，光是那空气中扑鼻而来的浓得化不开的香味，就可以让口水吞饱肚子。一道道独具风味的菜品，就是一个个神奇悠久的传说；一座座人声鼎沸的夜市，就是一个个让人回味悠长的“江湖”。

立交桥小游园是五桥人的“公共客厅”。迎着徐徐吹来的清爽晚风，兴致盎然地呷几口冰冰凉凉的泡冰，相识或不识的人坐在一起，足球、汽车、车臣、奥运……天南海北聊得津津乐道，国际国内吹得神乎其神。在树阴底下，在绿草丛中，1000 余人或端坐，或侧卧，或行走，孩子们的嬉笑声，小贩们的叫卖声和不知从何处飘出的萨克斯音乐交织在一起，小小的游园里迸溅出无穷的欢乐。

红绸飘舞，挥洒心中满腔喜悦；银剑翻飞，抒发胸间浩然正气。在行政中心广场，在百安广场，在学府广场，五六十名身着统一服装的中年男女兴致盎然地踏歌起舞，或演练腰鼓，或挥舞银剑，一抬脚，一扬臂，优美的舞姿恰似行云流水般让人回味无穷。

这就是五桥人那让人痴让人醉让人迷让人恋，即使百转千回仍痴迷不解的夜生活!

真不知是如春上枝头般迅速生长的五桥移民新城孕育了别样多姿的夜生活，还是那让人欲拔不能的夜生活丰富和滋润着年轻的移民新城!

人居环境清新幽雅

“漂亮的五桥移民新城，处处繁花似锦，绿草如茵，就像一座美丽的大花园，噪音小，空气质量好，为什么不搬到五桥来住呢?”在今年柳絮飘飞的早春二月，年近六旬的李元成说服一家老小，举家搬出主城区高笋塘，迁往百安坝五桥移民新城居住。开始，一家老小对李老这近乎糊涂的举动怨声载道，住了一段时间，看着五桥的城市愈发美丽，呼吸五桥的空气愈发清新，享受五桥的生活愈发滋润，家中人人盛赞李老的选择是明智之举。

据不完全统计，在二十世纪九十年代末，万州五桥移民新城建设之初，百安坝还是一块阡陌纵横稻花飘香的田野，常住人口不过五、六千人，现在，经过十来年的开发建设，新城的常住人口达到 20 万余人，随着城市功能的日益凸现和人气、商气的兴旺，每年以近两万人口的速度递增。

五桥快速增长的房价是人气、商气骤增的最好佐证。一段时间以内，被誉为上海南京路的上海大道，门面价格为每平方米 13000 元，住房价格为每平方米 1500 元，现在，门面价格高达每平方米 16000 元，住房价格也涨到每平方米 1800 元。

这一切，都源于百安坝这座生态移民新城所凸现的无穷魅力！

据原五桥党工委书记（现万州区委巡视员）汤志光介绍，在五桥移民新城的开发建设中，对口支援省市上海市将五桥当作自己的区县一样给予大力援助，城市规划全部由上海一流专家规划设计。五桥坚持“高标准规划，高水平运作，高起点实施”的原则，力求铸造生态移民新城的精品，使人与自然达到完美、和谐的统一。

万州五桥的每一幢建筑物都严格按照城市总体规划的统一标准精心设计，建筑格调高雅，整体协调优美；临街建筑高低错落有致，富有音韵感和立体美；标志性建筑气势恢宏，独具匠心和品位。为了保证通风采光，所有建筑物都按 1：1 的比例留出绿化和休闲地带，绿化成为五桥移民新城的生命色，绿化工作与工程建设同步规划，同步实施，同步评审。

万州五桥的街道更引人注目。“六纵六横”的交通网络遍布城市的每一个角落，新城中央的百安大道并行 8 辆卡车还绰绰有余，是目前万州唯一的机动车与非机动车分流的“三块板道路”，在整个重庆也属一流。每条街道，分别栽植一种绿化树，安装一种路灯，形成了“一街一树一灯一景”的独特景观，更令新城多姿多彩。

幢幢高楼大厦移来处处繁华，条条背街小巷喜迎崭新容貌。2004 年 11 月，五桥城市建设再出大手笔，28 幢临街建筑全部缀上各式灯饰，并建成交通中心标志性夜景灯饰工程，至此，五桥新城灯饰工程初具形象；12 月，五桥斥资 150 万元，在新城最繁华的上海大道铺设了 130 盏地埋灯，安装了 2 组人行树光灯。白玉兰路灯、满天星人行树光灯和七彩霓虹地埋灯，与城市建筑的灯饰工程一起相得益彰，相映成趣，将夜晚的移民新城装饰成一片灯火的海洋！

据介绍，五桥移民新城自建设开始，现已累计完成建设投资 40 亿元，建成区面积 7.5 平方公里，建成房屋面积 580 万平方米。

为彻底实现新城的绿化、美化、净化、亮化，五桥在大力打造临街建筑形象工程的同时，不遗余力注重背街小巷的治理。

2003 年 6 月，五桥投资 135 万元，打通并硬化整治了上海大道与纵四路之间的六条巷道。

2003 年 12 月，行政中心左侧的乱石堆被削平，取而代之的是一座精巧别致的小花园。在弯弯曲曲的小路上面，椰林缀绿，樱花飘香。

2003 年，建筑面积达 2800 平方米、集休闲娱乐为一体的百安广场竣工，从此，五桥城区结束了无大型广场的历史。

2004 年 4 月，五桥筹集资金在长江大桥引道口悬崖处设置巨幅图案，将原来影响城市形象的山崖装饰一新。

特别是 2004 年至今的发展，真是变化之大。千口岩观景长廊顺利竣工。1000 米长廊雕梁画栋，顺应悬崖而生，迎风而立，极目尽处，长江滚滚东流，彩虹飞架，千船竞发，气象万千。

瞭望五桥，高楼的生长与日月争速，城市的变迁与花朵媲美！这一切不能不让人由衷地生出一种感叹——五桥的太阳每天都是新的！

城市功能配套完善

如果一座城市空有一幅美丽的外壳，缺乏公共设施配套，那么这座城市的建设毫无疑问是一次重大的失败！

“评价一座城市，我们不能局限于优美的环境，更要看它是否能够保障供水、供气、供电，教育、医疗配套功能是否完善”。冯元福由云阳县迁往五桥是经过深思熟虑的。在听取居住在五桥的亲朋好友几次介绍后，他仍不放心，五次到五桥“踩点”。在高温伏旱期，他看到五桥照样供水、供气、供电后，毅然举家迁往五桥。

据介绍，万州区自来水公司第四分厂全力保障五桥城区用水。该公司从长江吸取水源，采取先进的液氯消毒方式。为增大五桥新城供水量，万州区自来水公司在长江铺设直径为 500 毫米的过江管道，该工程预计在国庆节前完工，届时，该公司日供水能力将接近 5 万方。

五桥拥有 110KV 变电站两座，主变容量 47500KVA，电力抢修队伍随机待命，一旦遇有故障，无论风霜雨雪，都会及时出动，在最短时间内排除障碍。

五桥城区使用的天燃气取自湖北建南，该工程投资 7000 多万元，日供气最多可达 30 万方。

五桥的环境质量很不错，大气质量达国家一级标准，更难得的是这里的噪声非常低，昼夜平均才 40 多分贝，比老城区低 10 个分贝左右。

五桥还拥有被国家体育专家誉为“中国第一馆”的五桥上海游泳馆。该馆总投资 680 万元，馆内有独特的方形可开启式屋顶、吸噪系统、进口循环消毒水处理系统、国内最先进的热水和暖气供给设备，可一年四季为市民提供水上休闲服务，承接国际国内短道游泳比赛以及开展全天候短道游泳项目训练。

另外，市级重点中学万州中学、国家级重点职中三峡职教中心、三峡医药专科学校已扎根五桥，综合大学三峡学院南迁五桥已成定局，城区形成了从幼儿园到高完中直至高等教育比较完备的教育体系，五桥正逐步成为万州的“学府区”。城区医疗卫生条件不断改善，万州区第五人民医院设备完善，就医条件优越，三峡中心医院百安分院正式开业。

10 年以前，五桥新城“人气欠缺”，一到夜晚，连最繁华的上海大道都只有稀稀寥寥的几个人影。没有人城市没有活力，商贸流通没有动力，经济发展缺乏助推力。

怎么办?

为此，五桥大力推进“以城聚人，以人兴业，以业兴城”的“人兴工程”，并出台文件明确规定：凡在五桥新城有固定住房、有可靠生活来源、有合法证件的外来户，在办理五桥户口、子女入学、招工、招干、参军等方面与五桥居民一视同仁，实行税收优惠，购买商品房的外来户甚至可以由开发商统一到公安部门办理户口，并确定纪委、监察、财政等部门督战，谁敢责难外来户或“雁过拔毛”，其财政拨款将被截留，部门负责人将被严肃处理。

“五桥不发展要被淘汰，发展速度慢了仍然会被淘汰。”为兴旺五桥人气，2000 年 9 月 29 日，五桥针对部分机关干部住在万州主城区不利于工作的实际情况，号召广大机关干部“热爱五桥，建设五桥，繁荣五桥”，大力倡导五桥机关干部住在五桥。为落实此项工作，五桥党工委、管委会联合发出“6 号文件”，对干部过江居住作出系列要求。

2003 年 5 月 29 日，时任万州区委书记马正其（现重庆市常务副市长）的亲切关怀下，总投资 3000 多万元建筑面积达 27000 余平米的万州汽车南站投入营运，五桥各乡镇的客车到该站始发。

伴随万州汽车南站投入营运的隆隆鼓声，历经坎坷的五桥城区商贸经济终于迎来了发展的春天！

疾风知劲草！五桥抢抓机遇，全力打造以宁波路为中心的万州南岸商品批发中心。按照1平方公里由1个综合市场为龙头，5个专业市场为骨干的框架，对市场进行科学规划，工商、税务等职能部门为市场招商提供上门服务和代理服务；运管部门根据市场招商及商家经营的需要，两次调整车辆营运路线和公交车始发站，该宁波路双行为单行，设置停车点，使交通围着商贸转。

到2003年6月中旬，五桥移民新城迅速形成了以南站为中心，以江南大市场、百安商业步行街、移民商贸中心为骨架的汽车南站商圈。万州区三大重点市场之一的江南大市场形成了副食、百货、五金、服装批发市场；恒通大市场建成了万州一流的农副产品批发市场；移民商贸中心与小天鹅联姻，打造成现代高档休闲式批发购物中心；移民商业苑、百安商城建成粮油、建材专用市场。来自武汉汉正街、成都荷花池市场、重庆朝天门市场、万州宏远市场、小天鹅批发市场在内的数百家批发商登陆百安坝，以一蓄待发的气势再现昔日万州胜利路、当铺巷批发市场的繁荣景象。

“无商不稳，无商不富。万州汽车南站的开业，不仅迅速兴旺了五桥人气，而且激活了五桥城区商贸经济，从根本上推动了五桥新城的发展。”在移民商贸中心从事副食批发生意的张兴富对此深有感触。据介绍，从交通中心开业开始，他的生意一直红红火火，聘请了6个帮手只管发货一天还忙得上气不接下气。以前，他每个月有一半的时间待在店里；现在，为了组织货源，他一个月只有几天时间待在家里。

据调查，随着南站的开通，五桥临街门面每平方一夜涨价1000余元、住房涨价200元，新城流动人口增加3万余人。

人气兴旺了，大家找不到事干怎么办？

原五桥管委会主任祁小川介绍，为破解产业空心难题，2003年，五桥巧妙使用680万元对口支援资金，筑巢引凤，借鸡下蛋，建设五桥上海工业园区，吸引索特恒坤、赛澳化工、奥力生物等17家企业吸纳投资资金3亿多元落户园区，解决移民就业上万人，创造了招商引资工作的“五桥神话”！

五桥移民新城就像一块风水宝地，吸引云阳、奉节、巫山、巫溪、开县等周边区县的各界人士纷纷到五桥安家、置业。

据统计，在2010年，五桥用电量为10600万千瓦时，电话用户为72000户，有线电视为75000户，天然气为10000户；截至今年8月，五桥用电量为16221万千瓦时。

立体交通四通八达

五桥机场，让五桥人长了志气！

大三峡群山巍峨，祖祖辈辈被大山锁住的生活在三峡库区腹心地带的五桥人，盼发展，盼机场，梦寐以求飞出峡谷，飞出大山，飞向全国。

平地一声春雷起！1997年11月，国务院、中央军委批准五桥机场立项。

1998年12月29日，这是一个历史性的时刻，这是数百万三峡儿女心潮激荡的日子！——万州五桥机场建设正式动工。

憨厚、朴实的58万五桥人民，将巨大的喜悦化作支援机场建设的无穷动力，50元、100元、1000元、10000元……万州人决心以背水一战的顽强意志，把五桥机场建设成为希望工程、民心工程和争气工程。

百年问梦，梦圆今朝。2003年5月29日，数万群众自发涌上毡帽山，在千百年久久的期待中，在对未来生活的美好憧憬中，在幸福降临的巨大冲动中，五桥人终于迎来了向往已久的神鹰。

到目前为止，五桥机场了开通北京、广州、南京、上海、深圳、西安、昆明、成都等10余条航线直达航线。

五桥机场缩短了党中央、国务院和三峡库区的距离。

2003年10月24日，国务院总理温家宝从五桥机场走来，到万州、到五桥关心库区移民生活。

……

一桥飞架南北，天堑变通途。1997年7月1日，万县长江大桥顺利通车，五桥人结束了过汽车轮渡那痛苦的日子。

2001年7月1日，香港雅高公司斥巨资开通五桥至百安坝的豪华空调大巴，市民只需花4元钱，就可以在百安坝至周家坝之间走个来回，还可以享受到舒爽的空调。

2003年5月29日，随着万州汽车南站投入营运，发往全国各地的省际长途大客车到南站载客，真正让五桥走向全国。

2004年11月，北连达万铁路建成通车；

2010年12月，南连万宜铁路建成通车。

五桥不仅拥有空中和陆地交通优势，还拥有便捷的水路交通优势、三峡工程蓄水后，五桥段长江水岸线长达83公里，深水港客运、货运码头紧邻城区，吞吐货物能力非凡。

风景名胜靓丽多姿

五桥山川秀丽、古迹较多，以温泉、溶洞、峡谷、湖泊、瀑布、幽潭、河流、森林、草场、石林和石塔、古镇、古生物化石、古文化遗址等丰富的旅游资源，构筑了三峡旅游“神、奇、险、峻、幽”的无穷韵味。

重庆市级风景名胜区——龙泉风景名胜区主要景点有温泉、峡谷、溶洞、石林和羊渠县遗址、明朝易经大师来知德演易遗址、生基坪汉墓群遗址、古盐井遗址、三合寺、红莲寺、仙峰寺等遗址。通过对景区进行了高理念策划、高规格建设，形成了以易经文化为灵魂、温泉旅游为特色的龙门峡温泉景区，主要旅游设施有宾馆、温泉浴池、餐厅、娱乐厅、茶楼、会议厅、网球场、虬溪湖、表演广场、儿童游园、荷花池、生态园、停车场等。温泉有露天浴、药物浴、木屋小间浴、别墅浴等方式，温泉洗浴日接待游客能力达1000多人。

重庆市级风景名胜区——潭獐峡景区峡长约20公里，宽30至80米，峡中多水潭，又有獐子出没，故称潭獐峡。峡内有7条支峡，24座山峰，48道小溪，两岸山岩在大自然的鬼斧神工之下，形成众多诗情画意，形态万千的自然景观。峡中野生动物种类繁多，有锦鸡、白鹊、獐子、鹿、五羊狸、水獭、刺猬、猴子等珍稀动物。入峡探险、旅游，可体验自然之幽绝奇全；时见野物出没，又可感受峡中之野趣盎然，实为融“惊、奇、乐、险”于一体的好去处。

重庆市级森林保护区——王二包自然保护区，海拔1200米，占地74969公顷，森林储积量31万平方米。现有维管束植物181科666属1242种，其中珍稀濒危保护植物32种，有兽类50种、鸟类93种、昆虫993科；有水杉、南方红豆杉为国家一级保护植物；豺、大灵猫、小灵猫、斑灵狐、红腹锦鸡、白冠长雉等国家二级保护动物，自然保护区内终年浓雾弥漫，林海苍茫，夏为无暑清凉的避暑胜地，冬为踏雪林海的赏雪佳境，是三峡库区科教和观赏珍稀动植物的绝好去处，也是难得的旅游胜境。

境内盐井龙洞是国家AA级景区，万州最大的地下洞府，古称“石龙洞”。

洞中泉水每日涨落，终年不断，俗称龙泉水。洞底见有少许阴河鱼，人们称之为盲鱼，出洞则变色死亡。全洞现已探明部分约 700 米，洞中共有十二滩，滩滩有景。洞中钟乳石千奇百怪，如鸟兽、虫鱼、鬼怪、琼楼玉宇……洞中大厅有一高约 30 米的莲花巨柱，人称“定海神针”，其高居亚洲第一，世界第二，又名“神州第一柱”。

移民新城、潭獐峡、温泉、盐井、鱼背山、红岩寺、七曜山等七大景区，已成为万州旅游以休闲、度假、探险、科考最具生机活力的旅游线。

莽莽群山，挡不住滚滚长江一泻千里之浩荡雄风；盛世中华，道不尽巴山渝水钟灵毓秀之风流俊才！当我们的目光穿越三峡库区的山山水水，五桥移民新城犹如一颗熠熠生辉的明珠，以其靓丽的丰姿和无穷的魅力吸引世人惊奇的眼光。这座刚刚走过 11 个年头的年轻的移民新城，在完成新城建设的首次创业之后，同时也全面完成外迁移民工作任务，如今，嘹亮的号角和党中央、国务院破解库区产业空心难题的巨大合力中，以扶持发展重专户为突破口不断调整库区农业产业结构，借助外力猛突招商引资发展工业经济，吸引人气兴旺城区商贸发展第三产业，谱写着库区人民昂首阔步奔小康的辉煌篇章！

第八集·小记者专辑

01　《榜样的力量》

3 月 7 日下午 2 时，重庆校园小记者一行刚刚结束在国家公安部的采访，马不停蹄地在老师的带领下，火速从南往北赶到亚运村北京会议中心采访全国人大代表。

17 时许，一位中年男子迈着矫健的步伐走出会场亲切地与带队老师握手，然后欣然的接受小记者们的现场采访，他就是全国人大代表——朱良玉。

朱良玉，山东人，25 年前身拽 300 元前往北京打工，是位地地道道的进京农民工，他通过努力拼搏，刻苦自学，从一位农民工成为一位法律研究生；从一位打工者成为北京市保安服务总公司海淀分公司总经理助理；从一名农民工成为京城“第一保安”——中国保安状元；从一名农民工成为全国劳动模范；从一名农民工成为十二届全国人大代表……

小记者在采访中，被朱良玉的一个个事迹故事所感染，大家争先恐后与朱良玉代表互动交流。朱良玉代表寄语所有小记者:“志存高远，梦想成真!”小记者纷纷表示:“回去后一定要发愤学习，以朱叔叔为榜样争做新时期‘五好’少年!”

采访结束后，朱良玉代表赠送小记者《璀璨良玉》书籍和“第十二届全国人民代表大会第四次会议纪念”信封，并亲切与小记者合影留念。

（2015 年 3 月 7 日于北京）

02　《探秘中少报之旅》

3 月 8 日上午，中国少年报社迎来了 5 位特殊的小朋友，他们是来自重庆进京参加两会采访的小记者。参观《中国少年报》编辑部，体验记者编辑的工作生活，并跟他们互动交流。

“欢迎小记者们到来，请跟着我一起探秘中少报啦!”5 位小记者手拉手第一次踏进了中少报的大厦，在大厦一层迎接的付静老师很快就和小记者们“打成一片”，开始讲解起中国少年报的办报历史。“你们看，因为这篇报道，我们改变了北京市的一项政策，这就是新闻的力量!”付静老师带着小记者们来到大厦六层里将中少报《快乐百科》王主编、常江主编和《中国儿童报》高娃主编分别介绍给小记者们认识后，让小记者们显得十分兴奋和紧张，“叔叔，叔叔，这里怎么这么多种报纸呀?”“阿姨，阿姨，这些报纸是怎么印出来的呀?”各式各样的问题，从小记者来到报社以后一直没停过，连珠炮似的问个不停。对于这些问题，中少报的记者编辑们早就有了对策。他们针对小记者的一连串发问作了耐心细致地讲解。赵一璠小记者说:“这次来到中国少年报，我们非常的兴奋和自豪，等回去后一定要和同学们分享这次经历!”

听完编辑叔叔阿姨讲解后，付静老师又带着小记者们来到了 4 层、3 层的青少年阅读体验大世界。“哇哦，好多的书呀！……”看着堆山如海的书籍。小记者们围在图书工作人员身边，拿着图书阅读起来，不时还会问上几句问题，真是不愧“小记者”这个称号呀!

这次的探秘活动持续了近一个小时，小记者们不仅了解了中国少年报的历史，更了解了从中的许多故事。一位小记者对身边的小伙伴儿说:“什么时候还能再来这里玩呀，我不想走!”

（2015 年 3 月 8 日于北京）

03 《小记者采访企业家和金牌律师》

北京会议中心是两会人大代表和政协委员共商国是的聚集地之一。3 月 9 日下午，5 名重庆校园小记者在带队老师的引领下，活蹦乱跳的来到北京会议中心金色大厅采访区将与全国政协委员、荣获全国五一劳动奖章、全国三八红旗手、中国青年五四奖章获得者、全国青联常委、全国妇代会执委、全国工商联执委、民建中央委员、中国青年群英会代表、中国烹饪协会副会长、中国烹饪协会火锅专委会副主席、行业社团专委会副主席、重庆市人大代表、重庆市工商联副主席、市总工会女职工委员会第四届常委、重庆市工商联（总商会）餐饮商会会长、重庆火锅天下宴产业投资集团董事长、大运河物流产业投资集团董事长、重庆土特产交易中心股份有限公司董事长、重庆市工商联（总商会）副会长、重庆陶然居集团董事长、著名的慈善企业家严琦女士和全国政协委员、重庆静升律师事务所主任、国家一级律师、首批“全国优秀律师”、第三届重庆市劳动模范，二００九年重庆青年五四奖章获得者、重庆市政协常委、中华海峡两岸企业交流协会副会长、重庆市律师协会常务理事兼金融证券保险业务委员会主任、中国国际商会重庆商会副会长、重庆市工商联（总商会）常委、重庆市民营企业家联合会副会长彭静女士进行对话两会热点。

“严总，您好！您是怎样成为一名企业家的？怎样才能做好一名有爱心的企业家呢？”“在重庆作为餐饮业的龙头企业，怎样保障顾客的食品安全？”“彭律师，您好！我们是重庆华渝实验学校的校园小记者，现在全社会都在关注校园安全及校园暴力等方面的问题，您作为一名金牌律师，谢谢您为我们小记者讲解一下这些，好吗？”小记者们的一个个问题都是两会聚焦的热点问题摆在两位政协委员面前，让她俩对小记者刮目相看！

严总首先与小老乡们拉开家常后，渐渐转入正题：我在企业中摸爬滚打二十年，在成功抱团发展成立“重庆餐投集团”基础上，再次由我牵头，重庆 36 位美女企业家组成了重庆火锅天下宴博物馆，这是中国首例清一色美女企业家、多行业跨界经营餐饮的抱团发展产业，我出任集团董事长。

公司完美融合重庆著名的美食、美景、美女三张靓丽名片，彰显重庆朝天门码头火锅特色文化，做大做强重庆餐饮火锅产业。

世界火锅看中国，中国火锅看重庆，重庆火锅看天下宴博物馆。目前中国首个以巴渝形象火锅文化为底蕴，以国粹川剧变脸、吐火、古筝、火锅天下宴美食及博物馆为载体，集吃饭、参观、品鉴、体验为一体的火锅博物馆自去年 2 月 9 日落户重庆江北区北滨路；抱团 49 位美女企业家共同打造的长寿火锅天下宴博物馆也相继于去年 9 月 25 日正式亮相长寿中央公园旁。两店自开业以来天天爆满，已真正成为能吃饭的博物馆，重庆人民会客厅。

严总还说：爱心人人都有，但是献爱心不是每一个人都能做到。我们从 2003 年开始，陶然居每年向重庆市妇联捐资 20 万元兴建一所“陶然居光彩春蕾学校（幼儿园）”，2015 年已在綦江区城东幼儿园签约捐赠 20 万元修建“陶然居綦江城东光彩春蕾幼儿园。8 月在市委统战部举办的非公经济领域“落实精准扶贫·助力九百学子”捐赠活动中，陶然居集团出资 12 万，资助了 20 名大学生。

2014 年 2 月陶然居集团与四川省简阳市壮溪乡初级中学签订的“陶然居奖（助）学金”资助协议，由陶然居集团从 2014 年起到 2017 年共三年每年提供五万余元，奖励、资助该中学品学兼优、家庭困难的在校学生，扶持他们顺利完成学业。

关于顾客的食品安全是怎样做的呢？严总在下面是这样回答小记者们的：

我们为认真贯彻落实新《食品安全法》实施，充分发挥重庆市工商联（总商会）餐饮商会以及会长单位带头示范引领作用，进一步规范企业有关食品安全方面的操作标准，进一步提高食品行业从业人员职业素养，做老百姓放心食品和厨房，我不仅自己认真学习了新《食品安全法》，还于去年 8 月 11 日和 8 月 20 日先后在陶然半山森林酒店举办了由中国烹饪协会主办、市工商联（总商会）餐饮商会承办的“全国餐饮业新食品安全法宣贯活动（重庆站）”和陶然居集团、重庆火锅天下宴博物馆供货商贯彻学习新《食品安全法》宣贯会，并就在餐饮行业如何进一步贯彻执行好新《食品安全法》，当时也接受了大批记者的采访。

餐饮企业作为整个产业链的服务终端，我希望各会员及供货商认真学习，深刻领会，将“民以食为天，食以安为先”的经营理念时刻铭记于心，食品安全警钟长鸣，坚守诚信经营的道德底线，不折不扣地执行《食品安全法》的各项规定，认真履行企业社会责任和依法经营的各项义务，做好食品安全守门员、争做守法诚信的践行者，为广大消费者提供生态绿色、健康安全、营养均衡的食品。

小记者们听完严总的回答后，紧接着彭静律师解答：学校安全工作是一条底线。据她调研近年来治理成效显著，但挑战依然严峻。学校安全工作是系统工程，需要综合治理。需要学校在安全管理和安全教育方面进一步落实责任，加强校园人防技防，与公安等部门密切配合，形成合力，家长也要加强监护，最终形成全社会共同关心校园安全的良好局面。

校园暴力屡屡发生，对此彭律师谈到，预防校园暴力是确保未成年人健康成长的需要，国家许多职能部委都很重视，特别是教育部高度重视。相信我们国家将进一步加强法治教育和心理健康教育。对出现的校园暴力事件，要依法依规及时进行处理。要加强学校管理，切实落实学校责任。还要加强对家庭教育的指导，推动完善法律法规，加大惩戒的力度。

彭静律师还讲到:“法律是需要创造的。”——经济永远超前，而法律永远滞后。从这个意义上来说，社会经济生活的若干案例将不断为法律的完善提供新鲜的内容。在法律不完善的情况下，律师工作可以为法律不断完善提供新鲜内容。

“律师是用法律做手段替别人解决问题的人。”——帮助需要用法律来维护自己权益的人解决问题，问题解决了，别人快乐，自己也快乐。

“律师是个时尚的行业。”——除了在法律服务上彰显其特征，律师身上应有她独具魅力的时尚烙印，她要引导前沿的法治观念和创新的法律服务方式。每个律师都应努力成为中国法制进程的形象大使。

“感觉与智者对话是如此的充实，与智者的交流是如此的愉悦，但美好的时光总是短暂的，委员们和蔼的态度，耐心的解答，严谨的作风给我们留下了深刻的印象，她们向我们寄予了厚望，说我们是记者的新生命，记者的未来。在她们的鼓励和影响下，我们定会更加努力，为实现自己的梦想奋勇前行。”采访结束后，小记者们发表如此感慨！

（2015 年 3 月 9 日于北京）

04　《阅读点亮心灵，好书伴我成长》

——重庆校园小记者开展读书比赛活动

在世界读书日来临之际，为了激发小记者的阅读和写作兴趣，感受分享的快乐，提高小记者的语言表达，逻辑思维能力，训练小记者的公众感和自信心。4 月 20 日，中国小记者学院重庆分院与华渝实验学校联合举办了重庆校园小记者“阅读点亮心灵，好书伴我成长”的读书比赛活动。

来自华渝实验学校的 28 名校园小记者分别采用演讲、朗诵、讲故事等形式将自己喜欢的图书书名、主要内容精彩展示给广大观众！

小记者们的激情演讲、积极表现、流畅表达、风趣表演、良好台风，赢得了现场评委们的一致肯定！

通过紧张激烈地角逐，李心怡、周泽铵、李昕芮，高梓瀚，张晨曦，伍芯雨，李妍童，周成禹，易梦媛 9 名小记者，最终荣获了本次阅读比赛活动“快乐小书童”称号！

小记者郑涵怡在比赛活动结束后，告诉评委：“尽管这次我没有被评上‘快乐小书童’，但我此时心情还特别激动！我以后还会坚持多参加此类活动，加强语言表达技巧训练，提高我的公众感和自信心，相信下次‘快乐小书童’一定有我！”

本次阅读比赛活动也获得了家长们的高度肯定。“这种活动非常有益，不仅让孩子感受到读书的乐趣，还对孩子的语言素养，艺术素养，综合素养的提高有很大帮助，非常好！”

（2016 年 4 月 20 日采写于重庆）

05 《重庆校园小记者法治教育万州行》

为贯彻落实“十八大”四中、五中、六中全会和 2016 年 6 月教育部、司法部、全国普法办联合印发《青少年法治教育大纲》精神及响应习近平总书记的“从小培育和践行社会主义核心价值观和法治教育从小抓起”的伟大号召。在“国家宪法日”来临之际，由全国青少年普法教育活动办公室指导，重庆市戒毒管理局、重庆市教育矫正局、万州区人民法院、中国小记者学院重庆分院、重庆校园小记者协会联合在万州戒毒所和万州区人民法院分别开展 2016 重庆小记者《从小远离毒品》和《法治教育从小抓起》的法治宣传教育系列活动。

从小远离毒品

12 月 1 日，中国小记者学院重庆分院、重庆校园小记者协会组织近 40 名优秀小记者代表前往重庆市万州戒毒所开展《从小远离毒品》的法制教育活动。在活动中，万州戒毒所组织 8 名强戒人员通过《毒品毁灭梦想　健康成就未来》现身说法，说明毒品的危害性，呼吁小记者加强洁身自爱，以他们为诫，从小远离毒品，从小遵纪守法，争做祖国好少年。

小记者们通过在戒毒所的参观采访及强戒人员们现身说法活动结束后，纷纷表示：今天在戒毒所的活动，使我们深刻认识到“毒品就是毒魔，必须远离毒品”。

“通过今天的采访活动，让我深深懂得‘珍爱生命，远离毒品’的重要性”。小记者徐晨森如是说。

法治教育从小抓起

12 月 2 日上午，由中国小记者学院重庆分院、重庆校园小记者协会组织近 200 名小记者采访团，走进了重庆市万州区人民法院，实地采访法院工作、亲身感受司法公开、现场接受国家宪法的法治宣传教育。

200 名小记者旁听庭审在法院的第十四审判庭，由刑庭主审的一起青年人案，随着清脆的法槌敲响如期举行。庄严肃穆的法庭，公正清明的法官，义正辞严的公诉人，有条不紊的庭审，让小记者们既紧张又兴奋。来之前小记者们强记硬背的法律条款，瞬间由文字版变为现实，让大家明显感觉书到用时方恨少。公诉人在发表公诉意见时，对被告人的引导教育，又让小记者们交头接耳的认为:“说的好。”在被告人最后陈述环节，当被告人自己反思走上犯罪道路是由于学习不努力、生活好逸恶劳时，小记者们也不由自主的陷入了沉思。紧张的庭审过后，案件择日宣判。给小记者们留下悬念，让小记者带着法律问题回家好好思考，认真学习。

小记者做庭审笔记，小记者大胆提问庭审后的交流讨论阶段，小记者们一下子就表现出了初生牛犊不怕虎的天性，提问咄咄逼人。“请问审判长，被告人多次持刀强行消费，罪行严重，公诉人建议法院对四被告可分别判处二年以下有期徒刑，为什么今天不当庭宣判呢?”一个小男孩一脸严肃的问。“这个男同学很有公平公正正义感，但是法律最重要的是客观公正，不能掺杂个人的喜怒哀乐。对被告人定罪量刑，既要罪刑相适应，又要宽严相济。判刑不是目的，治病救人才是刑法适用的根本目的。而且须经合议庭根据案件合议后才能作出判决”审判长和蔼可亲的答道。“公诉人姐姐，这么多证据，这么复杂的关系，怎么才能把它理清楚了?”小记者们争先恐后的举手提问，讨论交流的现场气氛热烈，仿佛正在举行“国务院的记者见面会”。少审庭畦庭长借机当场给 200 名小记者宣讲了国家《宪法》知识。

小记者们在讨论结束后，还参观了法院的立案大厅、安检大厅和文化长廊等场所。

小记者查看诉讼信息、小记者参观立案大厅、小记者参观文化长廊活动结束后，中国小记者学院重庆分院刘晓琴院长表示："此次，小记者走进法院采访活动非常成功。小学生们走进法庭，身临其境上了一堂生动的法律课，对引导他们从小树立遵纪守法意识，树立正确的人生观、价值观打下坚实基础。"

最后，万州区人民法院常务副院长刘道平代表四家主办单位，向表现突出的 33 名小记者颁发了"优秀小记者"荣誉证书。

（2016 年 12 月 3 日采写于重庆万州）

06 《重阳节，重庆校园小记者在行动！》

为了发扬中华民族"尊老·敬老·爱老·助老"的优良传统，在重阳节来临之际，重庆校园小记者协会组织了 100 多名校园小记者，先后前往江北仁爱养老中心、德仁护理院、石马河养老院开展了以"献爱心"为主题的系列采访实践活动。

重庆校园小记者协会秘书长刘晓琴和高老师代表单位给每位老人赠送围巾，希望老人们每一天都健健康康、平平安安、快快乐乐！

在活动中，校园小记者给老人赠送自己亲手制作的小礼物，有花、卡片、折纸等；有些小记者用零花钱给老人买了新的毛线保暖鞋，校园小记者为老人服务，给老人按摩；有些小记者陪老人聊天，给老人讲故事；小记者在养老中心做清洁，有的扫地，有的拖地，有的擦门窗……

同时，校园小记者为老人们表演节目，小记者们伴着欢快的音乐，为老人们演说小记者歌谣，唱小记者歌曲，齐诵小记者口号："愿爷爷奶奶笑口常开……""祝爷爷奶奶身体健康"。

校园小记者在采访活动中，负责人和工作人员，拍照、摄影、记录，仔细分工，有模有样，让老人们十分佩服。

"张张笑脸，此刻还浮现在脑海！句句暖言，此时仍回荡在耳边""小记者们真好，老师真好，把孩子们教得这么好……""老师、孩子们实实在在为我们老人做事，真心爱戴老人，我们真的很感动、很温暖……"老人们伸出大拇指激动地说。

活动结束后，小记者们个个喜笑颜开，纷纷表示:“奉献爱心是最大的快乐!”

“在这次活动中，大家欢歌笑语、嘘寒问暖，不是一家人，胜似一家人!一颗颗爱人的心，一颗颗热情的心，一颗颗奉献的心，换回的是无比的快乐和幸福!这就是本次活动的目的，达到了!”重庆校园小记者负责人刘晓琴在接受记者采访时说。

（2017年10月27日采写于重庆）

07　《小记者示范学校授牌仪式在钢城实验学校隆重举行》

秋分之日，秋高气爽；金秋时节，丹桂飘香。9月22日中国小记者学院“重庆市校园小记者示范学校”授牌仪式在重庆市钢城实验学校隆重举行。

授牌仪式上，来自全国中小学媒介素养教育研究院李在万院长作了激情高昂的发言，他阐述了在信息时代里，学习媒介素养知识的重要性。随后中国小记者学院重庆分院刘晓琴院长宣读“重庆市校园小记者示范学校”成立文件。

重庆市钢城实验学校刘德智校长在接到“校园小记者示范学校”匾牌后，作了声情并茂演讲：有人说记者的使命是历史忠实的记录者，是人文思想的弘扬者。在大力提倡素质教育的今天，面对“以学生发展为本，为学生终生可持续发展服务”的问题，我们学校就以“培养小记者”为切入口，以提高我们学生的实践能力和综合素质。小记者示范学校的成立，丰富了第二课堂生活，也为小记者们提供一个充分展示才华的舞台。是表达心声、实现愿望的一个窗口、一个平台。我相信，通过采访和参加社会活动，我们钢城实验学校的小记者们能够真切地接触社会、熟悉社会、欣赏社会这道风景，学到许多课堂上学不到的知识，收获书本上学不到的知识，不断地提高和充实自己。也透过这扇窗口，让社会各界更深入地了解钢城实验学校。

小记者代表在发言中讲到：9月22日，是我最难忘的一天——因为从这天起，我就是一个名副其实的小记者学员啦!中国小记者学院和学校为我们小记者搭建了一个增长自己才干的平台，我知道参加小记者是一个极其难得的锻炼机会，不仅可以提高写作水平，也可以参加活动、增长见识，体验当小记者的艰辛与乐趣。我一定要多参加活动，多写稿，多发现身边新闻，成为一名称职勇敢、富有正义感的小记者。

在小记者代表引领下，全体小记者进行了庄严宣誓：“我自愿加入中国小记者学院校园小记者队伍。热爱共产党，热爱祖国，热爱人民，认真学习媒介知识，接受媒介素养教育，积极参加社会实践活动，严于律己，实事求是，做新时期建设祖国的栋梁材。”

最后，中国小记者学院重庆分院的老师给小记者们上了一堂精彩的播音主持课。

08 《高举媒介素养教育大旗 让孩子们健康茁壮成长！》

光阴荏苒，20 年一晃即过，从事小记者培训一路跋涉，一路高歌，走过了不平凡的二十年。

回首满园桃李，鲜亮枝头，作为小记者学院人喜不自胜，欣然一分骄傲与自豪之情沁透心脾。

经过二十年的探索前进，2019 年 3 月 28 日，这是新时代一个万木吐绿，生机盎然的春天，由北京青少年精彩文化艺术发展中心和中央电视台与北大博雅联合组建了新中国第一个少年儿童媒介素养教育的学校——中国小记者学院诞生了！北京大学是我国名牌大学，中央电视台当居全国少年儿童新闻媒介之首，此奉为强强联合，肩负起全国少年儿童媒介素养教育之大任。

何为“媒介素养”？媒介素养指正确判断并有效利用信息之能力。这种能力，在美、日、欧洲等一些发达国家以及我国的台湾、香港、澳门地区，强调为现代人才必备的一种能力。今天我们生活在一个信息无处不在的社会，有多少人，尤其是人生观、世界观、价值观尚未形成的孩子们，在暴力、色情等种种不良信息的诱惑中迷失了人生的方向，误入歧途，甚至走上了犯罪的道路。媒介素养教育势在必行！

二十年来，小记者学院凝聚社会各界之力，志存高远，不畏困苦，呕心沥血，励精图治，在一届届院领导的带领下，把颗颗大爱之心化为融融暖阳、涓涓细流，淋浴着每一位小记者学员的心田。他们赢得各级领导和专家的好评，赢得了家长和小记者学员的信赖。今年，我们收到一名小记者学员的新年贺卡，上面写着这样几行字：“我只想得到一枚绿叶，中国小记者学院却给了我一片绿荫；我只想得到一点火星儿，中国小记者学院却给了我整个的光明……”是的，中国小记者学院不但教会孩子们如何辨识不良信息和合理使用信息，还结合丰富多彩的新闻实践，开阔孩子们的视野，让孩子们学到了许多学校里学不到的知识，孩子们的综合素质有了显著地提高。中国小记者学院走出来的孩子们，成为人们眼中一道亮丽的风景线。他们落落大方地采访老师、校长、明星、大师和政要，与之面对面地交流对话，一些重大新闻活动包括在人民大会堂召开的党和国家的重要会议也有他们采访的身影。党的十八大会议上和 2014 年全国两会上，先后就有来自小记者学院十几名优秀的小记者参加了大会采访，受到了党和领导人亲切接见。他们走进贫困地区，与那里的小朋友手拉手，共筑希望之程；他们飞赴美国、日本、韩国、欧洲、东南亚，还有我国的台湾、香港、澳门等地区，向世界展示了小记者学院学生记者的风采；他们神采奕奕、挥洒自如地采编制作各类新闻节目，在各种媒体上刊登、播放、发表，引起了全社会的关注，让人们赞叹不已……

今天，即将出版的这套《飞翔》作品集，就是小记者学院同学们的综合素质和信息能力的展现。轻轻地翻开每一页，似乎都能听见孩子们长高、长大、拔节向上的声音，不算太沉的一本书，却让人们感到如此丰厚，同时，更似乎看到一树又一树红彤彤的累累硕果，车载不尽，船装不完，国民表率，社会栋梁从这里走出来……

梁启超先生说：“少年智则国智，少年富则国富，少年强则国强，少年独立则国独立，少年自由则国自由，少年进步则国进步，少年胜于欧洲则国胜于欧洲，少年雄于地球则国雄于地球。”这是每一位前人、长辈对下一代寄予的希望。党的十八大号召全国人民倡导培育和践行“富强、民主、文明、和谐；自由、平等、公正、法治；爱国、敬业、诚信、友善”的社会主义核心价值观。习总书记也明确提出“实现中华民族伟大复兴”为“中国梦”，“中国梦”是人民的梦。因此，让我们一起努力：把媒介素养教育大旗高高举起，让孩子们在这面烈烈飞扬大旗下花季香溢，健康茁壮成长！

09 中国小记者走进忠县警营社会实践活动

2010年暑假期间，忠县公安局邀请来了一批特殊的小客人——中国小记者学院重庆分院的25名小记者。忠县公安局党委高度重视此次警营开放活动，政治处精心组织，指挥中心、校保大队、刑侦大队、治安大队、法制大队、交巡警勤务一中队通力协作，让小记者们充分领略警营风采，树立从小学法、知法、守法、护法的志向，茁壮安全成长。

首先，忠县公安局在四楼会议室召开了警营开放座谈会，由该局政治处副主任骆桂权主持。座谈会由小记者们动听的《小记者之歌》拉开序幕，校保大队大队长江雄飞，详细分析了青少年违法犯罪的11种前期征兆，并要求小记者们从小养成九个好习惯，即不要贪、不要奢、不要骄、不要假、不要黄、不要赌、不要毒、不要惰和散、不要迷恋网络；刑侦大队教导员赵繁耐心讲解了一个经典校园案例，教育小记者们与同学间如有矛盾，要通过老师、家长等文明正当的方式来解决，并与小记者们展开互动。小记者踊跃提问，赵繁教导员一一耐心解答。

随后，指挥中心副主任王林带领小记者们深入指挥中心参观。一进指挥中心大厅，小记者们就“哇”声一片，好大、好气派啊。王林副主任给小记者们介绍道，这就是忠县公安局报警服务台，它主要有三大职能，一是收集报送信息，二是负责重大案件、事件的指挥，三是接受群众的报警。我们平均每天接警300多个，可以说，110是一条生命线，希望小记者积极向自己父母、亲戚、同学宣传需要帮助请拨110，无事请勿乱拨、误拨110，共同保障生命线的畅通。

治安大队一中队副中队长刘林引领小记者们参观了地下靶场和警用装备武器。看到真正的手枪，小记者们兴奋得跳了起来。刘林副中队长耐心讲解武器使用注意事项，介绍武器的构成，还让部分小记者触摸了一下手枪。

最后，交巡警勤务一中队教导员张皓带领小记者们参观了交巡警中博平台。小记者们在平台前整齐列队，向警察叔叔们问好。张皓教导员一一介绍交巡警平台的设施、设备，详细介绍单警装备，演示警棍、手铐的使用方法，教育小朋友们一定要遵守“红灯停，绿灯行”等交通规则，并贴心的为每一个小记者分发矿泉水。

“此次警营之行，让我们开了眼界，长了知识，一定会受益一辈子”；“我们一定把学到的知识带回学校、带回家，去影响身边的人文明出行，知法守法!’”小记者们怀着依依不舍的心情，纷纷与警察叔叔合影留念。

10　小记者采访重庆两会剪影

小记者刘影，周心甜，秦怡然在2013重庆两会现场

小记者秦怡然在重庆两会现场

小记者刘影，周心甜，秦怡然采访重庆市教委主任周旭叔叔

小记者刘影，周心甜，秦怡然在两会现场和大记者交流

小记者刘影，周心甜，秦怡然采访重庆巫山县人大代表

小记者刘影，周心甜，秦怡然采访彭水县人大代表

小记者刘影，周心甜，秦怡然在两会现场和大记者交流

小记者刘影，周心甜，秦怡然采访两会人大代表

小记者刘影采访时任重庆市人大代表、中共重庆市委常委、
秘书长吴政隆后合影

小记者刘影，周心甜，秦怡然采访时任重庆市黄奇帆市长后合影

小记者刘影采访前重庆市市长、时任全国人大环资委
副主任委员王鸿举爷爷后合影

小记者刘影，周心甜，秦怡然在重庆两会现场

小记者秦怡然采访两会人大代表

小记者刘影，周心甜，秦怡然在重庆市教委进行采访

小记者刘影，周心甜，秦怡然在重庆市教委进行采访

小记者刘影，周心甜，秦怡然在重庆市教委进行采访

小记者刘影，周心甜，秦怡然在重庆市教委进行采访

11 仰望五星红旗　描绘祖国蓝图

——驻外使节任职宣誓仪式暨外交部“祖国在我心中”主题公众开放日活动侧记

驻外使节任职宣誓仪式暨外交部“祖国在我心中”主题公众开放日活动现场

2010年7月17日，位于北京朝阳门南大街的外交部大楼内热闹非凡，人气超旺。近200位应邀参加驻外使节任职宣誓仪式暨外交部“祖国在我心中”主题公众开放日活动的少年朋友纷至沓来。他们是来自中国小记者学院山东潍坊、黑龙江大庆、四川、重庆、湖北武汉、河北唐山和黄骅等地分院小记者，来自北京市朝阳区实验小学的学生代表，此外还有10位特别的小客人——来自青海玉树地震灾区的藏族学生代表。

酷暑的天气挡不住小公众们近距离感知外交工作的热情，他们早早地就来到了活动现场，在老师的带领下，身着整齐的夏令营文化衫，胸前佩戴外交部为此次活动特意准备的印有五星红旗图案的心形徽章，井然有序地列队走进外交部，鲜艳夺目的红领巾随风飘扬，清澈明亮的眼睛里充满了好奇和期待……

这是外交部自2003年以来举行的第19次公众开放日活动，迄今已接待了

5000 多名各界公众。自 2006 年 11 月以来，驻外使节任职宣誓仪式已举办了 8 次，这是第 3 次对公众开放。

博闻笃行寄心语　奇葩英才出少年

新闻发布厅是外交部发言人与中外媒体记者“过招”的场所，发言人每周二和周四下午在这里举行例行记者会，向海内外公众宣介中国的外交政策。

孩子们一进入发布厅就兴奋不已，有的轻轻触摸发布厅的摆设，有的拿出相机“嚓嚓”拍个不停，有的和着欢快的童谣轻轻哼唱，还有的围在工作人员身旁交谈……

下午 2 时半，戴着红领巾的外交部发言人马朝旭、秦刚、姜瑜集体“亮相”发布厅。三位发言人同时站在发布台上，这在外交部历史上还是第一次。他们热情欢迎大家的到来，“看到活泼可爱的孩子们就仿佛回到了难忘的童年时代，再次戴上红领巾心情格外激动!”他们还寄语少年朋友，“希望同学们胸怀祖国，放眼世界，努力学习，健康成长，奋发图强，长大后为国家的发展和民族的复兴贡献力量!”

在接下来的“模拟记者会”环节，小记者们抓住这一难得机会，争先恐后地向马朝旭发问，提问水平丝毫不逊色于专业记者。

“今天中国的声音在世界上越来越受到重视，请问在外交工作中是如何体现的?”一个来自北京的同学抢到了第一个问题。

“这个问题很有战略性。今天中国的国际地位和影响力日益上升，在国际舞台上发挥着重要和积极的作用，作为外交工作者我们有着深切感受。同时，我们也清醒地认识到，中国仍然是一个发展中国家，我们要共同努力把祖国建设好、发展好，使我们的祖国以更加昂扬的姿态屹立于世界民族之林。你们有没有信心?”马朝旭的回答激发了小朋友们的爱国热情，大家异口同声地喊道“有信心!”

“请问发言人，您认为青少年能为世界和平做出什么贡献?”来自大庆分院的姚天元小朋友问道。

“中国的青少年关心时事，关心中国与世界的关系，我感到非常高兴。我们的外交工作后继有人，将来的驻外大使可能从你们中间产生。世界的未来和希望就在你们手中。希望大家努力学习本领，增长才干，成为传递友谊的使者。”马朝旭的精彩回答得到了全场的热烈回应。

时任外交部新闻司司长（新闻发言人）马朝旭

"青海玉树地震发生后得到了哪些国家的援助?""请问能否通过您的努力使台湾早日回归祖国，让台湾的小朋友也有机会参加开放日活动?""外交官是如何克服工作和生活中的困难和挑战的?"……小记者们又问了一连串的问题，发言人机智、风趣、幽默的答问引起现场阵阵掌声，台下不时发出会心的笑声。

这真是一场别开生面的"记者会"，在不足200个座位的发布厅，有的小朋友索性站在后排和过道。他们专注聆听马朝旭的问答，或是拿起纸笔认真地记录着，或是举起相机快速地揿动快门，俨然一副职业"记者范儿"。

到了外交知识竞答环节，3位发言人在台下担任"考官"，向6位自告奋勇站在发布台上的小选手提问。

"去年年底联合国举行了一个气候变化大会，你知道会议的举办地在哪儿?对这次会议有什么印象?"马朝旭问道。

"是在丹麦首都哥本哈根举行的。我觉得这次会议取得了显著成果，特别是中国发挥了重要作用，中国的外交官都很优秀，在会上表现出色。"一个来自北京的小朋友玩起了"外交辞令"。

"我是××；中国大人报××；记者，请问在刚刚结束的南非世界足球杯上，你最支持哪个球队？”秦刚露出招牌式的笑容风趣地问道。

中国小记者邹俊宏接受中央电视台记者现场采访

“德国队！如果中国队能进入世界杯，我当然会最支持中国队！”一位男同学的回答引起现场笑声一片。

“请说出中国的三个邻国。”优雅的女发言人姜瑜问道。

“有领土面积最大的俄罗斯、社会主义国家朝鲜、能歌善舞的印度。”一个熟悉地理的小女孩自信地答道。

“中国第一任外交部长是谁？”“北京奥运会的举办时间？”“联合国常任理事国是哪几个国家？”……连珠炮的问题并没有难倒小朋友，他们兴致盎然，对答如流，现场充满欢声笑语。每一位回答正确的小朋友都获得了一份精美的小礼品。

发布厅的活动结束后，重庆校园小记者带队的李在万老师说，“模拟记者会使小记者们近距离地感受了发言人的风采，与发言人的正面交锋；更是充满乐趣，给孩子们提供了一次练兵的机会。三位发言人缜密的思维、优雅的谈吐、机智的答问给同学们留下了深刻的印象。”一位来自武汉的小记者说，“通过参加今天的活动，更加坚定了我的梦想，长大了要做一名职业记者，用手中的笔记录外交的点点滴滴。”

小记者“舌战”外交部新闻发言人马朝旭、秦刚、姜瑜后合影

使节万里展雄心　祖国永在我心中

寓意着和平和友谊的橄榄厅，今天装点得格外庄重肃穆，也由于有了中国小记者的到来而充满活力。

中央电视台少儿节目主持人月亮姐姐与中国小记者在一起

中央电视台少儿频道主持人月亮姐姐特地应邀来担任主持人，小记者们一眼就认出了她，现场气氛一下子活跃起来。“我仰望五星红旗，她在万里晴空，飘呀飘呀，旗帜上有一颗最大最亮的星，她就是天上的太阳，太阳照耀着未来，让我张开红色的翅膀，迎着阳光飞呀飞，飞向明天，飞向理想……”大厅里飘出天籁般的歌声，来自北京市朝阳区实验小学合唱队的小朋友们带来的合唱《我仰望五星红旗》拉开了驻外使节任职宣誓仪式的序曲。

伴随着这悠扬动听的旋律，下午 3 时 30 分，外交部部长杨洁篪、副部长张志军和李金章、纪委书记宋涛等部领导来到仪式现场，他们向新任使节、公众以及来自中组部、全国人大、人力资源和社会保障部、文化部和中国儿童慈善基金会等单位的代表致以亲切问候。

12 位新任驻外使节任职宣誓仪式现场

李金章副部长宣布，驻外使节任职宣誓仪式正式开始。12 位新任使节迈着矫健的步伐，依次列队走入大厅中央。伴随着高亢激越的《义勇军进行曲》，大家饱含深情地高唱国歌，“起来，不愿做奴隶的人们……”激情澎湃的歌声响彻全场。之后，杨部长宣布了全国人大常委会对驻捷克大使于庆泰等 12 位使节的任命决定。

4 名英姿挺拔的武警战士气宇轩昂地护送国旗入场

4名英姿挺拔的武警战士迈着铿锵有力的步伐，气宇轩昂地护送国旗入场。12位即将远离故土、履新赴任的大使，仰望鲜艳的五星红旗，神情自豪，目光坚定，右拳紧握，在杨部长的监誓下，在公众代表的共同见证下，接受任命，庄严宣誓："忠于党、忠于祖国、忠于人民，忠实履行国家赋予的神圣职责，坚决贯彻执行我国外交政策，捍卫国家主权和领土完整，维护国家利益和民族尊严，促进世界和平与发展，勤政廉明，克己奉公，鞠躬尽瘁，不辱使命。"

这铮铮誓言昂扬豪迈，掷地有声，在大厅中久久回荡……使节们像整装待发的战士，已经准备好为捍卫祖国和人民的利益出征。任职宣誓仪式如同出征前的"点兵场"，在国旗前立下的誓言就是向祖国立下的"军令状"，这是执节出使的宣言，也是对祖国和人民的郑重承诺，他们将怀着对祖国和人民的无限忠诚和热爱，铭记誓言，恪尽职守。

地毯两侧，使节的家属们深情地凝望着他们，眼神里充满着欣慰和期待。长期以来，他们默默地付出与奉献，军功章上也有他们的一半。观摩仪式的小公众们被这庄重的氛围和使节的豪迈誓言深深感染，这情景镌刻在每个人的心中，留下了难忘的瞬间……

领誓人、驻捷克大使于庆泰代表使节发表感言。他说，"在新的历史时期出任驻外使节，深感使命崇高、责任重大。我们将牢记誓言，继承和发扬新中国外交60年来的优良传统，敬业奉献，开拓进取，尽职尽责。始终将国家和人民的利益放在首位，坚决维护国家的主权、安全和发展利益，努力开创外交工作的新局面，不负重托，不辱使命，做让人民满意的共和国使节。"

杨部长深情寄语新任使节：今年是21世纪第二个十年的开局之年。回顾刚刚过去的头十年，中国走过了不平凡的发展历程，成功举办了北京奥运会，上海世博会正如火如荼地展开；中国战胜了冰冻、地震、旱涝等自然灾害，妥善应对国际金融危机，国民经济取得平衡较快增长。进入新世纪的中国，国泰民安，蓬勃发展，综合国力和国际地位都有了明显的提高，实现和平发展、伟大复兴的梦想正在逐渐走向现实。与此同时，中国与世界的关系也在发生着前所未有的变化，中国离不开世界，世界也需要中国。

杨部长希望新任使节提高政治意识，发扬优良传统，维护好国家的主权、安全和发展利益；增强服务意识，把做好对外工作与促进国内的发展稳定紧密结合起来，通过积极的公共外交让世界更客观、更深入地了解中国；加强统筹意识，积极贯彻落实《驻外外交人员法》的精神，紧紧围绕和配合对外中心任务，集中力量办外交；增强学习意识，不断提高理论修养、知识水平和工作能力。

杨部长动容地说，外交人员常年远离祖国和亲人，不得不割舍亲情，经受各种磨练和考验，荣誉的背后是鲜为人知的艰辛和奉献。12 位使节出使的国家不同，很多地方条件非常艰苦，自然环境恶劣，有疾病，有战乱，对人的身体和意志都是巨大的考验。杨部长对新任使节家属长年来全力支持他们工作、默默无闻当好“贤内助”表示崇高的敬意和衷心的感谢，希望大家今后一如既往地支持他们的工作，支持祖国的外交事业。

时任外交部杨洁篪部长深情寄语新任使节

杨部长对少年朋友来到外交部作客表示热烈欢迎，他意味深长地说，大家年纪虽小，却胸怀天下，关心祖国外交，令人感到格外欣慰。祖国发展的美好未来，需要一代又一代人不懈奋斗。希望大家牢记重托，勤奋学习，快乐生活，全面发展，长大后为民族复兴和中华腾飞贡献力量。

杨部长还特别对来自青海玉树地震灾区的师生代表表示慰问和祝福，他动情地说，地震无情人有情，全国人民都在牵挂、支持大家，世界各地的人民都伸出了援手，大家一定深深体会到了大爱无疆、真情无价的道理。将来无论大家从事什么工作，都不会忘记感恩，不会忘记祖国，都会用双手把祖国和家乡建设得更美好。

杨部长饱含深情地说，今天的活动主题将在场每个人的心都凝聚到了一起，大家的生命、快乐和幸福都与祖国母亲息息相关，尤其是身为外交人员，更加深切地感觉到依偎在祖国母亲的怀抱中是多么温暖和踏实。杨部长最后强调，时代呼唤外交强音，奋斗书写爱国忠诚。中国外交将以祖国母亲为坚强后盾，以全国人民为力量源泉，为中国的和平发展和世界的繁荣稳定作出不懈努力。

杨部长情真意切、语重心长的讲话打动了在场的每一位来宾，大厅里响起了经久不息的掌声。

礼巧情重凝祝愿　同为中华谱新篇

怀着对外交官的崇敬之情，小记者们为杨部长等部领导和使节戴上鲜艳的红领巾。小记者代表、来自北京的霍重志致辞说，“通过见证神圣而庄严的宣誓仪式，大家都感受到了作为一名驻外大使肩上的重担。这重担包含了国家和人民的期许，包含了稳定和团结的愿望，包含了世界人民共同维护和平的心愿。希望长大后也能够担此重任，到世界各国去，为祖国和人民传递友谊，为国家经济谋求合作和发展，为全世界和平贡献自己的力量。”

时任外交部长杨洁篪与中国小记者李俊杰亲切合影

小记者的感言引起了全体来宾的共鸣，大家用雷鸣般的掌声感谢他的精彩发言。

为寄托对使节的祝福，小记者们准备了别具特色的礼物，美丽的芦苇画、手工编制的花篮、千纸鹤和幸运星折纸、扑灰年画、贝壳风铃、印有皮影的马克杯、泥塑老虎、炭雕笔筒、水晶珠果盘……来自玉树地震灾区的小朋友为房利大使送上了一幅布艺——“布达拉宫”，表达藏族人民的祈祷和祝福，她还邀请房大使有机会去青海做客。房利大使激动地说，“这件礼物非常珍贵，我和青海很有缘分，曾经在青海工作过，希望玉树地震灾区的人民幸福安康!”

礼物虽小，情意深长。愿这些小礼物能够陪伴在使节身旁，在异国他乡也能感受到祖国的温暖。

此时，一条长达 10 米、1 米多宽的长卷徐徐展开，房利、王辅国和顾子平 3 位大使与有绘画才艺的小记者代表以“祖国在我心中”为主题，用五颜六色的蜡笔在长卷上描绘祖国在心目中最美的图案，大使们在脑海中采撷如诗的景象，小朋友们捕捉如泉的灵感……

小记者学院师生与月亮姐姐亲切合影

“你画大黄河，我画大三峡，你画长城长，我画大中华……”“一玉口中国，一瓦顶成家，一心装满国，一手撑起家，有了强的国，才有富的家……”伴着合唱队优美的音符、动人的歌声，五星红旗、万里长城、故乡的村庄、雄鹰、“爱我中华”、“同一个世界，同一个梦想”、“和平真美好”……一幅幅充满童趣的图画、一串串稚嫩的字符跃然纸上，祖国变得那么具体、实在、触手可及……

长长的画卷，留下了使节们对故土的眷恋，孩子们对未来的憧憬。梦想和期冀，写在每一个人欢乐的笑脸上，刻在他们色彩绚丽的图画中。这是情感的表达，更是理想的传承……

期间，杨部长特意来到青海玉树地震灾区的小朋友中间，与他们亲切交流，询问他们的校园和家园重建情况。杨部长还走到合唱队小朋友中间，和他们一起唱起了《让我们荡起双桨》。此情此景，温馨感人……

应主持人邀请，杨部长欣然在画卷上题字留念，杨部长的点睛之笔紧扣活动主题：祖国在我心中。随后，杨部长将长卷赠交中国小记者学院院长。伴随着照相机的快门声，杨部长等外交部领导、新任使节和小记者们合影留念，定格成难忘的瞬间。整个大厅洋溢着欢乐祥和的气氛，开放日的活动被推向高潮……

公众开放日活动接近了尾声，小记者们恋恋不舍、意犹未尽。活动一结束，孩子们紧紧地簇拥在杨部长、新任使节和各级外交官身边，交流互动，拍照留念。小记者们也成了在场媒体记者的采访对象，他们畅谈参加仪式的感受、对外交官的印象、未来的梦想……

11 岁的小记者曲安妮表示，“我为仪式的神圣和庄严所感动，更对外交使节忠于祖国和人民、担当和平使者这一重任感到钦佩，我长大了也要当一名外交官，为祖国和世界的和平与发展贡献力量。”来自玉树地震灾区的索男拉杰激动地说，“今天最深的感受就是外交官的爱国情怀，这会激励我更加热爱祖国，我要以外交官为榜样，努力学习，立志高远，为灾后重建贡献自己的力量，回报社会，报效祖国。”

少年强则国家强。少年有志，社稷有望。

走出橄榄厅，外交部大楼前的五星红旗迎风飘扬，小记者们胸前的红领巾随风飞舞，两道红色的风景线，映照在落日的余晖下，分外夺目……

李在万作品集

第二辑

李在万◎著

UNITY PRESS
团结出版社

图书在版编目(CIP)数据

李在万作品集 / 李在万著. —北京:团结出版社,2020.9

ISBN 978-7-5126-8176-7

Ⅰ.①李… Ⅱ.①李… Ⅲ.①中国文学—当代文学—作品综合集 Ⅳ.①I217.2

中国版本图书馆 CIP 数据核字(2020)第 161858 号

李在万作品集·第二辑

出　版:团结出版社

(北京市东城区东皇城根南街 84 号　邮编:100006)

电　话:(010)65228880　65244790

网　址:http://www.tjpress.com

E-mail:65244790@163.com

经　销:全国新华书店

印　刷:三河市南阳印刷有限公司

开　本:170×240 毫米　1/16

印　张:18

字　数:180 千字

版　次:2020 年 9 月　第 1 版

印　次:2020 年 12 月　第 1 次印刷

书　号:978-7-5126-8176-7

定　价:100.00 元(第一、二辑)

序

从青春年少一路走来，总以为可以收获完美的爱情与心爱的人在一起，平平淡淡的，快乐幸福的在一起。不需要花前月下的浪漫，也不需要轰轰烈烈的澎湃，只希望能够平平淡淡的在一起，分享每一个日出日落，分享每一份属于我们的快乐。也许是我的要求太高了，也许是这个世界不是我想象中那个世界，在现实的生活心中我没有找到我的爱情，只是在回忆里留下了一些伤感！

人生寂寞岁月苦短，分不清今夕是何夕。如果注定无缘不如放手，也许很痛苦却总比一生深陷其中的痛苦好。既已不能携手比翼不如就此放手。放手不是绝情的冷漠，也不是痛恨的诅咒，有的只是对你真正爱人的真诚的祝福。曾经年少轻狂放浪不羁，几经岁月沉浮，世情涤荡早已磨灭了那份锋芒，掩去了那份狂傲，留下的只是心中的那份孤独！苍茫月下对月独酌，难言心中寂寞，酒入愁肠难消孤独意！

尽管经历了人间许多悲欢离合，酸甜苦辣的日子，但仍没有磨掉我向往美好的梦想。那正是——

山水青绿年年依旧，
人情冷暖朝朝不同。

花开果实，蜂蝶齐聚；
人困乌之，众叛亲离。
茶朋酒友，日聚三千；
急事相求，百无一有。

良田千顷，

饱食不过三餐。
家产万贯，
夜眠不过七尺。

不望富贵争天，
不望名声震地，
不望一言定国，
不望七步成诗。

但愿，
得一知己。
踏青于山峦之巅；
戏水于江河之滩；
如影相随共白头；
牵手相扶度人生。

目录

第一集

第二集

第三集

第一集

1 《我们永远牵手》

通过这次阵痛
连日来
常常会泛起你的身影
那一声问候
一抹微笑
一个手势
一片话语
愉悦着此时我惆怅的心灵
明亮着我漆黑的角落
于是心里感觉丝丝温馨
一瞬的爱恋
也许是一生一世的最亮点
经过这次阵痛
冥冥思思
慢慢的不知不觉
被一种情绪所左右
总感到一种难以抹杀以前的喜悦
于是萌发了
既不问你是否喜欢我
也不问我是否喜欢你
对你的存在只感到亲切
只希望能和你在一起
是我终生的幸福

心中竟泛起丝丝柔柔的喜悦
然而我真真切切地知道
你的身影已化成一种氛围
记在我的心间
记忆中
随时随地会突然涌现一个名字
一个身影
一种声音
让自己柔柔的有了心痛
掺杂着幸福的感觉
与你的那一幕幕

（2007 年 8 月 28 日　作于湖城）

2 《向往》

与你悄然相逢
感觉，真实又很朦胧
只有时节到了
能够读懂

春，挂上了树梢
诱惑，把我的心撩动
揽你进来
绿了我整个的梦境

真想有一次涅磐
干脆，放松你我的心情
拥抱春天
也拥抱我们的生命

（2008 年 3 月 1 日　作于重庆万州沙龙路）

3 《为什么等待》

痛苦才会痉挛　绝望才会扭曲
当一切失去了生气　才会有沉默中凝固
孤独中遥望天际的一片微光　像褪色的记忆变得朦胧
等待什么　为什么等待
在闷郁中挣扎　千呼万唤喊哑喉咙
等待回答我的爱　爱啊你快回来

（2008 年 3 月 4 日　作于重庆万州）

4 《一棵树》

一棵树是什么样子？
栉风沐雨，挺拔不屈？
或许。但也有可能，是孤独的吧。
两棵树是什么关系？

云端里枝叶相牵，泥土里，根总相连？
或许。但也有可能，是远隔一整片广阔大地。
三棵树是什么关系呢？
永远纠缠不清的三角习题？
或许。但也有可能，独自挺立，牵手成林。
当有天我不再爱你，我就再也不会感到寂寞！

（2008 年 3 月 14 日深夜　作于陕西西安）

5 《倔强的坚强》

终于明白了倔强
是一种坚强
已经在心中慢慢成长

刚好遇到了失望
毁灭了梦想
和幸福之间隔开一道墙

即使打开了窗
也找不到光
感觉自己快接近疯狂
甜甜的笑和苦涩的泪光
都是爱情最真实的模样

看不清自己要找的方向
才会一错再错都迷失了信仰

当爱情真的出现在前方
只敢远远相望

放不下自己防备的高墙
才会一步一步被自己所阻挡
当宣布只剩下我的倔强
找不回当初那一种
坚强

（2008 年 3 月 23 日　作于山西太原）

6 《我们说好牵手》

周末下午在山西给她一个电话
喂！好吗一句话就哽住了喉
听见对方嬉戏声后
却成了海市蜃楼
我们像一个宇宙分隔成东西半球
再见都化作乌有
我们曾说好决不放开相互牵的手
可现实说过有爱还不够
走到分岔的路口
你却突然左转弯
把我抛在十字路口
你都倔强地不回头
你说好就算分开一样做朋友

时间说我们从此不可能再问候
人群中再次邂逅
你变得那么瘦
我还是沦陷在你的眼眸

yiya yiya～～～
你说好一起老去看细水长流
你为何却将成为别人的某某
又到分岔的路口
你仍是把我抛弃在十字路口
你都强忍着不曾回头
我却永恒的追在你后头
爱情会活在当时光节节败退后
下一次如果邂逅
你别再那么瘦
我想一直沦陷在你的眼眸
难道这是爱情无可救药的荒谬

（2008 年 3 月 30 日　作于山西晋中）

7 《五律·题照》

看着 1981 年 3 月 2 日的照片，回顾往事，思绪万千。提笔吟诗，以抒情怀。

光阴一刹那，
瞬间生白发。

春光一闪过，
回首望凋花。
余下叹息声，
谁念你我他。
各自奔前程，
实如浪淘沙。

（2008 年 4 月 8 日　作于重庆万州）

8 《离愁》

柔情纵有千般意，
春景迷茫，
心境忧伤，
狂风瑟瑟销苍凉。
寒窗待月遗残梦，
紫燕成双，
顾影凄惶，
离愁汇聚里在外。

（2008 年 4 月 15 日　作于重庆万州太白岩）

9 《感伤》

风穿过了大街

穿过了小巷
牵拽着我的衣衫
天空下起了雨
我没有带伞　跌落的雨滴浸润着我的脸
逝去笑声　远去的誓言
我们曾是两根相交的线
谁奈交融的两端
却是无休无止的思念

（2008 年 4 月 19 日夜晚　作于重庆万州）

10 《守望爱情》

爱情
是一杯毒酒
为你
我情愿一饮入喉

爱情
是一把双刃剑
为你
我情愿勇往直前

爱情
是一场人生赌博
为你
我情愿做一名赌徒

爱情
是摇摆不定的浪漫
为你
我情愿一辈子买单

爱情
是相对狭小的二人空间
为你
我情愿守候这片天

爱情
是一生一世的相约
为你
我情愿等候在岁月的岸边

（2008 年 5 月 3 日　作于三峡库区万州）

11 《爱的彷徨》

我想要的幸福很简单
与所爱的人
在平淡的生活中感知幸福的美好
可是
却终逃不过现实的考验
四年的执着付出
换来的是无尽伤痛
伤过痛过，却醒不来

现在才发现
爱情只是一种过程
在彼此生命中的一种作用
当你的作用完成了
也是该你离去的时候
曾经的甜蜜，快乐
只能停留在回忆里
曾经的诺言
并不能给爱情带来永远
只是知道
许下的承诺就是欠下的债

（2008 年 5 月 16 日　作于汶川灾区）

12 《可怜相思无从寄》诗二首

(一)

雪花白，桃符红，可怜春色离人负。
几回梦，几回逢。
望穿沙龙，人来车往，重重。
天茫茫，地茫茫，何似相思一夜长。
心羡慕，蝶飞双。
俯视无语，相思情切，浓浓。

(二)

春深草茂桃花落，不忍看，伤心碎。
相思几度无从寄，莺声燕语堪愁。

千般柔情，近在咫尺，空自临风泣。
乱红渐欲迷人眼，春去也，空叹息。
花落花开皆有影，春来春去乃无踪。
春早离去，面临夏至，相思情更浓。

（2008 年 5 月 20 日　作于四川绵阳江油）

13　《大地震痛中国》诗十首

(一)

刚刚在昨天祝福
祖国，我们的母亲，你要安康
今天，在四川，在汶川
在西南的腹地，突然腹痛了
来不及呐喊一声，已经痛了半个中国

祖国，雪灾刚刚压疼了你半个身躯
甚至还没有从疼痛中完全醒来
又一次的事故，震痛你的另一半身体
四川盆地成了柔软的豆腐
汶川，更是稀烂的溃疡

娘，请你忍受一下疼痛
千千万万的孩子正在路上
每一个人，都准备不惜代价
为你疗伤

(二)

老爷子，请允许我
叫你一声老爷子，总理
您的银发在废墟中飘扬成一面旗帜
您的痛哭声写着两个字：亲人
您已不是壮年了，但还是冲在一线，搬着
一块块残梁，扶起一个个伤者
您脚下的大地还在颤栗啊
老爷子，我知道您也受伤了
却把护士轻轻地推开了，让自己的血
流在伤痛的土地上
和亲人的血，流在一起

(三)

我在电脑屏幕前敬礼
向 15 军，向空降兵，向武警
向黑夜里挺进汶川的兄弟们
向在废墟里拼命施救的同胞们
用打湿的目光，敬礼
这是一场战争啊，和时间的战争
和血液流失速度的战争
因为拯救比消灭更艰难

我看见，一位年轻的士兵
像一头豹子在废墟上行动
我看见，那么多的人在倾听
倾听废墟里的每一丝声音
请发出点声音吧，我们的亲人
请你咳嗽或者呻吟

（四）

震中无消息
我一直等着，等着
20 个小时了，卧龙
希望你用吉祥的名字，驮住
2 万乡亲的生命
希望大地的痉挛已经结束
希望雨在这个午后不再飘落
不要打湿那些求助的身体，还有
那些苦难的灵魂

（五）

又一次，又一次
汶川的土地被震颤
那是伤口上多么惨痛的撕裂啊
我看见播音员眼中的泪水
我的笔震落在桌上发出一声轰响
我朝向西南，低下我年轻的头颅
请求你不要再躁动了
你所扼杀的，都是深爱你的山民啊

（六）

终于，终于看见
重创的北川，一个被山吞没的城市
埋下的是繁华的幸福
浮起的是生命的句号
我不忍看见那些短暂的句号啊
那些花朵一样的童年

终于，终于知道

汶川麻花一样的大地上
已经没有多少生命
那些正在倒计时的生命啊
让飞行员号啕大哭
让我们的脚步快些再快些
这里的生命能量在水一样流失
我们要扑过去，扑过去
捧起他们最后的水滴

（七）

此刻，我正站在川西的脊梁上
这里的大地依然晃荡
像我的心一样在震颤，跟随着
汶川的每一次余震
从北极村到海南岛
从海外到比邻
有亿万颗心也在同震
这是多么剧烈的疼痛啊
痛得整个世界一阵寒战
大地，请你息怒吧
我们曾经对你短暂地不恭
但我们已经醒悟，已经对你
开始加倍地呵护了

（八）

汶川没有停止颤栗
我的祈祷没能感动土地
这是多么漫长的夜晚啊
汶川的夜空没有月亮和星星
凄风冷雨中那是飘落的云朵吗

不，那是绿色的天使
是我们的空降兵

但天使不是未来战士
14 朵云落在大地上
再也没有站起来，他们用身体
黏合破碎的家园了，他们一定
留着最后的微笑
他们知道，会有更多的天使
降临，延续天使的使命

除了天使，食物也在
天亮之前抵达等待的胃
这些刚刚还拒绝胆固醇的器官
重返最原始的渴望——
填饱肚子，活下去

一个孤儿在简易棚下
无声的哭泣，泪水一次次砸痛我
看着解放军
对一个孩子的温抚
别怕，孩子
你会有更多的亲人，会有
更多的母亲的胸膛温暖你的梦

（九）

地震关闭了多少门啊
遵道镇欢欢幼儿园的 80 个孩子
在睡梦中，被封住逃生的门

家长们无法打开，只能听着孩子的声音
一点点弱下去，当废墟被打开
当 30 多个孩子见到光明
我们发现，在他们的上面
一位叫瞿万容的老师用自己的脊梁
挡住大梁，在废墟里撑起生命之门

我们的战士开启了多少门啊
我们将永不忘记，在绵竹
在那栋继续坍塌的教学楼前
消防队员跪在地上哭喊
让我再救一个吧，再救一个

（十）

三天，五天，七天
是救援的关键时间
真想绊住时钟的走动
每一秒都是沉甸甸的，有多少人生
在这一秒里，蒲公英一样地飞走

请赶紧打开通往光明的门
让更多的天使进来
请打开爱心的闸门，让每一滴温暖泉
滋润这片荒漠
生存是最本质的哲学
让所有的爱都化成拯救的力量
等待着，等待着
等待着更多的生命被我们的爱唤醒

（2008 年 5 月 20 日深夜　作于汶川灾区江油）

14 《思念的味道》

等待像思念的味道
如严冬的月光
似寒风中的凄凉
为什么我等不到
盼不到你的归来

凄凉像思念的味道
如这纷扬的雨丝
我把自己溶于其中
洗刷掉心头的烟尘
让荒芜的情感发芽

甜蜜像思念的味道
如初次相识的喜悦
把心揉碎于空中
如天如地如风如云
无论你身处在何方
总是与你如影随形

爱是屋顶，情做围墙
嘱咐是桌椅，叮咛是被褥
在你离开的地方
为你默默守候天老地荒

（2008 年 5 月 24 日　作于四川绵阳）

15 《端阳情思》

隐居花厂无时日，
夏满芒夏无耕作。
靡靡之音充世道，
谱写千年忠魂曲。

静心领悟楚辞志，
千古离骚生不灭。
闻见粽香又一年，
方知婵娟在眼前。

（2008 年 6 月 9 日端阳节　作于重庆万州）

16 《红月亮》

云静风轻的夜晚
萧萧的紫笛，缀满香吻
奏起那首熟悉而忧伤的乐曲
静夜下的海水默默流淌

你悄悄地从浓浓的氤氲中升起
那皎洁的光华，流向秋的尽头

闪耀，却不张扬
温暖，不会灼伤

捧起一轮明媚
如同捧起我悠长的思念
牵挂，虽远犹近
转眼间盛满如玉的月盘

尽管距离把你我相隔
你固执地燃亮心灵的灯盏
亮透我的黑夜
待我凝眸时，谁羞红了你的脸

（2008 年 6 月 10 日　作于绵阳涪城）

17 《相守》

你的问候
在天涯的那端
穿过万里飞扬的雪花
在冰封的冬季
送来一缕春天的温暖

清冷的月光
带你翻越沙漠荒原
看到家乡那凋零了绿色的花园

还有一朵粉色的花蕾
在顽强地等待

从没有过凝重的誓言
却总在每一个相思的夜晚
送上最真的祝福
一个不需要承诺的相守
不会在多变的季节里变色

也许寒冷可以封杀所有的热情
却碾不碎你心中那一抹绿色的希冀
当所有的生命都蜷缩起来
那只轻盈的蝴蝶
仍会在你的梦里翩跹

（2008 年 6 月 15 日　作于新疆乌鲁木齐）

18 《六月雪》

生命由父母点亮
童年天真而美丽
青春似花朵般怒放、怡人
时光流逝，人生迷离
人散了、灯灭了
顺境、逆境、平静
静之可悲

明月陪伴
望星空
仿佛雪花飘落

（2008 年 6 月 17 日　作于新疆伊犁）

19 《封心锁爱》

曾经的我很在乎你
现在的我依然在乎你
始终没有改变过
但是我可以很坦然的对待你了
没有让自己有那样的背负感
我很爱你
但是我依然可以离开你
以前感觉自己离不开你
现在不会了
很坦然的去对待你
也很坦然的对待自己

好不好
谁都没有资格评判
我也不会去评判谁
做好自己比什么都重要
我用一颗坦然的心看待一切事情
我不在乎他们任何的言语

因为那些一切都与我无关
他们的言语刺激不了我
我笑看一切
感觉那一切是那样的平静
心还是那样的天真无邪
我很幼稚
很无知
有的人比我还幼稚
经历了一些事情
感觉自己更成熟了很多
过去的已成过去
不会再那样傻乎乎了
我选择该选择的
我坚持该坚持的
我放弃该放弃的
我执着该执着的
心还是那颗心
我还是现在的我
一直都没有变
惟独变了的是——
已封心锁爱！

（2008 年 6 月 20 日　作于重庆万州）

20 《穿越时空的爱情》

你不曾回头转身就走

留下我躲在黑夜里
孤单守候

风飘拂而过
假装已经享受
伤是你给的温柔

一次一次粉身碎骨
却抓不住你的梦
被你伤透却还要追寻
假装能够不在乎你的去留

泪花襟湿的双眼已模糊
再也无法看清你的脸

那穿越时空的爱情
属于你我的过去
再也无法找到挣脱自如的理由

一幕幕相爱，一幕幕分离
没有永远的拥有

应付自如的借口
早已失去了昨日的甜美

一幕幕甜蜜，一幕幕悲伤
没有永远的天长地久

（2008 年 6 月 20 日　作于湖南益阳）

21 《爱是不老的情歌》

今生有缘
我们才相逢在这美丽的春天
你的温情话语
你的甜甜笑脸
已经深深铭刻在我的心间
郁闷已被你爽朗的笑声驱散
我已陷入你温柔的缠绵

今生有缘
我们才相逢在这多情的春天
你比西施美丽
你比貂蝉娇艳
你微笑嫣然美在天上人间
情感天空万里无云阳光灿烂
我高唱情歌爱你到永远

（2008 年 6 月 24 日深夜　作于重庆观音桥）

22 《枕着温江的月光》

今夜，枕着温江的月光
一个名字落满枕上

多么想让南方椰岛的风
吹来深情的诗行，让我的目光
暗合一位诗人忧郁沧桑的心跳

泪水攀上月光的翅膀
诗人，多么想在今夜，驮着你的诗句
朝着真爱的星光飞翔。耳边的风
将沿路的相思开满鲜花，甜柔的鸟音
为你的一湾苦水，浅吟轻唱

诗人，你一定噙着泪水
望见了窗前的半个月亮
那是你诗行中的灰姑娘
为你孤独跳动的渔火，捧出了
九百九十九朵玫瑰的暗香
夜太过死寂，好想有鸿雁飞过树梢
告诉我，遥远的江心岛上
我们的山茶花长势依然良好
别离的半个太阳，为我滴落的泪
依然炙热滚烫

（2008 年 6 月 26 日　作于成都温江）

23 《昨日的爱　今日的伤》

你，
我梦中呼唤远方的姑娘，

你，
我心里时刻挂牵的女郎。

你，
为何，
为何流着眼泪把我心伤。
又去，
又去欺骗自己将我遗忘。

难道，
我的痴情让你感到彷徨，
还是，
你的内心说不出的惆怅。

你，
我梦中呼唤远方的姑娘，
你，
我心里时刻挂牵的女郎。
昨日的爱变成今日的伤，
怎么却又让我挂肚牵肠。

（2008 年 6 月 29 日　作于重庆观音桥）

24 《人在天涯》

你终于感觉到自己累了
身影在不停的拉长

如果大雪舍了长剑
弃了宝刀
任白狐逃离
我需要欢乐一些

我不需要悲伤做我护身的哨棒
我要远离弱不禁风
环游天下
去看一看青山生翅膀
太阳长光芒

我想舞一次泼风拳法
使你知道
即使我空无一物
同样可以惊天地泣鬼神
喝退千军万马

海水不能穿透誓言
我会将磐石推落山崖
近些
再近一些
乾坤一定没有日月大
我还要气吞山河
将日月摘下

（2008 年 6 月 30 日　作于成都）

25 《莫言》

是谁在前世舞动青红，
那婀娜的身姿，
婉转起伏，
像是流动的水，
载到今世的百媚千娇，
无言的独守一份寂寞。
今生的回首，
多情的一瞥，
凝聚的情思不会消散，
即使落下的一滴水，
也只是轻轻的击碎心湖，
留下层层的涟漪，
却还是让我深深的执迷。

（2008 年 7 月 7 日　作于京城）

26 《永不情伤》

不必要自己反复彷徨
魂飞苦夜太长
卸掉沉淀的往事

让心
如冰一样坚硬
似钢铁般坚强

曾用心编织的旧梦
既然已支离破碎
莫绝望太凄凉
托起心中的太阳
揉碎余留的迷茫
给心底种上浩瀚海洋

海多深梦多长
不要用一生苦苦疗伤
感谢世间绝情的背叛
只有寒冷
才会让柔弱止水
铸就钢铁城墙

挥一挥衣袖
轻启玉齿露寒香
弹一弹尘土
傲观尘世多俗诳
作别旧日
从此远离蚀骨悲凉

来去自如
爱也沁香恨也清香
抖擞精神

雄起更铿锵
世间最有力的还击
莫过于永远不情伤

（2008 年 7 月 24 日　作于成都）

27 《今夜请将我遗忘》

请让我再次地靠近你
温暖这月夜里丝丝轻寒
所有的揣想
怀带着暮色的感伤
在孤寂的灵魂深处
释放最初的柔情

不愿在此刻回首以往
沉浮于尘世的喧嚣
掩饰着季节与季节的重逢
绿水潮头江岸湖畔
黄昏送走夕阳
挥手在回眸的婉约里
一去不返

所有的一切
将重回我原始的寂寞
尽管岁月递颤

伫立的守望
不断地变换角度
心却在静默的空间里
不时地冷场
相约之地
温柔的情事
萌生渴望

独自走落的清闲
在惘然里寻索
选择与选择之间的困惑
泛白的梦外
早已没有了夜的方向
季节里怎也捎不回
昨夜风的消息
心期切处泪痕湿透
那么
今夜请将我遗忘

（2008 年 8 月 2 日深夜　作于重庆山城）

28 《一生何求》

山水青绿年年依旧，
人情冷暖朝朝不同。

花开果实，蜂蝶齐聚；
人困马乏，众叛亲离。
茶朋酒友，日聚三千；
急事相求，百无一有。

良田千顷，
饱食不过三餐。
家产万贯，
夜眠不过七尺。

不望富贵争天，
不望名声震地，
不望一言定国，
不望七步成诗。

但愿，
得一知己。
踏青于山峦之巅；
戏水于江河之滩；
如影相随共白头；
牵手相扶度人生。

（2008 年 8 月 10 日　作于重庆万州）

29 《你悄悄走进我心里》

你悄悄走进我心里，

打开我尘封的日记。
风霜雨雪岁月沧桑，
爱你之心难以舍去。
大千世界人生百态，
恋爱情感万千思绪。
含情脉脉温情软语，
留下相思慢慢回忆。

你悄悄走进我心里，
坦率真诚让我痴迷。
关爱温柔给我慰藉，
倾心相爱令我感激。
春有芳草夏有柳溪，
我的生活中有了你。
爱情使人变得美丽，
这是你我恋爱延续。

你悄悄走进我心里，
平凡生活充满乐趣。
不要将爱再次抛弃，
我绝不能再失去你。
天蓝草绿月朗星稀，
海角天涯我都陪你。
感受真爱心心相印，
我生命中出现奇迹。

（2008 年 8 月 18 日　作于重庆万州）

30 《爱的守候》

骆驼把爱献给了沙漠
犹如点缀了天上人间
你的爱给我
就像我把我的爱给你
我们都不在意
得到与付出的比例
我们只是——
把全部的爱
毫无保留地献给对方
而不留给自己

我们明白——
无论付出
还是得到
都有一种美丽的意义

我们付出的
是生命里最美好的感情
我们得到的
是世界上最美好的东西

（2008 年 8 月 23 日 作于重庆万州）

31 《邂逅》

一个转身
远远地把我视线抛在时间之外
一次静默
让我遗失了一个冬季

两条相交直线
只能在一个平面上延伸
相交，离开
无法抗拒——
生活预先已经设定好的轨道
邂逅
一次把生命美丽个够

你的春天
没有我花开的声音
我的秋天
没有你花落的色质
当记忆褪色
我们的生命
仍然隐现着一个匆促的身影
像青藤那样记载着季节的颜色

（2008 年 8 月　作于重庆观音桥）

32 《相聚2008》

——写在老同学聚会的这一天

25年前
也就是当年8月28日这一天
我离开了生我育我的这块盆地——忠县
成为政法学员的一员
转眼光阴似箭
昔日的老同学都已从少年步入了中年
25年后的今天
我们相聚在家乡这块名胜宝地——宝鼎山
此刻我们的思绪已飞向那久别的岁月——青春少年
此刻我们已抹去男女同学间用粉笔画着的那道隔离线
此刻我们正以坦然的心态抒发老同学间朴素的情感
此刻我们正以饱满的激情书写人生最壮美的诗篇
回首从前
我们的身心得到了滋养
回首从前
我们似乎又年轻了30年
少年时代虽然短暂
可是同学和老师的概念却永远刻在了心间
少年时代虽然一去不复返
可是同学之间、师生之间却结下了永恒之缘
让我们永远的记住
不论大地如何变迁
也不论风云如何变幻

同学之缘、师生之缘永远不会改变
记住这个缘
我们会感到天更蓝路更宽
记住这个缘
再大的困难也难不倒咱
记住这个缘
我们的生活永远是春天
最后只想表达一个心愿
祝福我所有的老同学和老师
身体康健
生活幸福美满

（2008 年 8 月 28 日　作于忠县宝鼎山）

33 《秋思》

秋月影无踪，肆虐狂风。
庭前漫步忆重重。
此去天涯年已久。不见音容。

思念在心中，梦回无穷。
时光流水叹匆匆。
美景良宵谁与共。一片朦胧。

（2008 年 9 月 1 日　作于重庆嘉州）

34 《真的好想你》

尊你 敬你 崇拜你数十载，
年年都在崇拜你；
想你 爱你 热恋你数十月，
天天真的好想你；
约你 找你 邀请你无数次，
屡屡均为真诚意；
亲你 吻你 拥抱你数百次，
次次沉醉梦幻里。

（2008 年 9 月 7 日　作于江西萍乡）

35 《放下过往》

人生的旅程上
我们都曾受伤
可是没关系
生命的天空下
有荆棘和风雨
也有鲜花和阳光

破茧的飞蛾

涅磐的凤凰
重生的我们
愈加
美丽坚强

不要
背着沉重的旧日前行
可以的时候
找个地方放下过往
真正放下过往之后
我们会发现
生命的天地
原来可以
这样宽广

放下过往
用豁达宽容所有
曾令我们愤怒或忧伤的时光
让以自己的方式
走在属于自己的路上
我们的生命便可以过得
智慧从容
并且快乐阳光

（2008 年 9 月 11 日　作于重庆万州）

36 《思念》

在思念中畅想，
从期盼中走来。
带点羞涩，有点彷徨。
我倾听着，我神往着，
我心灵的深处响起了你轻柔的声语，
久违的声音悄悄漫过心灵的视线，
我仿佛感觉到你的温柔，抚慰我孤寂的灵魂。
在许多个夜里，
我依稀觉得，你就站在我的身边。
我一直在守候，等待你的到来。
在心灵的深处，有一个梦想，
你能够常常来伴我。
不要让孤独和寂寞踏进我的心房。
苦痛是生命里最美的花朵。
我在静静地等，用我的心灵，用我的生命。
我在静静地等，或许会用去我的一生。
我要和我的爱人一起回到激情的年代。

从幻梦中醒来，
发现你已经写了情诗一篇。
在同一个瞬间，

你可曾感到我心灵的震颤。
倾听彼此的心声，
你所有话语都是对我灵魂的抚慰，
此刻，我正在为你写诗。
多少次幻想，
可以亲吻你的面庞……
距离会给我们留下一段美丽。
思念和牵挂是美丽的主题。
你的问候就像三月的阳光，
温暖和幸福把我笼罩。
我想网线那端的你，
此刻也和我一样，
在思念中畅想。
我看到爱的花朵，
在心灵圣洁的地方绽放。
我仍然在感受芳香。
可能你已进入美妙的梦乡，
我把所有的祝福托付给月亮，
月光就是我深切的目光。
有了对你的思念，
我就会有写不完的诗篇。

（2008 年 9 月 16 日　作于山西榆次）

37 《当爱融入爱中》

如果我是一只雄鹰
你的爱便是我的天空
在你的怀抱里
我能自由的飞行

如果我是一粒种子
你的爱便是我的土地
在你的怀抱里
我会感到春风得意

如果我是一条帆船
你的爱便是我的海洋
在你的怀抱里
我不会迷航

亲爱的
当爱融入了爱中
才懂得生命融入生命的神圣
当爱融入了爱中
才明白心灵融入心灵的永恒

（2008 年 9 月 21 日　作于重庆忠州）

38 《寻梦》

孤独的我
在梦里寻觅
不知道寂寞的你是否愿意牵着我的手
那多情的阳光
温暖了我和你
在你的耳畔
我要悄悄的对你说
你是我过河的一叶扁舟
你是我登高的一把扶梯
我把生命深埋在你的怀里
落下了滚烫的泪
一滴一滴
是我是你
我要把心底的一句话告诉你
我一无所有
只有我自己
不给别人
不给别人
一生都给你

（2008 年 9 月 26 日　作于重庆观音桥）

39 《千年相会》

为了摆渡千里的距离
我把诗句凝练，缩短
你，终于近在咫尺——

绕桌而坐，菊花为灯
映出双鬓的白霜和风尘
两杯清茶，泡千言万语
升起几朵相似的翠云
两颗心，浪漫成两座绿水青山

那夜，千年的一会
一枝玫瑰，在我的杯中绽开来
一轮明月，从你的杯中浮上来
嫦娥舒袖，挥的是泪还是雨

我的手突然很冷：离别后
茶，是一缕远古的幽香
在这萧瑟的秋，荡开三月的嫣红
还是一声轻轻地叹息
吹落眉心一片暮秋的夜色

（2008 年 10 月 4 日　作于重庆观音桥）

40 《重阳》

九九重阳谁人醉
玉枕纱橱半塘睡
秋锁黄昏云遮日
桑榆化做菊花泪

（2008 年 10 月 8 日　作于蓉城）

41 《天上人间》

鲜花最美
用绚丽的色彩装扮世界
蓝天最美
用宽广的胸怀容纳一切
大海最美
用广阔的心胸包罗万千
其实呀
还是生活最美
用酸甜苦辣组成人生百味
让我们去感受—
岁月的精彩，尘世间的千姿百态……
今天，有幸参加 92 岁老奶奶的

家庭生日宴会
突发感觉
要是与骆驼
携手相濡以沫
达到老奶奶高寿时
那必定是
天上人间

（2008 年 10 月 10 日深夜　作于重庆万州）

42 《你不来，我不敢老去》

春雪飘扬时
逃避了
原有的爱
大地苏醒后
我把爱
播种于秋季
打给我的电话
缓缓地—
盲音里带一些羞涩

雏菊沉默地低举
你的微笑
带一些果香
在枝头

有清芳流于旷野

我试着握住轻盈
把你的身影
刻画在心里
与蒙娜丽莎媲美

秋日的雨
冲破了季节的场景
用牵绪的丝
脉脉点燃情节

有祈盼从指尖流出
枫林的软色调
把你的影子
让雨声
递了过来

我知道
想你
是我的痛
我只想对你说
你不来
我不敢老去

（2008 年 10 月 11 日夜　作于湖城）

43 《想你是我的一个梦》

想你是我的一个梦，
这个梦做了许多年。
虽然人生极其短暂，
心中的爱一直存在。
初恋情感压抑多年，
今天博客一吐为快。
爱并不是非要拥有
只为初恋那份情感。

想你是我的一个梦，
梦在脑海实实在在。
也许这梦难以实现，
爱在心中永远存在。
不管斗转星移年年，
恋你情感依旧天天。
博客中我真情告白，
执着的爱与你同在。

（2008 年 10 月 12 日　作于重庆观音桥）

44 《告别昔日心情》

无奈的悲伤
没有人怜惜
告别昔日心情
找回属于今天的快乐

过去的一切
原来不过烟云
开心的成了回忆
伤心的转为成长之经历

没有了怨恨
没有了恐惧
没有了那曾经梦想的一切
淡淡地 寂寞相伴

昨日的雨
让今日的天显得更蓝
明日的阳光妩媚
抹平心灵的创伤

（2008 年 10 月 16 日　作于重庆山城）

45 《题照诗》三首

(一)《一点钟情》

一片冰心在玉壶
点睛画龙那有图
钟鸣晨曦传神韵
情靠感觉缘随路

(二)《让爱领舞》

让你三分以示敬
爱你万年都是情
领我相携坎坷路
舞美花醉心镜明

(三)《轻舞飞扬》

轻飘柳絮传呓语
舞美花容谁相许
飞翔觅缘里在外
扬眉吐气贺红宇

(2008 年 10 月 16 日　作于万州)

46 《想要恨你怎么这么难》

记得和你一起的拉面馆

味道早已不如从前
穷开心的日子过去了一段
只剩下一个人蹉跎时间

记得和你一起的红茶馆
已是人去楼空无人伴
浪漫的岁月过去了一段
只剩下空座寂寞又孤单

想要恨你怎么这么难
睁眼闭眼都是你容颜
怎舍得海誓山盟的永远
变成抛在脑后的白色祭奠

想要恨你怎么这么难
撕掉扯掉回忆的丝线
怎舍得藕断丝连的缠绵

(2008年10月20日　作于京城万寿路中央警卫局招待所)

47 《勇往直前》

走在人生的路上,
多少风雨和追求。
再也不值得一提,
只知道,

彼此还要奋斗，
飞翔在天空，
永远也不要回头，
珍惜那一份永久。
无法表达的感觉。
期待，
快乐的小舟，
太多的孤独化为乌有。
尝试自由，
不再单纯，
寻找那片，
属于自己的天空。

（2008 年 10 月 21 日　作于四川达州）

48 《暮秋雨》

秋近暮晚星斗移，
清冽遍敷银霜。
晨夕自觉添服裳。
倏来阴霾至，
风掠裹寒凉。
一阵淋漓暮秋雨，
点滴洒落心房。
须臾迷蒙神黯殇。
岁月弹指过，

雨丝牵愁肠。

（2008 年 10 月 26 日　作于重庆山城）

49 《想说爱，已不容易》

思念——其实就是一种别离
也是心灵停泊的海港
情感驿站的小憩……
雪的美——早已不再是容颜的涂抹
而是风起时感动的那份心悸
想说爱——已不容易
而心中的那份迷惑
让四季脱离了原来的轨迹

相约在风霜雪雨之季
风 雪心中的那片绿地
清风阵阵 芳香暗袭
这尘世间的莽莽苍生
能否宽容风与雪的温情与孤寂?!
风说：是我爱上了你?
还是爱上思念你的感觉?
我在轮回中迷失了自己……

冬天的雪仍在洋洋洒洒
夏日的风仍会坦坦荡荡

给爱一个空间让它自由呼吸
多一份牵挂
多一点迷离
思念才会更加美丽……
当真诚与纯洁的爱
成为一种心醉
那时——这份爱才有了不用诠释的真谛!

(2009 年 1 月 7 日　作于重庆)

50 《情的荒漠》

我走进这片情的荒漠,
到处看不到生命的倩影,
只感觉死亡的威胁,
向我步步逼近。

我误入了人生的渊潭,
到处是黑暗弥漫,
听不到鸟语莺歌,
看不到太阳的光环。

啊, 让我迅速的走出,
这情感的绝境,
从新领略爱的春天,
冲出这茫茫沙海,

岁月的泥潭。

（2009 年 1 月 14 日　作于重庆）

51 《彷徨》

我在十字路口上徘徊，
看见许多丑恶的灵魂，
可他们头上都戴着美丽的冠冕，
唱着动听的道德的歌。

我在崎岖的小道上攀登，
看见许多人捧着两颗心，
他们说在人世中旅游，
没有两颗心实难生存。

于是我迷茫，于是我彷徨，
人世界是否有真理在闪光，
把丑恶与美好放在天平上，
谁人能称出它的分量？

只有当旭日从东方升起，
大地才会充满阳光，
可后面仍有黑夜跟随，
白昼啊与黑夜一样长。

于是我迷茫，于是我彷徨……

（2009年1月19日　作于重庆）

52 《渡》

梦很深情，
日子很寡淡。
剧情很张扬，
角色很内敛。
人生很冗长，
段落很简短。

有一种段落，
语文课上老师讲，
能够承上启下，
前面是结束，
后面是开始，
它在其中，
引出下面的内容。

不再急于下面的情节，
知与不知，
在的时候，
都能够渡过。

我们是自己的工具，
运用自己，
消耗自己。

在一切速度里，
集结。

（2009 年 1 月 25 日　作于忠县）

53 《春的诗》

春天来了，
春天来了，
春天的轻微的脚步声，
敲着每个人的心。
春天的妩媚，
勾引着每个人的情。
啊，春天，
天真，无邪，引人。

桃只顾开花；
柳只顾发芽；
鸟儿只顾飞；
鱼儿只顾游；
蜜蜂只顾闹菜花。
农村在繁忙；

工厂在沸腾；
难道他们都没有听见春的来临？

我茫然，
我惆怅，
我急步跑去问春姑娘。
春姑娘甜美的笑着：
你这恋春的诗人，
看世界是怎样的沸腾！
这万物的生长，
平凡而繁琐的工作，
不正是每时每刻谱写着
最深刻最壮观的诗吗？

勇敢而诚实的生活，工作，
胜过诗千行。

春真的来了，
敲着强者的心，
勾着强者的魂。

［2009年1月26日（春节） 作于万州］

54 《无语思人心》

江南

一壶酒
怎知人间事
花慕
春江水
无语思人心
诗中
千古句
自白浓寂寞
颜面
各不同
画皮映嘴脸

（2009 年 1 月 30 日　作于重庆山城）

55 《沁园春·万州》

小小万州，
美女如云，
山清水秀。
看文笔夕照，
水抱山环，
鼓楼幽静，
水晶琼阁，
碧波涟影，
锦水东逝，
淘却了多少能人。

举笔处，
愧江郎才尽，
佳句难成。

此地无数风流，
曾威武一时扬英明，
转瞬即消遁。
春花秋月，
桃李清荫，
俗柳风姿，
秀春浓夏，
谁能变更？
笑看人生终极处。
皆平等，
观东西南北，
独秀万州。

（2009 年 2 月 4 日　作于万州）

56 《是谁？》

是谁抚摸着我的身躯？
那么柔
那么轻
那么深情。
我感觉着

像是
少女用她神秘的爱
在抚摸着我的灵魂。

是谁抚摸着我的肌肤？
那么凉
那么芳
那么清新。
我感觉着
像是
少女用她的爱之曲，
在谱写善良与纯真。

是谁抚摸着我的身体？
那么美
那么纯
那么天真。
啊！
原来是一阵清风，
吹开了我惺忪的眼睛。

（2009 年 2 月 7 日　作于万州）

57 《希望》

我悲、我哀、我饥、我渴，

痛苦的鞭子抽着我。
我忍受……
因希望地曙光在闪烁。

我失恋、我寂寞，
我苦度着生活的坎坷，
但生命仍在放着异彩。
我忍受……
因希望的曙光在招引我。

我坚韧、我不屈，
正义之旗在飘扬着。
欣喜之余我感觉到：
我始终握着，
希望之神，
跳动的脉搏。

（2009 年 2 月 10 日　作于万州）

58 《春诉》

春天来了，
带着迅疾的脚步，
含着妩媚及诡秘的微笑，
当她还没有播完爱的种子，
便又匆匆的离去。

这么多年，
我多想陪春姑娘去游玩。
可我像一扇带轴的磨，
磨得我伤痕累累，
无法摆脱。

春之来临，
我死亡的心才开始复苏，
血液开始流动，
灵魂开始歌唱，
诗神也舒展身姿，
描一幅春的速写。

我多年对她的情，
也许她没有领悟。
倘若知我的痴情，
便会放慢迅疾的脚步，
带我去领略春之精髓，
摆脱生活中的迷雾。

春姑娘对我泄露了天机：
你若领悟了春之精髓，
你便踏上了幸福之路。
否则，你总会觉得
跟随你的是
寂寞、孤独与冷酷。

我想，也许如此。

不然，这么多年
连一句诗也没有吐出。
也许我的心流血太多，
或许我的魂哭泣太久，
命运把我甩入低谷，
定是我没有领悟春之缘故。

春姑娘啊，
你不要再对我施展妩媚，
更不要对我抛出诱惑，
就让我面对满地落英，
平复我滚动的情愫。
啊——不论我是发迹或是落魄，
都应让春之神在我心中——永驻！

（2009 年 2 月 13 日　作于万州）

59 《万州好》

万州好，
春光是伊人。
鹅黄翠芽报春讯，
风采万种集一身，
不信问春云。

举笔处，

佳句难咏成。
平湖如镜波如粼，
淡抹浓妆总是好，
不知是凡尘。

（2009 年 2 月 15 日　作于万州）

60 《怀春》

又是一年春水绿，
芽满青枝花上头，
曾吟多少吟春诗，
凤儿独戏弄风流。
只是媚春却易老，
嫣红姹紫反添愁，
匆匆人生如春也，
知己红颜终难拥。

（2009 年 2 月 17 日　作于万州）

61 《春讯》

当我看见吐绿的新芽，
心里就涌起甜蜜的欢笑。

那不是欢笑，
啊！是欣喜的狂涛。
这迸出的淡绿的芽尖，
为什么使我如此热恋？
啊！是新的生命，
是新春的来到。

当我看见春燕的翱翔，
春的电波驱散了我的彷徨。
他凌空飞舞，
不惧风雨雷电，
去迎接这不凡的春天。
啊！这明媚而不凡的春天，
有多少栋材的苗出现。

当我看见那淡淡的新芽的出现，
心中就会鼓起无限的豪感！

（2009 年 2 月 20 日　作于万州）

62 《题照》

看着 1984 年的毕业照片，回顾往事，思绪万千。提笔吟诗，以抒情怀。

光阴一刹那，
瞬间生白发。

春光一闪过，
回首望凋花。
余下叹息声，
谁念你我他。
各自奔前程，
实如浪淘沙。

（2009 年 2 月 23 日　作于万州）

63 《爱的感觉》

无论何时，
心中都会有一个身影；
青春美丽，
脸上透着灿烂地笑容。

无论在哪，
都会看到一双眼睛；
清澈纯净，
像秋日迷人的天空。

无论做啥，
都会听到一个语声；
莺舌百啭，
如闻仙乐如沐春风。

（2009 年 2 月 24 日　作于万州）

64 《缘》

花飞花落花满天，
情来情去情随缘。
雁去雁归雁不散，
潮起潮落潮不眠。
夜深明月梦婵娟，
千金难留是红颜。
若说人生有苦短，
为何相思难剪断！

（2009 年 3 月 1 日　作于重庆）

65 《三月的诗行》

长满温暖的思念
我在青青的老墙头
印上你的模样

烟雨里的船只
无法寻到去的方向
隔山
隔水

隔着遥远
这一刻
我看到眼帘深处的忧伤
远方
远方太远
我望不到

亲爱的
我只能
居一方孤地
静听雨弹

（2009 年 3 月 22 日　作于重庆）

66 《风花雪月》

调笑令·四首

（一）

狂风，狂风，
吹得春梦骤醒。
可惜欢情难续，
闭目神驰云雨。
雨云，雨云，
甘霖何时滋润？

（二）

落花，落花，

噙泪怨怼晚霞。
无可奈何别离，
意乱情迷心痴。
痴心，痴心，
谁人才是知音？

(三)

残雪，残雪，
乍暖还寒愁绝。
祈盼明媚春光，
又怕身陷悲伤。
伤悲，伤悲，
渴望激情荟萃！

(四)

冷月，冷月，
辉映一腔热血。
怀念展翅高飞，
遥想凝目流泪。
泪流，泪流，
人生不能回头！

（2009 年 4 月 10 日　作于重庆万州）

67 《悲欢离合》

悲——
两情相悦后

才知誓言虚伪
激情燃过满地灰炭

欢——
姻缘相聚时
福禄世人追求
散尽方悟人生苦短

离——
得时人不觉
失去始知珍贵
世间本既阴晴全欠

合——
因缘恰到处
本是道法自然
世人不知还自喜欢

（2009 年 4 月 19 日　作于重庆山城）

68 《车轮滚滚》

我看见
老去的春光
哗啦啦剥落
蜕下艳丽的壳

艰难的喘息
不敢确定
化蝶还是死亡

我举杯
约你共享
不管快乐还是悲伤
总在饮尽
最后一口的时候
才感觉
舌尖麻木
心口惆怅

我歌唱
从霸王别姬
到生将离肠
你听
歌词里
我的起伏动荡
苦的甜的
小调别样

我安排
我们痛哭一场
别找借口
说你没有肩膀
就靠在水泥堆前
就站在湖中央

在人群里
痛哭一场

我收拾
残羹剩汤
储藏起来
招待另一轮风浪
他们总是毫不客气
折断我桅杆起航
那就多留一宿
修补打浆

我嘻嘻欢笑
我抱着你的背影
在崩溃的边缘清醒过来
洗脸刷牙
整装
等待早晨的太阳

（2009 年 4 月 27 日　作于京城）

69 《想你的时候》

我是一只相思鸟
飞翔在爱的天空
我期盼着你

站在春天的山坡上
用丘比特金箭
将我射中
我会带着快乐的梦
在多梦的时节
温柔地拥抱你在怀里
带着你去到一个美丽的地方
在月光下
把你的深情收藏
以缠绵的幸福
演绎快乐的人生
在青青的山坡上
做一对相思的鸟儿
把美丽的春天
倾情歌唱

(2009 年 5 月 7 日　作于重庆万州)

70 《开花的树》

如何让你遇见我
在我最美丽的时刻

为这
我已在佛前求了五百年
求佛让我们结一段尘缘

佛於是把我化作一棵树
长在你必经的路旁

阳光下
慎重地开满了花
朵朵都是我前世的盼望

当你走近
请你细听
那颤抖的叶
是我等待的热情

而当你终于无视地走过
在你身后落了一地的
朋友啊
那不是花瓣
那是我凋零的心

（2009 年 5 月 14 日　作于重庆山城）

71 《屈原》

一个歌者
一个老人
从远古走来
衣襟上润着五月的湿露和香尘

他
悲歌白发
且啸且吟
《天问》怒水
《离骚》动魂
祖国
是绾住他生命的情结
他喜他哀他怒他嗔
五月的汨罗湖
涨满一季的缤纷
等候一个智者的现身
泽畔
一株思念的树
生出了千载的根

［2009 年 5 月 28 日（端午节） 作于万州］

72 《端午抒怀》外一首

一句唐诗
总是在这样的日子
穿过风烟和古道
打开那些尘封的记忆

春深似海的五月
长长的丝线

彩色的葫芦
一把沾着露珠的艾蒿

鸟鸣总能把黎明唤醒
青山的婚纱羞红了太阳的脸
对着你的清凉
我把霞光抹在了额头上

一口八印大锅
煮熟了鸡蛋 粽子
还有一个香气四溢的
童年

在故乡的端午
隐藏了一个冬季的花事
开始包不住了
泄露在峭壁 山涧

在他乡的端午
我的花季早已远去了
我翻晒着大唐的诗歌
还是那一句啊——
涩涩的　从心底泛起

(外一首)

心爱的姑娘随风远去
无助的帝王踯躅独行
草木见残烬而颤抖

蝈叫响亮而辉煌

龙舟和粽子远隔千年
亲密的石质在河底闪光
闷声不响的
石头　坚硬而真实

那土生土长的诗句
谁读　涕泗交流
叫她是楚辞的
是谁　白鸟翩翩

艾叶的香气浓郁辛苦
菖蒲的锋芒清澈如水

［2009 年 5 月 28 日（端午节）夜晚　作于万州］

73 《送别》

不是所有的梦　都来得及实现
不是所有的话　都来得及告诉你
疚恨总要深植在离别后的心中
尽管　他们说
世间种种最后终必成空

我并不是立意要错过

可是　我一直都在这样做
错过那花满枝丫的昨日　又要
错过今朝

今朝仍要重复那相同的别离
余生将成陌路　一去千里
在暮霭里向你深深俯首　请
为我珍重　尽管　他们说
世间种种最后终必　终必成空

（2009 年 6 月 3 日　作于万州）

74 《你是否与我有缘》

偶然间，你像朵白云飘过我的眼前，
无意间，你似阵春风吹醒我的梦幻，
不曾想，你令我怦然心动，
这团火，被你悄悄的点燃。

我不敢，刻意地将你追求，
只缘爱，是把温柔的利剑。
我不忍，让烈火向你蔓延，
任情感，流浪在荒漠草原。

你是否和我有缘，
请将我，融进你的思念。

你是否和我有缘，
请接受，我情感的期盼，

偶然间，你似朵玫瑰盛开在春天，
无意中，你飘落在我相思的河畔，
不曾想，那花瓣溅起相思漪涟，
一腔血，为你涌起多情的波澜；

我多想，想你那回眸的双眼，
能润湿，我心头干涸的期盼。
我多盼，盼你那红红的花瓣，
引领我，走近你温柔的港湾。

你是否与我有缘，
请为我，绽放出欢欣笑脸。
你是否与我有缘，
请为我，开启那爱的春天。

（2009 年 6 月 10 日　作于万州）

75 《人生如棋》

想走出你控制的领域
却走近你安排的战局
我没有坚强的防备
也没有后路可以退

想逃离你布下的陷阱
却陷入了另一个困境
我没有决定输赢的勇气
也没有逃脱的幸运
我像是一颗棋子
进退任由你决定
我不是你眼中唯一将领
却是不起眼的小兵
我像是一颗棋子
来去全不由自己
举手无悔你从不曾犹豫
我却受控在你手里
何时走出这棋局
需要才智和机遇
与其任由你摆布
不如勇敢去争取
人生如棋
落定成局
一步不慎
满盘皆输

赢了不要张狂
输了也别气馁
你扮演的角色需要你的功底
你吟唱的诗句来自你的积累
对弈的是命运
不要轻易就言弃
还有棋子掌控在你手里

还有领域可以纵横驰骋
走好人生每步棋
纵使无华也不悔

（2009 年 6 月 14 日　作于重庆山城）

76 《影子》

你的影子
我的影子
……很多影子
在这个黑暗而静寂的夜里
溜来溜去

月亮说：
你一直踩着我的影子
我却不知道
于是你偷偷的笑
太阳说：
你的影子一直紧跟着我的影子
我怎会不知道
于是我偷偷的笑

这样那样的影子
带给了你
带给了我
真实的快乐

何必再
渴求更多
等到有天上路了
也许会发现你我的不同

生无止息的路
慢慢的走……

（2009 年 7 月 6 日　作于万州）

77 《读孟学农一文有感》

一首心曲在何方，
情系三晋痛感伤。
行行可透怀中事，
字字深沉向苍茫。

（2009 年 7 月 17 日　作于京城）

附：孟学农近日在中国青年报发表的《心在哪里安放?》一文。

《心在哪里安放?》

孟学农

默默地思量：心在哪里安放？总想总想把她遗忘——京畿西面的屏障，黄河，太行，汾水吕梁，五台云冈……还有那 3700 万老乡！

心在哪里安放？在烈火熊熊的太钢炉旁，在黑金滚滚的大同煤矿，在晋南改造黄土地的村庄，或是，在雁北那啃着光秃秃草根的牛羊……

心在哪里安放？曾在江南水乡，塞外山梁，袅袅烟绕的庙宇，萋萋青草的毡房，或是，伴着大城市的美味佳酿，在妻子柔软细腻的胸膛，生活本来就惬意舒畅……

心在哪里安放？流转的时光，叩拜着敬畏的上苍，即使是农田、工厂，即使是商店、学堂，莽莽苍苍，过过往往，民主文明富强，那是人类最终的理想。

我多想多想，让窑洞传出书声朗朗，孩子们挥就健壮的臂膀，遨游在知识的海洋。

我多想多想，让母亲充沛的乳浆，缓缓地滴入孩子的口腔，婴儿在温暖的怀抱中成长。

我多想多想，让干涸土地得到灌溉，淙淙之水在贫瘠的高原上流淌，泥土的芬芳、晨曦的阳光，绿色的情景成为并不苛求的向往。

我多想多想，让鬓角斑白的老人，该吃饭吃饭，该上炕上炕，手中有余钱，家里有口粮。

我多想多想，手拿把攥着命运的人们，事该干，福该享，冲就冲，浪就浪，舞就舞，唱就唱，五千年文明史再不让我们悲怆。

哦，北国风光，吕梁太行，民族脊梁，铜壁铁墙。黄河拍岸的浊浪，一代代生生不息的愿望，在三晋大地闪射出后发的光芒。

融入吧，像细小灰尘一样，冉冉升起悄然落下，覆盖在祖国的土地上，心，不需要安放，只要在难忘的地方，有山在呼唤，有水在荡漾，心，就在挥洒的过程中——发光、闪亮！

78 《夏日的雨》

夏日的雨
像一位过客行色匆匆

乌云是你的身影
劲风与你相从
豆大的雨点是你急促的脚步
你从不理会世人的心情
只管风风火火
走过自己的旅程

夏日的雨
犹如一位迟归的游子
怀着对母亲热切的眷恋
和满腔赤诚
急切地扑向母亲的怀中
以不可阻挡的激情
让万物感动
让大地动容
夏日的雨
俨然一位从天而降的使者
在雷电的伴奏下
做着一番轰轰烈烈的事业
惊天动地之后
完成一次涤荡尘埃
净化世界的使命

（2009 年 7 月 23 日　作于重庆）

79 《45 岁生日自白》

眼睛不算太大

长相基本合格
因咀嚼痛苦太多
牙齿有些错落
皱纹像小溪
流淌在并不宽阔的前额
看熟了 是个活人
初次见 像尊泥佛
在缺少爱与尊重的年代
依然痴心地热恋着生活

最大的特点是容易受骗
血汗钱被人无由地夺走
想战败小人 为了几个臭钱
又觉得并不值得
总怕丢面子 让人瞧不起
而你最瞧不起的人偏偏把你琢磨
想对朋友述说 马上又恨自己度量太小
与她计较——你不就与她一般地丑恶?!
唯一嗜好就是法律
一天到晚与法同行
还偶尔写几行臭诗

[2009 年 7 月 28 日(农历六月初六、45 岁生日) 作于重庆]

80 《前世今生立誓言》

缘,
前世今生立誓言,

心相印，
风雨共手牵。
缘，
恩怨情仇总相连，
红尘爱，
自古难保全。

（2009 年 8 月 3 日　作于武汉）

81 《祭日·悼外甥》

外甥倾注的毕生心血……
一刹那，土崩瓦解！
心随着它的消失，跌入谷底。
碎了，碎了……

生者殷殷的缕缕期望……
一瞬间，化为乌有！
斗志在绝望中消失，戚戚漓漓。
没了，没了……

家庭……散了。
人间……变了。
在伤痛中觉醒

眼睛……亮了。
可是……太晚了。

仅剩的躯壳啊，
不能交还大地。

（2009年8月9日外甥因交通事故死亡尸体火化后作于武汉）

82　《人生道路》

人生，只有一次
道路，却有多条
习惯了，跟随大众的潮流
人往哪里去，你朝哪里赶
有时候，离开柏油大道
从羊肠，走出一弯独辟蹊径的路
道路不同，就有不一样的人生
不一样的人生，就有不一样的道路
别得意自己的柏油路，多宽阔
那人迹罕至的曲径，自有别致的人生
道路，邂逅胜仙境
人生，追随北极星

（2009年8月19日　作于重庆山城）

83　《静静的眷恋》

整理日子的时候

花儿谢了
缤纷的落在我的日记里
于是
世界多了一分凄美

想你的时候
秋风来了
带来你的讯息
感觉
却是这样的遥远

把眷恋收藏
独自在夜里偷偷品尝
味道
居然是苦的

坐标已渐渐远去
我还在原地守候
守候那一份浅浅的记忆
曾经的美好

（2009 年 8 月 22 日　作于重庆）

84 《七夕·寄友》

日月如梭
云彩如裳

风是跌落人间的织姑娘
织啊织
四季交换

送春天蝴蝶结，爱情故事
送夏天红裙子，恋爱季节
送秋天金满仓，合家欢乐
送冬天雪娃娃，白头偕老

送自己一双隐形翅膀，自由翱翔

聆听月音
北方大雁南飞回
喜鹊彩虹桥
天河星光灿烂

天上人间
有情人终成眷属

［2009 年 8 月 27 日（七夕节） 作于重庆山城］

85 《渴望》

我的心
因为过于激昂
而变得彷徨
我的灵

因有太多盼望
而充满忧伤
我也曾放纵
大声说笑 大声歌唱
用华丽的衣裳
掩饰内心的黯淡
我虚伪的皮囊
令我厌烦
我空虚的魂灵
找不到可停靠的港湾
漫步在清幽的湖畔
我心里充满了温情的伤感
抚着柳条 看着星光
我动情 叹息 迷茫
我渴望乘一双翅膀
飞离这没有爱的地方
我渴望自由地翱翔
寻找属于我的美丽天堂
厌倦了这尘世的盼望
漂泊的心不愿流浪
不再奢求 无欲则刚
回归宁静与安详

（2009年8月30日　作于京城）

86 《爱的目光》

敞开布满荆棘的心房

我深深地把你怀想
路迢迢，水苍苍
你现在究竟在何方
我的心一直跟随你
跟你一起去流浪
情惶惶，爱茫茫
我的幸福不知在何方
开弓没有回头的箭
出门顾不上爹和娘
茫茫人海我只想找到你
找回你那缕爱的目光

（2009年9月3日　作于京城）

87 《被遗忘的酒香》

长长的秋街，落叶三两
微醺，吹着酒气
一个人彷徨
用一千年去等待，值得
为一杯陈酿
秋色绚烂
四季的轮回里
果子凝浆
如果可以俯拾这样一枚
用来生做交换
我说，这也值得

秋街
角落里飘来发酵的酒香
叹一声
谁的果子
在这个秋日被遗忘

（2009 年 9 月 8 日　作于京城）

88 《满江红 · 教师礼赞》

千古悠悠，
有多少，
精英辈现。
皆源自，
恩师教诲，
呕心督勉。
粒粒汗珠滋幼蕊，
滴滴心血泽园苑。
蜡炬成灰两袖清风，
心无憾。
为师表，
垂风范。
扬正气，
播良善。
玉宇连秃笔，
栋梁千万。
待到国强科技盛，

笑迎虎恶豺狼犯。
育才兴邦感望长天，
无嗟叹。

［2009 年 9 月 10 日(教师节)　作于京城］

89 《沁园春·国庆》

万里晴空，壮丽山河，国旗飘扬。
看九州方圆，普天同庆；江河歌唱，遍地流芳。
社会稳定，人民幸福，改革开放谱新章。
新中国，如世界巨龙，屹立东方。
今朝如此辉煌，赖党政国策指方向。
忆峥嵘岁月，生灵涂炭；黎民多难，长夜茫茫。
枪林弹雨，出生入死，换得新生红太阳。
当珍惜，永葆河山赤，地久天长。

［2009 年 10 月 1 日(国庆节)　作于重庆］

90 《风孤园》

槐叶纷纷落满池，
枝头巢散雀飞离。
霜天万物含情逝，
暮晚西风梦亦悲。

(2009 年 11 月 20 日　作于重庆)

91 《悼爷爷》

烟锁梓潼，刘爷驾仙鹤，后人歇喉。
碧天白云，琴泪雨飞絮，意态悠悠。
万樽酌酒，任凭咋消愁，神伤倦谋。
柔肠寸断，万琴两地声，梦碎山河。

（2009 年 11 月 22 日　作于重庆）

92 《感恩的心》

风的温柔
雨的淅沥
耀眼闪电
飞舞飘雪
在心里
翠绿竹儿
姹紫鲜花
青草碧绿
傲骨青松
在心里
蔚蓝天空
浩瀚大海
和煦阳光

飘渺宇宙
在心里
感恩我的双亲
给予我生命
感恩我的养母
给我抚育成人
感恩我的师长
给予我知识
感恩我的朋友
伴随我的欢乐
感恩那些未谋面的智者
我知道如何尽责
感恩的心使我平和
感恩的心给我快乐
感恩的心教我舍得
感恩吧——记住
慧心者——李在万

[2009 年 11 月 27 日(感恩节) 作于重庆]

93 《虞美人·晓琴》

昨还阳光明媚，
今却黯然忧伤；
试问如此这样？
固须反思敢当！

(2009 年 12 月 3 日 作于重庆)

94 《内心独白》

平凡中有伟大的理想
即使永远无望
即使永远平凡
不必悲伤
因还有
心中对理想的执著

孤独中有久病的高傲
吞咽跳跃的自负
吞咽脆弱的亮点
走出环境置于的孤单
路途上
学着用知识装潢蓝图

生活中渴望真诚的友谊
学着关怀
学着付出
失望中更加坚信
因知道
人性中都有美好的一面

情感中向往圣洁的爱
不怕为爱痛苦

不怕寒秋中分离
就怕在记忆中把爱渐渐淡化
因早知
遥遥相望也是爱的港湾

人生中善意地欺骗生活
慌乱中已能镇静
快乐时面对沉默
孤单的挣扎谱写幸福
耕耘中必有
应得的一份收获

想象已被人生的坎坷抹平
生活中不再迷恋
生活中不再等待
成熟已在坎坷中诞生
寻觅中
已知如何面对必定的失败

现实预见未来未来给予现实
消耗浑浊的血液
挑战失败的经过
只要活着
消耗与挑战之间
必然存在着某种必然

（2009 年 12 月 5 日　作于京城）

95 《不尽相思莫奈何》

微醺方知情意多，
不尽相思莫奈何。
等闲识得佳人面，
无限新曲向天歌。

（2009 年 12 月 13 日　作于重庆）

96 《怀念》

曲终人散一周年，
仍有深深的怀念，
不是怀念一起的日子。
而是一场旷世绝唱的分手曲。
不论是多美的相遇，
为何都会结束，
选择一种姿态，
只想与你作一次告别。
站在人生的舞台，
唱出最艰难的一曲，
纵是绝唱，
却是一场戏中的辉煌。

（2009 年 12 月 14 日　作于重庆万州）

97 《爱在今生今世》

挟着风
裹着雨
默默地穿梭于日夜
一道道
一痕痕
铭刻在岁月的脸庞
喜过忧过

爱在今生今世
我不想再有泪水
我不要
再做来世的痴梦
我不能
在惬意中斑驳蚀去
我必须
高歌前行

爱在今生今世
我要将每一个微笑
嵌入四季的深纹
我要紧握生命的弦
让心中的音乐
跳跃 飞翔

爱在今生今世
无论谁向我走来
我必定
伸去温暖的手

我不在意天寒地冻
只愿您

舒心一笑

（2009 年 12 月 21 日　作于重庆江北）

98 《一曲春天的歌》

大海在诉说着：
自己沧桑的经历。
一次又一次，
潮起的等待、潮落的无奈。

季节在轮回着：
风情的故事。
阵阵风吹过，
无可奈何——花开花落。

岁月如歌，
在唱起一曲动听的歌。
往事如烟，

真情似火。

似水流年，
光夕复照。
日穿如梭，
时光像飞驰的列车。

当你那纯真的心还没有面目全非，
当你还有那激情的梦的召唤。
你就不会变老，
你的心就会永远年轻。

当你的心中充满了爱，
哪怕是丝丝缕缕的牵挂。
你就不会有孤独和寂寞，
你将不会有那失落和怅然的感觉。

当你的心扉洒满了春色，
依然畅想着那春天的梦。
你就能感受到——暖暖的无边的绿意沁人心脾，
而那冬的严寒只能无奈的离你而远去。

当你的心态是在淡然中享受着恬淡，
用一种平常心去对待你所面对的一切。
快乐将围绕在你的身边，
开心也将占据你的心坎、映红你的笑脸。

听，
那是大自然的消息，一曲春天的歌：

心中有春春常在，
梦里有花花常开。
春风又绿江南岸，
花海飘香满网缘。

（2009年12月29日　作于京城）

99 《小寒感怀》

昨日小寒，神州大地猛降气温，北方普降大雪，遂作《小寒感怀》

气温骤降露成霜，
小寒时节雪飘扬。
浩瀚长天飞白絮，
北国大地披银装。
南疆翠竹虽依绿，
塞外青松分外苍。
男儿不经严冬逼，
生来哪的性情刚。

（2010年1月6日　作于京城）

第二集

1 《寻找自由》外一首

怕失去
才紧紧的抱着你
直到
你慢慢的离去
自由
你说　自由
我就轻轻的

一放手
像断线的风筝
从我视线里　你飞走
自由
给你自由

怕失去
把自己也抱得那么窒息
自由
但你渴望 自由
我就轻轻的
一放手
我已不想　你再停留
自由
我给你自由

(外一首)

我看云的时候，云在飘
我看月的时候，月在走
风起云涌的是
遮蔽了我的天空
看不到了 那月 那星
我的公主，已经远去
或许回到了她的花园
或许漫步在垠垠星空
而我，将在这黑夜
慢慢回忆 慢慢寻找

(2010 年 7 月 22 日　作于春城)

2　《一去不复返》外二首

滔滔水并书两行血泪，
点点情相容万里江山。
本痴人相侯还夜续哭，
待佳人相伴旭日颜开。
追忆中辛酸苦辣繁杂，
追悔后现不复少年头。

(一)《空悲切》

望月当空尘世茫，
思绪纷纷皆断肠。
如影随形半生去，

岂叹今生何日扬。
凉心冰谷意随寒，
炽心难耐逐日远。
还花归宿落叶飘，
图梦不醒意随年。

（二）《悲腔泪》

坦然不知何为过，
痴心相印无益获。
天见不怜辛酸苦，
放浪天涯自由身。
心止若水本无癫，
明心静气本无狂。
化魔笑傲毕生路，
遂愿血染一线天。

（2010 年 8 月 11 日　作于重庆）

3 《人生难得糊涂》

世本是世，
无须精心处世；
人本是人，
不必刻意做人。
人生要懂得享受，
醉一回，
梦一回，

月朦胧，
鸟朦胧，
人生不必走的太匆匆，
世事不必看得太分明。

（2011 年 8 月 22 日　作于重庆山城）

4 《情感与困惑》

尘封了许久
那封情书
在秋恋的季节
漂淡一路尘缘却没有果实
莺莺的纸鸢
橄榄色呻吟
记忆荒芜后
比草根更蒂固
重重的闷跌
忧郁的心事被清水漱洗
扫不去的情乱
进退两难

遥远的山盟
锁定的栅门
拦堵了现有前程的灿烂
没有风的叨唠

一直忧虑的你
何时开怀

过去的过去
尽管在狭窄的心径勾锤
只因情感飞不起来
翅膀没了凤眼
疯狂针锋攫夺
原来都是早到的错误
今晚寸步难行
情感与困惑

（2011 年 8 月 17 日深夜　作于重庆）

5 《惊醒》

心已死，
泪已干，
不堪回首魂亦牵；
梦惊醒，
不了情，
往事如烟挥不去。
亦虚亦实，
亦爱亦恨。

（2011 年 9 月 30 日　作于重庆）

6 《夜晚的诗行》

夜晚倾斜在我的肩上，像个少女
留着语言的阴影。语言
相互碰撞，流利或者晦涩；简单或者复杂
如黑暗的燃料，从一本书的心脏流出血液

血液。顺着秋天的方向前进
形式上的花朵，直达孤独的宫廷
我的心到底掏给了谁
才这么容易滴水并腐烂

腐烂。那是精神的粮仓被打开
而我的安宁慢慢死去。和看不见的人对话
无法回避额头上的失败；那深刻的沉默
照亮两只手：左手握书，右手握笔

智慧的衣裳是形式上的花朵。爱情的翅膀
高高在上。我看到，有一束白光照在前方路程上

（2012 年 3 月　作于重庆山城）

7 《牵挂》

吾老去世多，
唯有母健在；
虽说四代人，
少有同堂乐。
栽下常青树，
耳目无昔聪；
盼亲更长寿，
儿念在心中！

［2012 年 4 月 4 日(清明节)　作于重庆山城］

8 《迷痴童心》

新蕾初绽正童年，
六一欢笑尽开颜；
童心永驻节日乐！
报效祖国心相连！

(2012 年 6 月 4 日凌晨　作于北京金台路)

9 《桃李芬芳》

茶亦醉人不必酒，
书能香我何须花；
笔尖耕耘桃李园，
墨水浇灌智慧花。

［2012年9月10日(教师节) 作于重庆少年新闻学院］

10 《秋夜思雨》

如果时间还是缓慢的流逝
我依然能够在秋夜
稍作停留

在月色消隐之前
与失眠的鸟儿一起
唤醒和风

于魅影摇曳的枝头
轻描
几串晶莹的雨滴

用咳嗽代替虚构的雷鸣
让久远的眺望
陡然滑落

即使秋叶潮湿的陨落
不会引发
同病相怜的叹息

还有一场雨
保持着春天的温度
点点滴滴渗入夜深人静

（2012 年 9 月　作于重庆山城）

11 《期望》

无缘又无悔，
夜深我自醉；
爱你千万遍，
何时影双对；
缘来又缘去，
经历心也碎；
期待有一天，
形影不离退。

（2012 年 9 月 2 日　作于京城）

12 《秋水》

水鸳鸯
水鸳鸯，前世来生两相逢
秋水里望不断的天涯路

水的光芒，和秋的哀伤

柔情似水重当年
把秋水拥入怀里，菊花残
秋水断，你着长衫
在青衣江上行走
如飞

你轻轻的一吻
秋水就颤颤地瘦去了

别对我说，覆水难收

无数次
抽刀断水的人，再也走不出这温柔的旋涡

背水一战
我终是可以在你必经的窗外
把秋水望穿

（2012 年 9 月　作于重庆万州）

13 《座右铭》

传承中华文化，
弘扬民族精神；
高擎法律之剑，
排解百姓之忧！

（2013 年 9 月 6 日　作于京城西直门）

14 《希望》

一年一度中秋节，
向往团圆没间歇；
一年更比一年好，
争取明年把婚结！

（2013 年 9 月 17 日　作于首都前门）

15 《中秋畅想》

一轮明月空中挂，

花好月圆美如画；
游走天涯共此时，
复兴之路耀中华。

［2013 年 9 月 19 日（中秋节） 作于重庆观音桥］

16 《崇尚》

崇德向善、见贤思齐；
积善成德、明德惟馨。
弘扬真善美、传播正能量！

（2013 年 9 月 27 日 作于京城万寿路）

17 《祈祷》

昨日重阳在北方，
直到此时心还慌；
不知家里咋个样？
唯愿老妈福安康！

（2013 年 10 月 14 日 作于北京海淀）

18 《顺其自然》

发上等愿，
结中等缘，
享下等福。
择高处立，
寻平处住，
往宽处行。

（2014 年 4 月 14 日　作于京城）

19 《自信》

山不解释自己的高度，高耸云端；
海不解释自己的深度，容纳百川；
地不解释自己的厚度，生养万物；
太阳不解释自己的温度，光芒四射；
本人不解释自己的人生，五味俱全！
不管怎样，快乐、健康、平安、幸福是一生的追求。

（2014 年 4 月 27 日　作于京城）

20 《想念妈妈》

一个电话，想了好久没有打；
一声妈妈，念了好久没回家；
一脸歉意，愧疚好久没表达；
一个借口，说了好久没回家。
又到母亲节，多几个电话，多几次回家！

［2014 年 5 月 11 日（母亲节） 作于京城朝阳门］

21 《父亲节忆父亲》

一年一度，节思二父[1]；
毕生慈善，众亲称赞；
朴实厚德，处世谦和；
谆谆言行，影响吾心；
寄托哀思，天国安息……

［2014 年 6 月 16 日（父亲节） 作于京城］

注释：［1］ 二父：指我生父和养父（也是我的伯父）。养父、生父分别于 1966 年和 1991 年因病去世。

22 《趣谈》

薄也好，厚也罢，最终难得永康；
讲温情，说胡话，不保鹏程万里；
无政策，无计划，何以济世泽民？
官场中人，唯有平易近人，才能力克强敌，登顶岐山之巅。
上联：不管薄厚按计划拿下
下联：若要永康照政策来办
横批：世界是平的

（2014 年 7 月 1 日　作于京城国务院 11 号院）

23 《生日感想》

今日六月六，
五十躬如柳；
荷花出水面，
五味皆都有。

[2014 年 7 月 2 日（农历六月初六、50 周岁生日）　作于京城丰北路]

24 《岁月如歌》

50 年老鹰，不需鼓掌，还要飞翔；
50 载草根，没人心疼，还得猛长；
50 岁男人，追求梦想，浪迹天涯；
50 筐野花，没人欣赏，也绽芬芳。
做事不需要人人都理解，只要明确方向不管结果怎样；
做人不需要人人都赞赏，只需认定原则心里坦坦荡荡。
坚持，注定有孤独与彷徨；
质疑和嘲笑，也都无妨；
就算遍体鳞伤，也要撑起坚强！
一生并不长，即使再活 50 年，
也要展现精彩！活得萧洒！活得漂亮！

[2014 年 7 月 2 日(农历六月初六、50 周岁生日)深夜
作于京城丰北路]

25 《算命子》外一首

人到五十活得戳，
人生挫折何其多；
天生命格已注定，
牛鬼蛇神别想拖。

（外一首）

人为财死，
鸟为食亡；
什么不为，
命活更长！

（2014年生日有感而　作于京城）

26 《七夕感怀》

一夕星辰一夕风，天上人间语难通。金蝉玉露几时逢。
欲借灵犀招鹊翅，又疑云路失鸿濛。终年此恨总无穷。

［2014年8月2日(七夕节)　作于京城万寿路西街］

27 《追梦人》

雄狮猛醒来，
情人佳节到；
夜赶追梦人，
别错好时间。

（2014年8月2日深夜　作于京城万寿路西街）

28 《感悟人生》

心情再差，也不要写在脸上，因为没有人喜欢看你的苦脸；
日子再穷，也不要挂在嘴边，因为没有人无缘无故给你钱；
工作再累，也不要天天抱怨，因为没有人会无条件替你干；
生命再短，也不要随意作践，因为没有人为你的健康买单；
生活再苦，也不要失去信念，因为美好将来也许就在明天；
感情再深，也不要死死纠缠，因为没完了的纠缠使人生厌。
前行再难，也不要踯躅不前，因为自己选择跪着也要走完；
品性再坏，也不要忘孝父母，因为你迟早也会有老的一天；
人生再美，也不是没有遗憾，因为心态放平才能有甘有苦！
真正友谊，而不是花言巧语，关键时候是拉住你的手向前！
婚姻之中，如你态度的转变，可以造就出一个真正的天使！！！

（2014 年 8 月 6 日　作于京城三里河南里）

29 《人生趣谈》

从政的最高境界：
忙中不说错话，
乱局不看错人，
复杂不走错路；
自律的最高境界：

无功不受大禄，
无助不受大礼，
无能不得大位；
生活的最高境界：
常与高人交往，
闲与雅人相会，
每与亲人休闲；
事业的最高境界：
爱岗尽职无憾，
养家小康无忧，
自己开心无悔；
荣誉的最高境界：
你已远离江湖，
江湖还有你的传说；
喝酒的最高境界：
你还知道他是谁，
他已经不知道你是谁；
交友的最高境界：
久不联系，
常在心中；
爱情的最高境界：
虽已白发苍苍，
依然执手相视；
生命的最高境界：
哭着来，
笑着走。

（2014 年 8 月 24 日　作于京城方庄）

30 《重阳·敬老妈》

游子他乡忆重阳，几多老人已故去。家有老妈尚刚常，牵挂儿郎。
那年那月那重阳，无风无雨又无霜。有田有地有池塘，还有花香。
山水曾经可记得，老妈或许早遗忘。曾经一起捉迷藏，直到天光。
国庆之后乃重阳，惦记老妈心发慌。工作之余常回家，儿孙满堂。

［2014 年 10 月 2 日(农历九月九、重阳节） 作于重庆山城］

31 《同学秋会》

(一)

昨日聚嘉州，
当年岁月稠；
高中五同学，
壮志不言愁。

(二)

成泉新万芳，
同学相互帮；
首尾一家亲，
相伴走四方。

(三)

人已过半百，

东西中南北；
同学情不变，
生活有差别。

(四)

畅想中国梦，
加鞭赶先锋；
务实求创新，
乌鸡成金凤。

（2014 年 10 月 4 日金秋，国庆放假期间，黄小城、陈守泉、陈明新、李在万、伯小芳五位高中时的同学 30 年后相聚一起畅谈纪实）

32 《静夜思》

如果真的有那么一个人，我想，我这辈子就知足了。
有多少人，明明分手了，却还爱着！
有多少人，明明还爱着，却说放手了。
有多少人，明明难过，却还微笑着说我很好。

（2014 年 10 月 23 日深夜　作于重庆建东路）

33 《秋声》

根埴沃土叶朝天，

青绿从容不计年；
仙草何必瑶池觅，
此物赛参更怡然。

（2014 年 10 月 25 日　作于京城中华世纪坛）

34 《一年两度遇重阳》诗三首

（一）

寓形宇内寄行藏，侧帽单衫本未妨。
卧对遥空驰想象，回思青史费周章。
是非早已归谈笑，宠辱于今俱淡忘。
又得浮生闲半日，一年两度遇重阳。

（二）

秋来景色尽收藏，酒后吟多也不妨。
峰险山凭长岁月，品高心自大文章。
生词句晦诗难就，花眼带宽时总忘。
若再登高当望远，一年两度遇重阳。

（三）

岁月匆匆天渐凉，平生际遇费思量。
且看流水多情碧，更有寒林着意黄。
百转千回惊白发，一年两度遇重阳。
痴心不改愚顽甚，犹抱初衷仍揽缰。

［2014 年 11 月 1 日（农历甲午润九月初九日）　作于重庆山城］

35 《迷恋静秋之夜》

挥笔豪放精气神，
海纳百川在外雄；
博宝艺术放光彩，
静静相爱于深秋。

（2014 年 11 月 3 日重庆深夜，乐音悠悠，墨香袅袅，跟随书的主人去寻找那一份心灵的安静，去品味书中对人生、灵魂以及人性的感悟，诗心款款，暗香盈满心房，来自内心激荡……书写静秋梦，我想你一定懂得，那就是静静相爱于深秋）

36 《思念》

小径秋霜昨夜寒，
草也愁颜，
花也愁颜。
斜阳影里雁飞南，
山也留连，
水也留连。
人事乡心总挂牵，
梦也思还，
醒也思还。

天涯痴念月光绵，
情也无边，
爱也无边。

［拍摄(写作)于 2014 年 11 月 13 日京城香山路］

37 《堵慌》

朝阳透雾映眼帘，
心急车堵在眼前，
人才聚齐等着急，
快用电波把线牵。

［拍摄(写作)于 2014 年 11 月 14 日京城朝阳堵车路上］

38 《等候》

静秋心扉屉，
内有千千阙；
心锈一把锁，
缘来才解结。

（2014年11月25日深秋夜书（写）于重庆山城）

39 《北京，叫我怎么爱你！》

环投大厦边，
立柱一线天；
冬阳普照下，
半空冒白烟。

[拍摄(写作)于2014年12月17日　北京市朝阳区　晴]

40 《成就梦想》

遇到某一个人
他打破你的思维
改变你的习惯
成就你的未来
——称之为：贵人
遇到一群人
他们会
点燃你的激情
觉醒你的自尊
支持你的全部
——称之为：团队
遇到一件事
唤醒你的责任
赋予给你使命
成就你的梦想
——称之为：事业！
对贵人要学会感恩，
对团队要学会忠诚，
对事业要学会坚持！
成就梦想梦想成真。

（2015 年 1 月 9 日　作于北京市朝阳区）

41 《等人》

细想窗前事无事，
远望北斗尘非尘。
一曲春诉几回问，
何时等来雪中人

［拍摄(写作)于 2015 年 2 月 4 日北京西山］

42 《情人节》诗词二首

（一）

前世回眸，今生结缘。

滚滚红尘，谁人可依！所谓伊人，在水一方，佳人难依，泪流千行！凭窗独倚，月洒憔颜，自顾盼，独悲伤！

情丝难剪，相思难断。

日日思，夜夜盼！喜鹊临枝，平添凄凉，心无所望，泪洒罗裳！

岁月如梭，怎堪蹉跎？白发易老，怎奈流觞？

若相依，莫别离……

（二）

今天节日属情人，全玫瑰，满街芬。书苑诗音，竞墨笔挥文。一纸行间多好句，我爱你，写真心。

男女自古敬如宾，案眉亲，守糠衾。眷属长谐，永好共白鬓。唯有诗意表寸心，送吉辰，迎新春。

（2015 年 2 月 14 日　作于北京市北京香江戴斯酒店）

43 《美好祝福》

大年初六六六大顺，送给我亲爱的朋友——

一壶老酒，充盈着绵香醇厚；

一段歌曲，流韵里情意悠悠；

一段岁月，叫人留下记忆；
一句祝福，伴随着你我的情意。
星星，或明或暗，在天空闪烁，像在微笑，
朋友，或远或近，总牵挂眉间、萦绕心头；
一条围巾，如雪中梅，传递着冬的情愫；
一条微信，如南飞雁，送来了春的问候；
亲人、朋友，一年不见，
愿你生活美满、工作顺利；
天气再冷，
也降不下牵挂你心的温度；
事儿再多，
也不能忘却对你的思念；
问候，是穿越时空的牵挂；
距离，是创造真情的空间；
幸福，是相逢时，
亲人天天为你精心准备的早餐，
幸福，是一家人围坐在一起，
看春晚，洋溢着的笑脸，
幸福，是依偎在故乡门口
沐浴着大山阳光的眷顾，
幸福，是给予远方的亲朋好友
斟上美酒的缠绵……

［2015年2月24日（农历正月初六） 作于重庆观音桥］

44 《喜之乐·梦之想》

羊年上班第一天，
喜上眉梢舞翩跹；
一篇文章发通稿，
要喝太白成诗仙。
海纳百川靠积淀，
惠风和畅把喜添；
五福临门六六顺，
幸福之梦会实现。

（2015 年 2 月 25 日　作于重庆江北校园小记者协会）

45 《正月初九登高节》

目睹祖国好河山，
中华儿女共平安。
登高祈福佳节日，
老少福禄康寿欢。

［2015 年 2 月 26 日（正月初九）　作于重庆大融］

46 《2015要幸福》

正月初八一路发，
满怀豪情爱中华；
高歌猛进奔小康，
生活甜蜜美如画。

[2015年2月26日深夜(农历正月初八)　作于重庆山城]

47 《吾母高寿》诗一首

母爱青山绿水长，
养我育我永不忘；
八旬有九精神爽，
日夜祈祷儿远航。

(2015年农历正月十五老妈妈89周岁时作于重庆忠县老家)

48 《读春》

抬头望，

大雁去何方？
人字形状分两行，
结伴形影忙，
回家乡，
到处都是好春光，
鸟语花香，
心荡漾，
绿水映红妆，
最爱自己家乡。

（2015 年 3 月 12 日　作于重庆忠县）

49 《苏醒》

不要因为没有阳光，
而走不进自己的春天；
不要因为没有雨露，
而忘记了自己的成长；
不要因为没有歌声，
而放弃了自己的追求；

不要因为没有掌声，
而丢掉了自己的理想；
不要因为没有爱情，
而牺牲了自己的幸福。

（2015 年 3 月 13 日　作于重庆山城）

50 《异国他乡——曼谷之恋》

近日得知挚友前往泰国旅游，于是让我想起 7 年前单身前往泰国旅游，给我留下了深刻印象。在此特给挚爱赋诗 5 首，供其在泰国一路饱览风光……

（一）《曼谷》

湄水清波涌，
浮屠刺碧空。
高楼虹霓闪，
窄路尾灯红。
新旧相辉映，
东西可共融。
眼观今日景，

回首七年同。

(二)《大皇宫》

流金尖顶指苍穹，
神圣威严气势雄。
艺术精华律实殿，
泰英合璧节基宫。
千年玉佛恢宏寺，
听政摩天伟业鸿。
异国他乡观胜景，
标新立异暹罗风。

(三)《泰国佛教》

丽日仙乡满树花，
缤纷五彩似袈裟。
城乡处处皆龛庙，
举国人人是佛家。

大道澄明国运盛，
众心向善孝忠嘉。
悟明过去未来事，
明月清风一盏茶。

(四)《菩萨蛮·人妖》

芭堤湾雅清清水，
中间多少男儿泪。
不是女儿身，
蛮腰佳丽人。
怀偎红粉俏，
数码灯光耀。
悲喜梦千场，
笙歌醉夕阳。

(五)《金沙岛》

金沙岛上铺金沙，

碧水盈天映绿椰。
浪静风平红日里，
倚山观海满眸花。

（2015 年 3 月 13 日　作于京城三里河，照片拍摄于 2008 年 4 月泰国）

51 《一个字："爽"！》

面对大海，海阔天空；
背靠大海，满面春风。
一个字："爽"！

［拍摄（写作）于 2015 年 3 月 24 日 青岛市崂山区］

52 《如果云知道》

如果云知道
我是乡下人
肯定会嫁给我

她会为我去调逗月亮
别让月亮靠近太阳
因为大槐树下的说书人
会说到天亮

如果云知道
我是乡下人
肯定会嫁给我
她会为我去勾引太阳
别让太阳掉进池塘
因为打谷场上孩子们
还在疯狂

如果云知道
我是乡下人
肯定嫁给我
她会为我看星星
和星星捉迷藏
耳语调皮的那一颗
背篼后的大砂缸
可别碰响
竹藤上的小妹妹
睡的很香

（2015 年 3 月 27 日　作于深圳福田）

53 《怀想》

九游梅沙滩，
每次心不甘；
屈指廿五载，
还得继续干。

[拍摄(写作)于 2015 年 4 月 1 日 深圳市大梅沙滨海公园沙滩排球场]

54 《清明节》外一首

清明时节心境凉，
上苍哭雨有几场？
痛心疾首红尘泪，
人间遍地是沧桑。
吟诗作词诉衷肠，

先烈英名万代长。
为国捐躯热血洒，
保家卫国谱华章。

《清明》(外一首)

清明时节雨纷纷，
千年古句扎下根；
祭先怀故情更浓，
幸福生活才是真。

[2015 年 4 月 5 日(清明节)　作于重庆]

55 《回家探母》

年增白发新，岁布皱纹深。
手拄龙头杖，微笑最可亲。
想儿捎信苦，见子泪纷纷。
莫怨儿不孝，连累慈母心。

[拍摄(写作)于 2015 年 4 月 8 日重庆忠县新立]

56 《汶川大地震七周年纪念》

灾难，
使我们心相连；
灾难，
使我们手相挽；
每一次坎坷，
都是对我们的考验；
每一次挫折，
都会使我们看得更远；
我们在灾难中崛起，
我们在灾难中奋战。
任何天灾人祸，
也阻挡不了历史车轮的向前！

（2015 年 5 月 12 日　作于重庆山城）

57 《走在乡间的小路上》

年轻的时候
曾爱上一位姑娘
每次走近她的身旁
很多温柔的话语

始终藏在心头
不敢对她讲
每次凝视她的眼睛

也不敢对视她的目光
常常走在她的身后
悄悄把自己的心事伪装
如今找寻不到她的身影
徘徊在曾经熟悉的小路上
心中装满她曾经的模样
一路的野花次第开放
心中不尽的矛盾和迷茫
有谁可以告诉我
她如今究竟去了何方
多年以后
再次回到故乡
这条热情的小河
它依旧汩汩流淌
昔日的小路寂静如初
曾经热恋的姑娘

如今一定成为别人的新娘
风依旧在耳畔吹响
往事的记忆历历在目
多少青春的印记
渐渐在岁月的流逝中远去
徒留那一幕幕支离破碎的片段
在落日余晖的映照中悄悄泛黄

[拍摄(写作)于2015年5月30日重庆市忠县]

58 《老妈妈好》

吾妈吾娘　情深恩长
长年在外　难以报答
每次出行　牵手嘱咐
儿呀你好　老妈就好
千万不要　牵肚挂肠

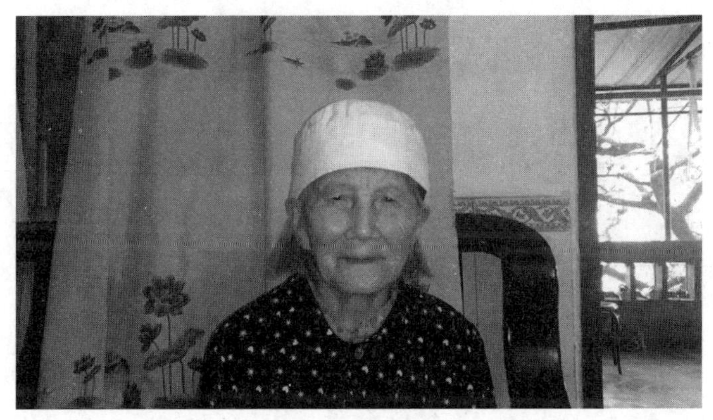

[拍摄(写作)于2015年6月22日 重庆市忠县]

59 《一年又见荷花开》词一首

借东风相送渡长川，摇荡碧帆船。剪春光半缕，云霞几片，浪迹天边。二十四桥明月，一十二回圆。短笛知何处？如雾如烟。

凝望青山不老，把少年心事，一一重燃。记平湖昨夜，曾伴落花眠。莫回头、回头千里，有声声、啼鸟唤留连。谁知我，梦寻江湖，岁岁年年。

（2015 年 7 月 10 日　作于京城）

60 《自嘲五十一》外一首

真觉光阴胜箭头，
半百将过重开头。
似曾相识藕连片，
荷花绽放叶绿油。
乌帽高悬莲枝头，
绿堂遥对痴静秋。
更将百岁为期望，
怀拽梦想四皓游。

自嘲《贺岁》(外一首)

岁岁与君别，
兄台雁影单。
甲辰五十一，

荷月下深潭。
衣湿风中露，
书悲玉阁栏。
何时是尽头，
再把青春还。

［2015 年 7 月 21 日（农历六月初六、51 周岁生日） 作于北京］

61 《谁是最可爱的人？》

谁是最可爱的人
三十五年前
我就读过这篇课文
从那刻起
著名作家魏巍
让我知道了
谁是我最可爱的人
今天是你的节日
致以崇高的敬礼

当兵是我一生的向往
可我又不是军人
但我深深的知道
一顶军帽 头顶的是责任
一身戎装 身穿的是庄严
一双军鞋 履行的是神圣

一个军人 骨子里的是军魂
担当是共和国的使命
今天的一首小诗
抒发的是情怀
爱我中华 扬我国威
你是我最可爱的人

[拍摄(写作)于2015年8月1日 12:45　北京三军仪仗队]

62 《夏日观莲》诗词四首

(一)

送罢春归梦已闲，池塘昨夜又生莲。

铺排嫩叶千重碧，挽结和风几世缘。
红烂漫，绿缠绵，小亭细雨接珠盘。
藕丝莫向心头系，采得清香只问禅。

(二)

结定春风今世缘，花开花谢且由天。
清枝剩露还余梦，晓月添霜未觉寒。
吟雪下，伴梅边，梅花与雪岂无关。
云庐断续诗声里，静守心期又一年。

(三)

漫引诗声到梦边，相思托月印窗前。
几曾种得菩提树，今世修成翰墨缘。
情欲醉，思难眠，谁人能悟此中禅。
梅花莫报春消息，留取寒香沐百年。

(四)

雨霁风开一叶弯，牵云捉柳绕亭轩。
鸳鸯枕上槐安国，富贵尘中金谷园。
花寂寞，梦阑珊，高楼斜倚总无言。
通宵待得春光老，且抱初心独自圆。

［拍摄(写作)于 2015 年 8 月 3 日　北京颐和园］

63 《今日，秋分》

碧空万里，
风和日丽；

秋高气爽，
丹桂飘香。
若无烦事驻心头，
便是人间好时光。

（2015 年 9 月 23 日　作于重庆照母山）

64 《中秋难眠之夜·望星空》

清杯独自望星空，
醉梦人生酒探戈。
阴晴圆缺人长叹，
半为迷惑半蹉跎。
若嘘前世缘何浅，
奈又今生何其哉。
一世温柔笑面虎，
浓眉泪眼唱秋歌。

［2015 年 9 月 28 日（中秋节）　作于首都北京］

65 《喜迎国庆·祖国万岁》

【喜】迎国庆精神爽，

【迎】头赶上好时光；

【国】泰民安歌盛世，

【庆】祝祖国万年长。

【祖】国人民大团结，

【国】色连馨百福接。

【万】紫千红总是春，

【岁】稔年丰喜报捷。

（2015 年 10 月 1 日　作于首都北京）

66 《游千島湖》

秀美千岛湖
富饶黎家乡
人在湖中游
嵌入仙景中

［拍摄(写作)于 2015 年 10 月 2 日 广安市黎家乡］

67 《雄心少年》

沐着和煦的春风，
迎着鲜艳的红旗，
我们在明媚的阳光下，
光荣入队。

唱起响亮的队歌，
宣起激动的誓言，
奔跑在祖国的大地上，
高歌猛进，
迎风飘扬。

扎起高贵的红领巾，
挺起茁壮的小胸膛，
今天入队是为了祖国的明天，
繁荣富强。

鼓起我们的信心，
建立我们的雄心，
为中华民族伟大复兴，
今日当小记者，
明天成栋梁材；
实现我们的梦想！

（2015 年 10 月 13 日　作于北京）

68 《喜添新愁》

2015 年 10 月 18 日【农历九月初六】12 时在重庆，是李家又一个喜结良缘的大喜日子。本应是人逢喜事精神爽！可是为什么在我心里始终高兴不起来，回想自己半个世纪经历的风风雨雨，使我喜上更添新愁。于是——

“世情薄，人情恶，雨送深秋花易落。晓风干，泪痕残。欲笺心事，独语斜阑。难！难！难！

人成各，今非昨，病魂常似秋千索。角声寒，夜阑珊。怕人寻问，咽泪装欢。瞒！瞒！瞒！”

问苍天：何时熬出头！

69 《霜降》

深秋霜降碧天静，
天静露凝入初冬。
初冬叶落彩蝶飞，
蝶飞风鸣红深秋。

（2015 年 10 月 24 日　作于北京香山公园）

70 《路漫漫》外十首

漫漫人生路
悠悠诗十行
喜怒哀乐事
句句诉衷肠

(一)《问自己》

即使有一千个
伤心的理由
在伤心之前
问问夕阳
明天你是否依然
万丈光芒
即使有一万个
抱怨的理由
在抱怨之前
问问花间的蜜蜂
你这样心甘情愿
是为了填满多少蜂箱
即使有太多太多的坎坷
阻挡了遥远的目标
在放弃之前
问问自己
还有没有重来一次的机会

(二)《竹》

郁郁千竿竹，
随风散淡香。
虚心生傲骨，
雅韵沐华堂。

(三)《梅开盼归人》

红梅傲雪开，
阵阵冷香来。
举目空思远，
良人哪刻回？

(四)《点绛唇·喜缘》

网海相知，
同欢龙凤呈祥地。
月痴花醉，
共结金兰谊。
……
兄妹情深，
挚语笺中寄。
长江水，
亦无从比，
不尽绵长意。

(五)《如梦令·何苦》

叶落草枯无数，
还看远山深处。
枫树染红天，
几度悲秋心绪。
何苦？
何苦？

忘却那时欢聚!

(六)《诉衷情·情深意长》

龙凤聚守喜欲狂，
兄妹义深长。
哪知静海生浪，
离别断人肠。
……
情不灭，
几思量，
泪千行。
晚来风急，
小月清明，
陡降寒霜。

(七)《谁知》

梦里的驼铃
走过历史长河
走不出风沙落寞
寻一个无人的角落
捡一片落叶
细数你的脉络
一份懂得
咽下了所有的苦涩
我沉默，你不说
天空落雪
拐个弯
我看到白色的蝴蝶

(八)《踏沙行·雨纷重阳》

岁入重阳，小雨迷茫，本应该登高远望，怎奈是路途湿滑，真个阴晴难料想。

已是深秋，雨后堪凉，杨柳叶谢幕收场，满山红叶领风骚，约友同行观赏。

（九）《人生若只如初见》

人生若只如初见，
你我儿女情长，
蝶戏鸳鸯。
人生若只如初见，
你我邀月同赏，
清袖盈香。
人生若只如初见，
你我桃花西厢，
朝暮暖阳。
人生若只如初见，
你我情海徜徉，
地老天荒。
人生若只如初见，
你我羽衣霓裳，
轻舞飞扬。
人生若只如初见，
你我兰陵酒香，
醉笑万场。
人生若只如初见，
你我轻描红妆，
倾情相望。
人生若只如初见，
你我共入画堂，
墨香情长。

人生若只如初见，
你我抚琴轻唱，
比翼成双。
人生若只如初见，
你我长亭花香，
芙蓉吐芳。
人生若只如初见，
你我十里画廊，
蝶醉海棠。
人生若只如初见，
你我雨夜潇湘，
互诉衷肠。
人生若只如初见，
你我喜拜高堂，
红烛暖帐。
人生若只如初见，
你我韶华春光，
三世同往。
人生若只如初见，
你我青丝染霜，
苦乐同享。
人生若只如初见，
你我执手江山，
繁华共赏。

（十）《仰望天空》

由于时空的误差
我们的人生
就注定了

只能相望
而不能相聚
时间的长河
奔流着日月
沉淀的
不是你珍藏的如诗岁月
流逝的
只是我那窗前凝望的模糊时光
不变的
是彼此如流的目光
仰望天空
心被深邃的蔚蓝牵引着
时而飘过的是你
那份潸然的美丽

（**注**：2015 年 10 月 24 日至 30 日，利用晚间之余整理，将我平时记下近 5 年的素雅，初选 10 首诗词释放自己的情怀。）

71 《悼黄玉伦老先生》诗四首

（一）《遗憾》

惊悉先岳驾西去，
遗憾无法去吊唁；
前世有缘后无分，
天上人间享独尊。

(二)《情缘》

细算结缘三十载，
坎坷恩怨已不在；
天伦之乐几十年，
两袖清风音容在。

(三)《硕果》

三尺讲台执教鞭，
学子美文一篇篇；
黄老桃李满天下，
九九满山红一遍。

(四)《神往》

驾鹤西去离人间，
一股青烟飘上天；
悠哉乐哉化作缘，
黄泉路上伴神仙。

(**注：**黄玉伦老先生于2015年10月25日作古，享年100岁。黄老先生执教过私塾，新中国成立后一直从教，于1980年退休。当时女儿告知我，由于远差新疆，无缘前往参加吊唁，特诗四首祭奠黄老先生，祝黄老先生天堂路上一路走好!)

72 《追忆》随笔

一首忧伤的歌曲，
唤醒了那些尘封的记忆。
我在里面寻找，

寻找你我相逢的足迹。
红红的枫叶，
也好似有着五山的气息。
异域的情丝，
早已去了另一个世界。
当年的自欺，
当年的痴迷，
还有那魂牵梦萦中的暗自啜泣，
一幕幕又浮现在心底！
难舍的情谊，
始料未及的诀别，
泪水在刹那间决堤！
匆匆分别后，
相守再无期。
愿得来生聚，
真情永不移。

（2015 年 11 月 2 日　作于重庆观音桥）

73 《秋色赋》诗二首

（一）

秋红山险景壮观，
天降瀑布垂银帘。
双层玉带作点缀，
晚秋枫叶红满山。

(二)

红叶满山映碧波，
晚秋美景秀湖泊。
古亭缀点水中影，
重影难分山与河。

[拍摄(写作)于 2015 年 11 月 5 日　贵州]

74 《静秋》诗二首

(一)

漫步在深秋，
情牵几度愁；
幽然寻好梦，
寂寞锁重楼。

(二)

心痴乐悠悠，
情重泪常流；
未若皆抛下，

逍遥墨海游。

（2015 年 11 月 6 日　作于首都北京）

75 《立冬感怀》

秋去冬来银花窗，
青山换颜着金妆。
风吹树摇蝶飞舞，
红梅傲雪闪春光。

（2015 年 11 月 8 日　作于重庆山城）

76 《借问青天情何物？》

辽望大地寒心骨；
天地轮回随自然，
尽心尽力终将无。
婷婷玉女入静秋，
潮起潮落心难纠；
今生无须他指望，
唯消误会解心忧。

（2015 年 11 月 10 日　作于重庆大坪）

77 《京日感怀》

秋去初冬大雪飘，
飘雪傲霜自多娇。
娇多天空迎光霞，
霞光辉映万里耀。

（2015 年 11 月 16 日　作于京城海淀）

78 《叶刚寻祖》

叶氏寻祖巴蜀校，
刚正大爱青英才；
寻源方知陶大圣，
祖国强盛乐陶陶。
在渝抗战仍支教，
万事不忘重教育；
陪都抗战扬光大，
同心强国靠大家。

附：

叶刚寻祖，

在万陪同；

校才圣陶，

教育大家。

注：2015 年 11 月 18 日，我国著名的作家、教育家、社会活动家叶圣陶老先生之嫡系孙子叶刚先生应重庆巴蜀小学邀请，前往该校参访寻找他爷爷当年抗战时期在巴蜀学校任教的足迹。本人荣幸一同前往。

叶圣陶，原名叶绍钧、字秉臣、圣陶，1894 年 10 月 28 日生于江苏苏州，现代作家、教育家、文学出版家和社会活动家，有“优秀的语言艺术家”之称。

1907 年，考入草桥中学。1916 年，进上海商务印书馆附设尚公学校执教，推出第一个童话故事《稻草人》。1918 年，发表第一篇白话小说《春宴琐谭》。1923 年，发表长篇小说《倪焕之》。

1949 年后，先后出任教育部副部长、人民教育出版社社长和总编、中华全国文学艺术界联合委员会委员、中国作家协会顾问、中央文史研究馆馆长、中华人民共和国全国政协副主席，第一、二、三、四、五届全国人民代表大会常务委员会委员，民进中央主席。1983 年当选为第六届全国政协副主席。是第一至四届全国人大代表、第五届全国人大常委会委员，第一届全国政协委员、第五届全国政协常委。

1988 年 2 月 16 日在北京逝世，享年 94 岁。

79 《小雪抒怀》

小雪到来天渐寒，
越冬农夫莫忘闲。
大江南北各相异，
小雪大雪紧相连。

(2015 年 11 月 22 日　作于首都北京)

80 《梅雪情深·品味人生》

梅香淡雅醉宾客，
雪舞悠闲风凑乐。
情动聆听自然曲，
深思妙语书景色。

[拍摄(写作)于 2015 年 11 月 24 日　京城西郊]

81 《纪念伟人毛泽东》

2015年12月26日　作于北京三里河

今天是一个特别的日子，是伟人毛泽东诞辰122周年。因此，为纪念一代伟人，特诗赋十二首。

（一）

万古风流赤子心，
山河正气九州魂。
肩担华夏千秋业，
来自田间第一人。
瀚海胸怀惊世界，
英雄肝胆立乾坤。
功如红日长空照，
舵领航船破浪奔。

（二）

湘江碧水铸精神，
挥斥方遒年少音。
橘子洲头携知友，
新民学会聚哲人。
驱张曾撼三峰动，
建党初开一省新。
心系神州千古业，
苍茫大地主浮沉

（三）

南湖画舫迓曦阳，

浩浩中华见曙光。
引领神州铸理想，
传播马列正能量。
民有精神船有向，
国添玉柱海添梁。
从兹星火燎原势，
帝官封建向凄凉。

(四)

井岗山上鼓声急，
重整中华展虹霓。
遍地红缨凝正气，
传播马列悟真谛。
南昌暴动军奋起，
共铸国魂树战旗。
突破合围避敌锐，
长征万里破荆棘。

(五)

敌有锋芒内有疑，
右倾保守左倾急。
身担重任执真理，
引领红军渡劫期。
遵义城中匡正宇，
指掌乾坤靠主席。
从此中华有舵手，
征程万里执帅旗。

(六)

用兵谋略信如神，
步步玄机慑敌魂，

四渡迷云惊赤水，
千峰巧运领青云。
敌军听令团团转，
老蒋着急日日昏。
百转千巡只一理，
军民鱼水感情深。

（七）

千岭旌旗万岭花，
延安灯塔耀中华。
民如水火须来救，
国处危亡必力拔。
抗战八年抛热血，
统一战线系千家。
东洋倭寇终败北，
大好神州满彩霞。

（八）

桃红果硕挂枝条，
谁抢桃实不可饶。
千里江山盈瑞雪，
万年事业握宏韬。
挺身谈判民心向，
指点风云志气豪。
三载争锋指挥定。
天安门上五星飘。

（九）

世界风云透在胸，
超级帝国较雌雄。
联军铁骑凌高丽，

抗美援朝战火熊。
五项原则推动力，
盈得世界共存荣。
寰球定向民必胜，
万里神州事业宏。

（十）

革命建设翼双腾，
战胜灾难民力撑。
外斗美苏称霸梦，
内挑困苦向繁荣。
五年计划春潮动，
六亿神州事业蒸。
世界之林能立鼎，
睡狮猛醒挺和平。

（十一）

历史曾多左右倾，
建国伊始警钟鸣。
担心腐败侵蚀党，
筹划偏颇思斗争。
浩劫十年说文革，
功过七三史有评。
英明领袖非神祇，
岂可求全望满盈。

（十二）

精神财富史传留，
节俭风由朴素求。
数卷雄文传后世，
精华诗赋耀千秋。

草行龙凤书独艳，
指点春秋品自殊。
引领全球谁不敌，
三个世界绘蓝图。

82 《雪花满地》

下雪了
几许牵念
都放逐在红尘之外
掬一捧回忆
拉开时间的距离
风搁浅在晶莹的世界里
那是我最深的记忆
留一份温暖在心底
待春暖花开之际
放飞在林间的春风里
雪花飘落满地
在这下雪的夜里
捻一抹柔情
凝结成诗行
谱写成倾城的美丽

（2015 年 12 月 27 日　作于北京）

83 《腊八节》诗二首

(一)

选米泡豆腊七忙，
腊八一早锅内装。
打醋包蒜瓶中盖，
屋中已是五谷香。

(二)

天寒地冻腊八粥，
慢火炖烧香味稠。
温暖身心家人乐，
金羊摆手待申猴。

(2016 年 1 月 17 日　作于北京丰北路)

84 《瑞雪兆丰年 · 迎猴出山》

近两日的降温，迎来昨晚重庆普降大雪。特别是主城区也迎来了一场近 20 年罕见的大雪，2016，重庆喜事连连，是个好兆头！

飞雪迎春到，
风雨送春归；
大雪压羊栏，
喜迎猴出山。

［拍摄(写作)于 2016 年 1 月 23 日重庆江北］

85 《觉醒》

曾经我们欣赏雪花
她的谎言让人忘记寒冷
那时我们赞美寒梅
也是骗她忍受寒冰
其实人人都渴望春天
却又只能屈服冬的欺凌
今日立春了
内心的渴望猛然觉醒

(2016 年 2 月 4 日　作于重庆)

86 《新春快乐》

新开鸿运启新程，

春色来临万象荣。
快意当前添福禄，
乐山乐水雀长鸣。

87 《合家团圆》

合力凝心福满堂，
家中老幼且安康。
团年喜庆良宵夜，
圆满今朝话短长。

88 《恭喜发财》

恭迎新岁乐连连，
喜沐春风带笑眠。
发贵当能循正道，
财源滚滚福无边。

89 《吉祥如意》

吉日良辰喜意绵，
祥和岁月壮山川。

如何更上一层楼，
意在筹谋意在先。

（2016 年 2 月 8 日　作于重庆）

90 《光阴》

一日连两岁，
两岁度一日；
度日如度年，
度年如度日。

（2016 年 2 月 9 日　作于重庆）

91 《希望之光》

火树银花不夜天，
迎春接福把寿添；
猴年大吉一路顺，
更喜生活比蜜甜。

（2016 年 2 月 9 日　作于重庆）

92 《李在万祝福大家新春快乐猴年大吉》

【李】门仙地育英贤
【在】外一片桃花源
【万】家灯火共庆贺
【祝】君成就领人先
【福】运相伴前程锦
【大】国雄起敢担当
【家】庭和睦人更欢
【新】潮涌动新风尚
【春】满华夏百花鲜
【快】步进取把梦圆
【乐】在盛世享平安
【猴】载风姿神州立
【年】长日久福祉添
【大】张旗鼓兴伟业
【吉】星高照喜讯传

（2016 年 2 月 10 日　作于重庆）

93 《李在万诚邀亲友参加老妈妈九十大寿庆典活动》

【李】花等待春来开

【在】外一片桃花源
【万】紫千红总是春
【诚】朴诚实是美德
【邀】游中国柑橘城
【亲】临橘海乐翻天
【友】情相连一线牵
【参】杂情绪全抛开
【加】减乘除开N方
【老】有作为精神棒
【妈】在老家儿牵挂
【妈】盼儿子早安家
【九】十载风霜雪雨
【十】全很难求十美
【大】家齐聚庆大寿
【寿】星恭迎你我他
【庆】贺新春福满堂
【典】礼正月一十三
【活】蹦活跳把喜沾
【动】问亲友可方便

（2016年2月20日中午　作于重庆忠县新立镇政府）

94 《悼姨爹——刘光德老先生》

世态炎凉尝冷暖，
一生一世多辛酸。

婕父七子难求圆，
作古还得留遗憾。
春风化春化作雨，
魂魄晚风探月影。
梦乡惊见始如初，
天上人间愿安好。
香火缕缕心刺痛，
八十八个春秋梦。
一捧黄土隔两界，
千里迢迢追思念！

注：姨爹刘光德，重庆丰都人，生于公元一九二八年农历五月初八，卒于公元二〇一六年四月五日，享年八十八岁。有着66年党龄的农村老党员，担任大队、村党支部书记55年，为党的农村基层党组织工作奋斗贡献了一生。可谓是一身正气，两袖清风。数十次获得“优秀共产党员”和县、省级“劳动模范“称号。改革开放以来，其七个子女思想受到一些冲击，老共产党人仍严格要求他们，可换来老人晚年的悲哀，个个远离他乡各奔前程，导致进入社会福利院独自度过自己晚年生活直至带着遗憾走完人生的终点。

可敬可爱的姨爹，天堂路上一路走好，安息吧！

（2016年月7日　叩写于重庆丰都中和场）

95 《哀悼杨绛先生》

天阙来讣告，
文坛陨知音。
文采随君去，

笔砚有遗鬓。
传奇最才女，
贤淑世纪馨。
万流归沧海，
河山抚哀琴。

（2016 年 5 月 26 日　作于北京）

96 《怀念父亲》

朦胧时候
父亲是一座大山
坐在他肩上总能看的很远 很远
懂事时
父亲是一颗倔强的弯松
几十年后
这才发现
我的分量也是如此重
而现在
父亲啊
你是一首深沉的诗
儿默默的读
泪轻轻的流

［2016 年 6 月 19 日(父亲节)　作于北京］

97 《再望月……》外一首

十五的月亮十六圆
昨天是中秋
我在深夜
一直等待着那轮
久违的月亮
却没有露脸
未能满足
一个孤寂者的心愿
记得
在很多年以前
月光下
有一个诗人
将自己心中的恋人
苦苦地惦念
两颗心的距离
很长，也很短
我在这头
她在那头
几秒钟就能速成的一幅画
我从十五临摹到十六
才把中秋的月亮画圆

(外一首)《黑白之间》

黑与白

是一条既模糊
又清晰的分界线
如同人生
道路不可能是一味的平坦
有直也有弯
有光明
必有黑暗
就像，女人
在她的世界里
一生中
必有一个男人与之陪伴
阴阳互补
刚柔相济
才会把
平淡的生活
过得生机盎然
中秋来了
又去了
目睹高速公路拥堵的车辆
就像心中拥堵的情感
摄入与回放
十五的月亮
圆了又缺
缺了再圆

（2016 年 9 月 16 日　作于重庆山城）

98 《国庆节快乐》

【祝】语声声话吉祥
【愿】今傲气九州扬
【朋】言盛世人人乐
【友】道繁荣代代强
【国】泰民安吟壮美
【庆】词阕阕谱华章
【快】歌高唱千秋顺
【乐】贺中华万世昌

（2016 年 10 月 1 日　作于武汉市盘龙城）

99 《十月情怀》

恰在国庆时来临，
赶在立冬的前面。
以一千零一夜的心，
用天方夜谭之情，
把你深深依恋。
我的胸怀，
如石榴笑开的脸，
我的焦灼，
如火烧云的热恋。
等你 在白云蓝天之间，

为什么你，
还不把我的手儿牵？
十月的思念，
在文字里孤单，
我渴望的温暖，
不要在泪水里断线。
大雁已归南，
梦幻思恋缠绵，
为什么你，
还不把爱的路点燃？

（2016 年 10 月 4 日　作于湖北武汉）

100 《晚秋》诗二首

（一）
举国大地欢，
国庆七天乐。
深秋天渐凉，
暑去精神爽。
（二）
寒露天变凉，
早晚添衣裳。
注重保身体，
劝君莫逞强。

（2016 年 10 月 8 日　作于武汉市盘龙城）

第三集

1 《人生旅途》组诗九首

《女人》

一半是天使，
一半是魔鬼。
女人如花，
花开花谢，
永驻的不是容颜，
而是内涵。
花有百媚千红，
女人有风情万种。
女人花，
花开不一定倾城，
但一定花开美丽。

《男人》

一半是君子，
一半是动物。
好男人的基本标准：
不一定要浪漫，
但一定要负责任；
不一定要挣大钱，
但一定要养家；
不一定要事事听父母，

但一定要有孝心……
你可以做不到胸怀天下，
但至少要有一份宽容，
你可以做不到志在千里，
但至少要有一种信念。

《友谊》

一半是迁就，
一半是尊重。
朋友不一定常常联系，
但也不会忘记。
每次偶尔想起，
还是感觉那么温暖……
不管未来多遥远，
我们是永远的朋友。
那些叫朋友的人，
不是过客。

《家庭》

一半是付出，
一半是收获。
大千世界，
芸芸众生，
每一个人都有一个，
属于自己的家。
想家恋家，
心中有家，

家和万事兴，
有爱就欢心。

《父母》

一半孝顺，
一半陪伴。
百善孝为先！
在无数次的第一次中，
在漫长的成长道路上，
父母付出了多少心血，
倾注了多少爱！
世上最大的恩情，
莫过于父母的养育之恩。
值得我们用生命去珍爱，
用至诚的心去感激，
用切实行动去报恩。

《工作》

一半是运气，
一半是努力。
工作是我们生活中，
不可缺少的一部分。
用积极的态度去，
迎接每一天，
努力工作，
充实的度过每个春秋。
走的路，

不后悔，
等到，
抬头的那一天，
历尽辛苦的脸庞上，
是收获的微笑。

《幸福》

一半是感觉，
一半是知足。
幸福是什么？
有人说，
幸福是一生平安；
有人说，
幸福是衣食无忧；
还有人说，
幸福是每一天都快乐……
其实说来说去，
知足就是幸福，
它只是一种感觉，
一种平和的感觉。
朋友：别找了，
幸福就在你的心里。

《梦想》

一半是勇气，
一半是幻觉。
梦是一种欲望，

想是一种行动。
梦想是梦与想的结晶。
每个人的心中，
都有一个梦想。
梦想是美好的，
但是，
实现梦想的道路是曲折的。
无论如何，
必须认真的面对它，
坚持了，熬过了，
梦想就实现了。
一个实现梦想的人，
就是一个成功的人。

《人生》

一半是清醒，
一半是糊涂。
说不清的，是人；
想不通的，还是人。
或许，
人生就是这样，
一半糊涂，
一半清醒。
有时糊涂，
有时清醒。
别把自己逼得太紧，
总要留些，
时间与空间给自己。

人们常说，
不经风雨，
怎见彩虹。
活着，
就是一种幸福。

（作于丙申年冬月初一凌晨）

2 《感恩节》有感

繁华中求简宁，
落魄中亦安神，
而今，
繁华与落魄，
都能温和地纳入襟怀，
犹感欣然。
回眸中，
眺望春风的来路，
有些际遇，
看的无比轻薄，
唯与你眼神会意的惊艳，
一瞬，
便是永恒。

注：2016 年 11 月 24 日在感恩节来临之际，出差成都，有幸与几位同学相聚开怀畅饮。感恩同学之时，更感谢苍天让我与 30 多年没相见的小学老师李田元老师相聚。昨日中午师生相见不言而喻，举杯胜欢！唯有遗憾，没与老师合影。因

此，在感恩节之际：感谢苍天、感谢大地、感谢父母、感谢老师、感谢同学及所有亲人、朋友，因为有你们，才有我谱写生命华章。谢谢大家，感恩节快乐。

3 《智慧人生》

风来疏竹，
风过而竹不留声……
雁渡寒潭，
雁去而潭不留影……
事来而心始现，
事去而心随空……
聪明的人，
总在寻找好心情；
成功的人，
总在保持好心情；
幸福的人，
总在享受好心情。
同样是一颗心，
有的能装下高山、大海，
有的却只能装下一己之悲欢。
有大心量者，
方能有大格局、
成大气候。
心有多大，
世界就有多大。
梦想有多远，

脚步就有多远。
昨天不重要，
重要的是把握好今天！

（2016 年 12 月 23 日　作于京城梅地亚中心）

4 《永远怀念毛泽东》

尽管从未见过你的身影
我的脑海里却铭刻你的笑容
尽管从未听过你的声音
我的热血中却澎湃你的激情

在你离去的那天
我不理解 身边的人们
为什么流下了那么多热泪
当歌颂你的红歌再次唱响
我才明白 那是因为你的英明

在淡化中
你的思想走向永恒
在污水下
你的人格越发晶莹
我不愿重叙你的伟大
这些连你的对手都不敢否认
只想找出你的一些过错

只为爱你的人把思念稍稍减轻
可是我实在很难做到这一点

不知我应该失望
还是应该高兴
你做的许多“错事”
今天看来似乎都是对的

是责怪你的人
一次又一次地为你证明
你的担忧今天正在成为现实
你的警言将迷醉的人们唤醒

你粉碎了自己一世的英名
将不灭的物质化成不朽的思想
融进了追随者的心灵

（2016 年 12 月 26 日　作于京城梅地亚中心）

5 《元旦怀想》

花开花落又一年，
鲜花能有几多鲜。
斗转星移催人老，
珍惜当今每一天。

（2017 年 1 月 1 日　作于京城丰台北路）

6 《坦荡闯人生》

人生坦坦荡荡清清白白，
做事踏踏实实勤勤恳恳，
自在就好。

怀有坦荡之心做人，
做人做事心平简单，
十全十美的事难找，
十全十美的人难寻。

坦荡是一种气度，
把心放平，把事看轻，
才会活得舒坦，活得快乐。

简单是一种宽容，
不去贪婪，不去攀比，
活得安静，过得开心，
人生苦短，千万不要活得太累。

生活简简单单平平凡凡，
处世高高兴兴开开心心，
快乐就好。

风尘旧事，过往云烟，
缘分里多少来来回回，
断断续续终是过往。

多少强求，多少挽留，
过不完的明天，理还乱的今天，
安放在走远的昨天。

我们渴望简单，
简单地走，简单地爱，简单的生活。
何必舞弄人生的聪明，
神神秘秘，看不透，摸不着？

人生如要无遗憾就坦荡，
生活要想不烦恼就简单。
坦坦荡荡过生活，
简简单单走人生。

（2017 年 1 月 8 日　作于京城梅地亚中心）

7 人生感悟：《读着自己》

都说女人是水做的
温柔、纯净、又不失缠绵
似水的女人有水一样的灵性
有如涓涓细流一般
让人爱怜
让人心静
她不一定美丽
但是却让人清凉、凝神

如果说男人是茶

那么就需要这样一汪清泉来泡
一包混杂着多种浓情和淡意的茶
无论他是苦是甜，是酸是涩
都在等待一个清纯如水，细致如水的女人
不管前方要经历怎样的苦痛
煎、熬、烤、煮……

无所谓
因为他急于舒展筋骨
去磨练岁月
去灿烂一生
男人如茶，一生干涩
穿越幼稚、成熟、老练
最终清香四溢，实现蜕变
你看到男人的伟岸和风光
却不曾看到其中被煎熬的过程

不过
就像男人清贫的过去、曲折的经历
奋斗的过程、挫折和崛起
一切的一切，他们从不言说
因为有水作伴，自然完美
我们常说，好茶需要好水泡
不同的茶对水的要求也不尽相同
好的水质配上对的水温
才能真正品出好茶味
就像男人选择女人一样
适合自己的才是最好的

当然，茶分三六九等，男人亦是

真正的好茶经得起水的考验
细细品尝，余香绕梁，百般回味
真正的好男人
同样也能经得住世事打压
眼明心静，睿智及身
相处久了，便知其天赋本色

一个男人再优秀
如果没有贤德高尚的女子相伴
他的优秀也没办法得到淋漓尽致的展现
所以才说
一个成功男人背后
定有一位智慧的女人

男人如茶，女人似水，茶水交融，缺一不可
所以茶叶和水天生就是般配的
如茶的男人把一次次的记忆沉淀在心里
他珍惜自己的选择
用自己的方式读着茶，读着自己

只有似水的女人才能读懂如茶的男人
似水的女人知冷知热
懂得精心呵护与扶持
她会理解男人的思想
体察男人的苦乐
给男人疲惫的心灵以妥帖的抚慰

（2017 年 1 月 12 日　作于京城三里河南里）

8 《如果有一天》

如果有一天，
我从你的世界消失了，
你会不会在街上走着走着突然想到我，
站着愣神好久；

如果有一天，
我从你的世界消失了，
你会不会在最快乐时想起我，
想让我和你一起分享你的快乐；

如果有一天，
我从你的世界消失了，
你会不会在半夜突然醒来，一夜无眠；

如果有一天，
我从你的世界消失了，
你会不会无数次的点击我的朋友圈，
看看我曾留下的痕迹；

如果有一天，
我从你的世界消失了，
你会不会认真的，
用心的看我的每篇文章，
然后理解我当初是多么的珍惜你；

如果有一天，

我从你的世界消失了，
你会不会觉得其实你是想我的，
其实你也很在乎我；

如果有一天，
我从你的世界消失了，
你会不会痛哭流涕，
就像迷失了自己；

如果有一天，
我从你的世界消失了，
你会不会紧跟着与我相似的背影，
只为确认那是不是我；

如果有一天，
我从你的世界消失了，
你会不会像上面我说的一样去做？

我想你不会，
因为我不是你心中最重要的那个人，
也不是你生命中不可缺少的一个。
别说我是你最爱的，
并帮你确定，
我真的不是，如果我是，
你又怎会让我的手轻易地在你的手中滑落。

（2017 年 1 月 18 日　作于北京丰台北路）

9 《过年》

年，
就这样，
隆重而来，
却悄然而去。

一年又一年，
丰满了记忆，
苍老了容颜，
迎来了春光，
送走了冬寒。

一年又一年，
期盼中载满祝福，
愿望中满是平安。

一年又一年，
我们从孩童走进中年，
从中年又将走进老年。

一年又一年，
不必感慨也不必抱怨，
最好的皆是顺其自然。

一年又一年，
感恩生活也珍惜遇见，

执着努力亦随遇而安。

2017 来了，
愿我们在新的一年中，
健康快乐，
平安幸福，
万事如意！

[2017 年 1 月 30 日(春节)　作于重庆山城]

10 《重阳》

今又重阳，
满山遍黄。
他乡游子，
心系老娘。
寒露已过，
天气转凉。
注意保暖，
幸福吉祥。

[2016 年 10 月 9 日(重阳节)　作于京城梅地亚中心]

11 《悼念抗美援朝老兵——我的姨父》

故姨父钱公治益（志一）大人之行柩前而泣曰：呜呼！

时值新春　万家团圆
举杯庆赞　欢天喜地
突传噩耗　姨父辞阳
山河垂首　星辰无光
回顾姨父　青春正茂
投戎从军　抗美援朝
英勇杀敌　保家卫国
解甲归田　建设家乡
一生善良　勤劳简朴
造家立业　戴月不徨
团结和睦　孝敬高堂
扶危济困　倾囊相帮
诚恳待人　花言不讲
埋头苦干　众人颂扬
养女训媳　教子有方
诲我以德　宽慰儿郎
知寒问暖　恕吾痴狂
吾等往返　招待周祥
和蔼近人　胜过爹娘
扶助姨侄　尽力发光
姨父之德　海水难量
家庭玉柱　经济栋梁

厚道善念　高寿八六
因病去世　姨侄闻讣
泪泉流淌　今来悼念
倍感悲伤　麻衣飘白
宝幡飞扬　目睹此景
殊甚心绞　柩前跪拜
聊表衷肠　一言难尽
唯愿天堂　一路走好

[抗美援朝老兵——钱治益（志一），重庆忠县人，生于1931年农历腊月二十，卒于2016年农历腊月三十，享年86岁。1951年9月参加中国人民解放军（志愿军），1954年9月复员退伍，一直享受中朝两国经济补贴]

丁酉鸡年正月初七凌晨七时姨父入土为安！
姨侄李在万　叩首

12 《写给自己的情人》

真正的爱情，
根本就不需要甜言蜜语来装饰，
更不需要精美礼物来点缀。
真正的爱情就是，
可以为爱的人放弃一切。
生活注定不是平坦大道，
我们不再年轻的面孔下，
都带着时光剩下的伤痕，
仍会选择勇敢地向前走，
追寻健康、平安与幸福。

最深的爱，总是风雨兼程；
最浓的情，总是冷暖与共。
今天，是情人节，
向往着美好的爱情，
誓死不渝的美好爱情，
让我们更加懂得什么是真爱。
祝福心爱的人，
也祝福全天下的所有有情人，
情人节快乐，顺意安康！

（2017 年 2 月 14 日　作于重庆山城）

13 《雪》

飘飘洒洒的雪
下了整整两天
清了空气明了眸
甚是欢喜

冬的色彩
是一幅洁白的画
冬的心境
是一曲等待的歌
让那一抹淡淡的心情
在洁白的世界里
更加的纯净

更加的清澈

让心满载着希望
让冬成为一种
温暖的力量
静静的等待
春暖花开的到来

（2017 年 2 月 23 日　作于京城万寿路西街）

14 《雾霾》

大好河山遭破坏，
神州到处是雾霾。
天公何时重抖擞，
玉宇澄清万里埃。

（2017 年 3 月 10 日　作于京城）

15 《春光》外一首

春风又绿江南岸
阳春三月桃花开
鸟语花香春色美

万紫千红又一春
在一个又一个春风乍起
像我们今天一样的日子
是谁种下花开如海
种下佳木苍苍
种下这一片千年的春光

(外一首)
三月桃花香，
福禄寿安康；
句句祝福语，
脱贫奔小康。

(2017 年 3 月 15 日　作于重庆万州)

16 《舞动青春》

莲儿娇艳迷人
梨花诱人断魂
醉翁摇起大旗
接龙舞动青春

(2017 年 3 月 19 日　作于京城)

17 《复苏了，春之爱》

如果春不能触动你的灵魂，
那么，你的灵魂也就僵死了。
复苏了，春之爱，
那枯枝上绽开的，
一片片的绿叶，
经历了严冬的磨砺；
那崭新的生命，
又奇迹般地闪现了。
啊！是春的深沉的爱，
才使大地复苏。

激动人心的春啊，丽日流泻的春，
把那爱的粒子，
洒向了人间每一个角落。

只有当春来临之时，
我才意识到生命的存在；
是春的神韵，
给了大自然无尽的风采。

只有春的蜜液融进了你的躯体，
只有爱之火在你灵魂深处长久的燃烧，
你的生活才会幸福，

你的容颜才常留风采。

啊！复苏了，春之爱。

（2017 年 3 月 20 日　作于京城梅地亚中心）

18 《摇篮》

——祝贺重庆校园小记者新版教材出笼！

扬在小记者脸上的自信，
长在小记者心底的善良，
充盈小记者独立的精神，
融进小记者血里的骨气，
刻进小记者命里的坚强！

（2017 年 3 月　作于重庆校园小记者协会）

19 《夫妻就像一双鞋》

不论什么样的鞋
最重要的是合脚
不论什么样的夫妻
最美妙的是和谐

男才女貌的夫妻是品牌鞋

看上去高贵，感觉上舒服
但价格昂贵，经不得泥泞
需要精心保养、时刻珍惜

青梅竹马的夫妻是布鞋
看上去朴素无华，穿起来经济
放起来了无牵挂，感觉上轻便快捷
可一旦登堂入室
总让人感觉缺了点什么

患难与共的夫妻是旅游鞋
它看上去奇特，穿上去灵巧
历经风雨泥泞也不会脱帮掉底
只要穿上，就总是和脚包得紧紧的
越是在坎坎坷坷的人生路上
越是显出耐用合脚

上路最怕穿错鞋
婚姻最怕受折磨
如果鞋子特别挤脚
要趁着还没两败俱伤
赶快换一双
切莫贪图鞋的富贵
而委屈自己的脚
别人看到的是鞋
自己感受的是脚
脚比鞋重要

一只脚是男人鞋

一只脚是女人鞋
艰难时，鞋与脚要精诚团结
富贵时，切不要将鞋子抛弃
舒适的鞋子才能养脚
如果鞋确实伤害了脚
我们不妨赤脚赶路
选一双合脚的鞋
才能走更远的路

（2017 年 3 月 21 日　作于重庆观音桥）

20 《春分》

你将春天分为两半
一半春雨歇
一半绿满眼

你将美好分为两半
一半春梦醒
一半艳阳天

你将思念分为两半
一半闺妇怨
一半鸟鸣涧

你将快乐分为两半

一半在塞北
一半在江南

春分公平分界线
黑夜白天等时间
布谷声播种正酣
一场春雨一场暖

［2017年3月22日(春分)　作于重庆山城］

21 《向往》

春暖花开，
花香满径。
这么美的路，
你陪不陪我走？
岁月匆匆，
曲径通幽。
感谢我的人生，
一直有你相伴。
只要心中有景，
何处不是花香满径。
一树花香一树暖，
一方水土一方人。
在最深的红尘里，

愿留下最美的身影。

花都开好了，

还不来看看吗？

带上好心情，

带上同行人，

一起奔向春天，

奔向这场花的盛宴。

打开它，

紫气东来！

美景不会说话，

却安安静静让人陶醉。

愿世间万象都像这安静美景，

拥有最不被打扰的美丽。

我们唱着歌，

日子慢慢过。

不知不觉，

又溜走多少春夏秋冬。

抓不住岁月的脚步，

只有细品这一刻的幸福，

生怕辜负了美景，

浪费了时光。

这条路，

我想和你一直走下去……

走到地老天荒，

走到地久天长。

等到我们都已经白发苍苍，

还要笑着陪你看细水长流。

（2017 年 3 月 28 日　作于重庆万州）

22 《仙子问禅》

梦里惊醒在三更
幻影叠嶂失心魂
仙人暗把迷津指
子欲相询却无人
叩门来把故友问
却是远游在风尘
踌躇不知何就里
又见佛家坐禅人
敛心趋前相问讯
阿弥陀佛念无声
枯枝转眼又逢春
何必不悟前世尘

注：一个至好的博友忽然关闭了博客，没有留下任何消息，不免担心牵挂。待到月余，却弄出个和尚的博客来，不知道是什么变故，才至如此心情大变？于是，便问悟其。

（2017 年 3 月 29 日　作于重庆建新东路）

23 《清明前的哀思》

一个节日，承载了千年的哀伤，
一脉血缘，牵绊住离人的归心。
一腔热情，谱写出悠久的文化，
一缕香火，继续着民族的永恒！

（2017 年 4 月 2 日　作于重庆）

24 《清明祭》

清明时节雨纷纷，
路上行人欲断魂。
父母在世常孝顺，
胜过死后空祭坟。
山珍海味满灵桌，
冥钱烧得满天昏。
如此排场行孝道？
分明是在哄鬼魂。
君生一饭知冷暖，
君死怎能闻腥荤？
活着不给父母钱，

死后烧钱更愚蠢！
世间为人儿女辈，
父母健在勤过问。
乌鸦尚知反哺乳，
羊儿跪乳懂感恩。
为人在世孝为先，
免得亡后假恩情。
请君一定孝父母，
且要善待活着人！

（2017年4月4日　作于重庆山城）

25 《唱响中国 放飞梦想》

我是中国儿童
我是中国少年
我是中国青年
走出校园
聚集央视大舞台
唱响中国
放飞梦想
展示才艺显风采

（2017年4月9日　作于京城梅地亚中心）

26 《一世情缘》外一首

翻云覆雨的夜
任思绕梁曲已终
迷乱心弦
轻叹
孤影抖闪
月碎满地
独守楼阁
无言
空等闲
悔相见
昔日如水
再也不见最初的恋
人生若只如初见
指尖未甜也无怨
凝眸
眼忧心伤轻叹恋
转身
无语凝咽景无颜
轻挥衣袖
作别那一世的尘缘
心对心
近而远

细酿醇酒久化缘
思追梦
荒无延
唯有诗行洒梦间

(外一首)

谁的等待苍老了岁月
谁的情缘模糊了视线
满怀期许
染指流年
绕指而过
我用诗篇风干记忆点点
爱，不一定合情合理
但一定知心知意
爱，不一定形影不离
但一定惺惺相惜
容颜易老
青春会跑
人生知己太少
感谢今生的遇见
庆幸这份懂得与灵魂的契合
今将《一世情缘》小诗
惠赠心友琴声
雅智静情
愿爱长长久久！

（2017年4月15日17:10作于沈阳）

27 《喜庆》

江南风光无限美，
宜兴云湖最秀丽；
宾朋齐聚云湖边，
百日童辉映华堂。

（2017 年 4 月 17 日　作于江苏宜兴）

28 《美丽江南行》

前天游览云湖边，
昨夜入住云澜湾。
正奔黄山景德镇，
准备夜宿井冈山。

（2017 年 4 月 18 日　作于江西南昌）

29 《向往未来》

小的时候
我们满心想要的都是未来
等到长大了

却有了过不去的过去

只有经过了
才能说起过去
那时花开
和那时的风景

偶尔会放一首老歌 CD
却卡在某个章节
翻不过去
这让我想起了一个错误

谁在谁的错误里
过不去那个过去
谁又在谁的叹息里
等不到一个未来

有时候我们还小
却已经老了
可有时候我们老了
却还是个孩子

当我们不再去想过去
我们就是上帝的孩子
可当我们回首往事
我们就是佛前的菩提

世界这么小

世界这么大
而我们的心啊
都这么苍老

（2017 年 4 月 20 日　作于北京通州）

30 《谷雨抒怀》

我给谷雨取了个小名叫甘霖
我又给谷雨取了个别名叫希望
谷雨到，夜断霜
生百谷，仓廪实，好酒香
生机勃勃的空气里
仿佛都是诗仙太白的味道

（2017 年 4 月 20 日　作于北京丰北路）

31 《读书》

读书，
能使人改变无知；
读书，
能使人改变命运。
读书，

能让你人生不迷茫；
读书，
能让你去实现梦想。
读书，
永无休止日；
读书，
却永远快乐。

［2017 年 4 月 23 日(读书日)　作于京城梅地亚中心］

32 《选择》

生，容易
因为
生，只是生存

活，容易
因为
活，只是活着

生活，不容易
因为
生活是精气神

精，精血，精骨
气，元气，大气
神，信仰，灵魂

生是苟且，
活在眼前，
生活是诗意，远方

你，
是生，是活？
你，
还是生活？
什么，
才是你的选择？

（2017 年 4 月 28 日　作于北京丰台北路）

33 《同志》

生活中……
与人交往，
难免有些磕磕绊绊；
懂得宽容，
让人三分，
吃不了多大的亏；
容人三分，
也不会有多大的损失；
看的开是福气！
看的淡是幸运！
生活在春风中，
享受每一天阳光。

活出自己精彩人生！

事业上……
同志好，
好同志，
携手干，
才会马到成功！

（2017 年 5 月 1 日　作于京城）

34 《五四怀想》

三十年前，
三尺讲台，
手执教鞭，
为理想意气风发。

三十年后，
苍山如海，
残阳如血，
而今迈步从头越。

三十年河东，
三十年河西，
转来转去不忘初心，
今天当中国小记者，
明天干祖国大事业！

（2017 年 5 月 4 日　作于京城梅地亚中心）

35 《心》

心，
与花的距离，
在于欣赏，
在于懂得；

心，
与世界的距离，
在于容纳，
在于敬畏；

心，
与心的距离，
在于理解，
在于真诚。

水，
本清澈，
无念；

人，
本善良，
无为；

心，
本质洁，
无心。

做一个心灵清澈的人，
一个善良的人，
一个坦坦荡荡的人。

（2017 年 5 月 8 日　作于重庆观音桥）

36 《夏天来了》

夏天来了
我摸索着余春的泪痕
悄悄地闭上了眼
不小心接受了季节的变换

夏天来了
没有人将我唤醒
雨夜雨声节奏凄清
只有青蛙在等待天明

夏天深了
阳光下树影婆娑
一棵，两棵，三棵
心却是空的

残夏落叶纷飞
是风吗？可风的一生都在逃亡
是雨吗？可雨早已伤心得没了泪滴
是你说的那句话吧，

因为你说，
“飞花似梦
丝雨如愁”

（2017年5月10日　作于北京丰台北路）

37 《阳光的路》

一条风雨沧桑的路
满载我们无悔的抱负
历经多少艰难困苦
迎来心中花团锦簇

一条联通世界的路
迈出我们追梦的脚步
走过多少日落日出
迎来今朝春光满目

人生有苦乐，前行莫畏难
悦达勇毅，共同进步
电小的路，阳光的路
识道明理，我们不虚度

幸福人生路，最贵是付出
求实敏行，勤学好悟
电小的路，阳光的路

大道远行，精彩不胜数

（2017 年 5 月 11 日　作于京城梅地亚中心）

38 《坚守》

儿时
妈妈是一艘大船
载着儿驶向大海
去追寻生命的奥秘
去探索世界的神奇

妈妈是一座高山
蕴藏着万物
哺育我成长
强壮我的身心

妈妈是一首动听的歌曲
带着我云游四方
用她那优美的曲调
颂吟着祖国的历史

妈妈是一缕春风
吹生着世界万物
盈盈的步履间
带来了勃勃的生机

妈妈是丝丝春雨

滋润着大地万物
您经历九十多个春秋
在老家仍坚守孤独
彼此牵挂无法解脱
伟大的母爱
却是终生坚守

（2017 年 5 月 12 日　作于京城梅地亚中心）

39 《伟大的母爱》

——再次献给乡下的母亲

火红五月
喜获金色奖章
手捧《世纪诗典》
阅读优秀诗歌精品
于是将我带进
遥远的家乡

乡下的老妈妈
半个世纪的孤独坚守
为的是
儿子展翅飞翔
有个好的前程结果
如今
儿孙都有了前程
老妈妈却
仍在乡下

孤独坚守

每次匆匆而来
匆匆而去
老妈妈总是
笑呵呵的叮嘱
新农村大有前途
妈妈在老家等着!

[2017年5月14日(母亲节) 作于京城梅地亚中心]

40 《母爱情深》

有一种爱无论你身处何方
都能感受她的温暖
有一种爱无论你身陷何境
都能感受她的心跳
你快乐，她幸福。
你悲哀，她哭泣。
只有她
永远不需要珍藏
却永远不会忘记
如今
儿在外
常常还被她牵挂
这就是我伟大的
老妈妈

[2017年5月14日(母亲节) 作于京城丰北路]

41 《献给天下所有的母亲》

【慈】眉善目笑声甜
【母】爱无边祝语绵
【手】握银针裙袄补
【中】原大地我家园
【线】织彩缎心温暖
【游】历神州赏秀川
【子】走他乡魂梦绕
【身】康体健幸福牵
【上】线交流网络连
【衣】食冷暖挂心田
【临】节放假常团聚
【行】路遥遥涉险滩
【密】语关怀情永驻
【密】云雾绕雨风缠
【缝】衫浆洗勤劳动
【意】乱离别倍感寒
【恐】慌在外少朋伶
【迟】返家乡泪雨涟
【迟】缓光阴容易老
【归】期早至见娘欢
【谁】人笔下恩情颂
【言】语温柔典范先
【寸】有所成心内喜

【草】青枝茂艳阳天
【心】想昔时万事艰
【报】恩养育效先贤
【得】描锦绣山河醉
【三】世今生爱永缠
【春】暖花开奇竞艳
【晖】迎璀璨奏新篇
祝愿天下母亲吉祥安康！

（2017 年 5 月 14 日　作于京城梅地亚中心）

42 《精彩人生》

男人之美在于度
女人之美在于韵
孩子之美在于真
家庭之美在于和
生活之美在于品
朋友之美在于诚

看的是书，读的却是世界
沏的是茶，尝的却是生活
人生就像一张有去无回的单程票
把握好每天的生活
就是最好的珍惜

（2017 年 5 月 16 日　作于京城丰台北路）

43 《舒适》

百善孝为先，
民以食为天。
福禄寿安康，
快乐似神仙。

（2017 年 5 月 16 日　作于京城梅地亚中心）

44 《中国梦》

习总绘蓝图，
一带又一路。
实现中国梦，
全民皆致富。

（2017 年 5 月 16 日　作于京城梅地亚中心）

45 《无题》

昨天五二〇，
今日五二一。
若是万能胶，
相粘永不离。

（2017 年 5 月 21 日　作于北京丰台北路）

46 《问候》

端午节来临了，
为我的朋友们送上问候。
一壶老酒，绵香醇厚，
一段川剧，情意悠悠，
一段岁月，难以忘记，
一句祝福，伴你左右。
星星，或明或暗，总点缀夜空；
朋友，或远或近，总牵挂心房。
一条微信，送去问候！
朋友，好久不见，
愿你生活美满、爱比蜜甜！
越忙越乱的是心情，
越想越念的是牵挂，
问候，也是思念。
距离，创造真情的空间。
幸福是每天按时吃早餐，
幸福是经常看到笑脸，
幸福是有人关心嘘寒问暖，
幸福是给牵挂的朋友送去问候。
祝福你，我的朋友
端午节安康！

[2017年5月28日(端午节)　作于重庆山城]

47 《端午抒怀》

英雄奇志在，
千古知音存。
丁酉端午至，
华夏永铭记。

心忧家国事，
情系老百姓；
两个一百年，
脱贫先致富。

中华复兴梦，
一带又一路；
改革促创新，
全球都关注。

（2017 年 5 月 30 日　作于京城三里河南里）

48 《致孩子》

——写于六一儿童节

孩子啊，我爱你
如果你想做梦

我就在梦里
挂满你喜欢的小星星

孩子啊，我爱你
如果你想奔跑
我就将太阳
磨成金色的车轮
系在你的脚上

孩子啊，我爱你
如果你想飞翔
我就为你插上洁白的翅膀

孩子啊
如果有一天
你飞累了
我就在家等你
如果你累得想哭
就到我的怀里哭吧

我的怀里
有你熟悉的星星
你可以放心的做梦
我会一直
微笑着看你
因为
孩子啊，我爱你

（2017 年 6 月 1 日　作于京城梅地亚中心）

49 《永恒的记忆》

每个人的童年
都是父母
精雕细琢的一件作品
承载着父母的梦想
他从未走远
不曾离开
总是在六月的
第一缕晨光中
款款而来
无论
你是白发飘霜
还是初为人母
飘动的红领巾啊
点亮了
一代又一代人
永恒的记忆

［2017 年 6 月 1 日(儿童节)　作于北京］

50 《喜缘》

往昔蜀道上天难，
而今山川天更蓝。

天地人和太平世，
幸福生活笑开颜。

（2017 年 6 月 6 日　作于成都）

51 《高考》

鲤跃龙门日，
少年题名时。
未来人生路，
高考转折点。

（2017 年 6 月 8 日　作于北京丰台北路）

52 《小金嘴》

知识改变命运，
语言成就未来。
小金嘴哈尔滨，
启动语言大赛。
挖掘未来人才，
展示少儿风采。
传承中华文化，
实现中国梦想。

（2017 年 6 月 9 日　作于哈尔滨）

53 《滨湖之夜》

流光溢彩不夜天，
水上黄龙迷倒欢。
黄龙飞舞天堂生，
此处醉景赛神仙。

[丁酉年农历五月十七日午夜　作于太湖明珠——滨湖(无锡)]

54 《苏南太湖行》

苏南太湖行，
吴锡作首选。
太湖明珠美，
锡城放异彩。
运河绝版地，
江南鱼米乡。
太湖佳绝处，
毕竟在鼋头。

(2017 年 6 月 10 日 20:56　作于江苏无锡)

55 《祝福》

祝福云贞喜满堂，
李郭仙舟美名扬。
云中仙鹤正当阳，
贞操永葆高风尚。
生活甜蜜万年长，
日常银屏闪光亮。
快人快语好心肠，
乐随心动喜洋洋！

（2017 年 6 月 13 日　作于京城梅地亚中心）

56 《追思天堂里的父亲》

不论是我生父
还是我的养父
都是我终生的遗憾
不到三岁
养父上天堂
至今无记忆
这是我终生的遗憾
二十五年前

生父被无情的病魔
带进了天堂
由于当年工作原因
我却无法返家戴孝
连一张遗像也没保存
这是我终生的遗憾
二十五年来
每当逢年过节时
是我对生父深深地怀念
怀念他从没把我抛弃
怀念他在艰苦的岁月
做了我坚强的后盾
劳苦耕作挣工分
换成人民币一分一角
供我生活和上学
不管是小学还是初中
高中甚至大学
每当想起这些
心里却无法平静
也无法用语言表达
文字描述
借丁酉父亲节
追思天堂里的父亲
怀念父亲
父爱似海
博大而宽容
怀念父亲

父爱如山
厚重而深远

［2017 年 6 月 18 日（父亲节） 作于北京］

57 《父亲节快乐》

今天的空气，
弥漫着温馨的气息。
今天的阳光，
张扬着暖人的醉意。
今天的花朵，
绽放着柔柔的甜蜜。
今天的清风，
轻拂着凉爽的情意。
今天是父亲节，
让我们拥有了，
这个世界上最深切的感触。

（2017 年 6 月 18 日 10:16 作于北京丰台北路）

58 《有备无患》

夏至京城凉，
迎风扑面爽。

明有雷电雨，
今夜早预防。

（2017 年 6 月 21 日 21:29　作于北京丰台北路）

59 《痛失大嫂》

敬重的张震方大哥之妻身患肺癌医治无效，于 6 月 14 日在哈尔滨胸科医院不幸去世。小弟特写此文悼念大嫂！

十天以前，
病房拜见，
大嫂哑语，
手势比划，
彼此祝福，
呜呼哀哉！
惊悉噩耗，
大嫂归去，
叩首拜跪，
吊之以文，
时值盛夏，
当午似煎，
骄阳溶血，
炎热酷暑，
毒日烈光，
烧烤熏蒸，
昊天罚我，

夺我嫂命。
哀哉我嫂，
恶疾侵身，
哀哀大哥，
求医拜诊，
医道仙界，
尽心竭力，
苍天不佑，
冥道无情，
难留嫂命。
天堂大嫂，
一路走好！
震方大哥，
痛苦至极，
小弟只劝，
节哀顺变，
大哥保重，
生活继续！

（2017年6月19日　作于京城梅地亚中心）

60 《生命礼赞》

今日六月六，
过半无成就；
五十已过三，

命运不怨天。
追逐梦历程，
哪有不曲折；
生活须继续，
怨天不尤人。
常怀感恩心，
幸福满天星；
责任不懈怠，
家和万事兴。

2017年6月29日（农历六月初六），迎来了人生第53个春秋，遐想颇多。知道了自己的命运轨迹，不怨天；知道了自己的人生定位，不尤人；知道了自己未竟的责任，不懈怠。圆梦尚未成功，还需继续努力！

61 《一心跟你走》

翻开你史册上的荣耀
我泪流双眸
牵缕你旗帜的霓虹
我编织生命风流
一把镰刀书写多少骄傲
一把铁锤打造心中追求

啊，跟你走
一心跟你走
你带领我们
求得解放赢得自由

啊，跟你走
一心跟你走
你开辟的幸福路
我们越走越锦绣
看见你旗帜的风采
我热血奔流
喊声你亲爱的妈妈
我总把阳光拥有
改革硕果香飘古老神州
追梦中国号角大地吹奏

啊，跟你走
一心跟你走
你带领我们
继往开来再写春秋

啊，跟你走
一心跟你走
你指引的复兴路
我们越走越锦绣

（2017年7月1日　作于京城梅地亚中心）

62 《夏雨》

昨夜迎来雷阵雨，
今天换来一片凉。

京城清新空气好，
市民漫步满街头。

（2017 年 7 月 4 日　作于北京丰台北路）

63 《人生七法则》

第一则：
工作不养闲人，
团队不养懒人。

第二则：
入一行，
先别惦记着能赚钱，
先学着让自己值钱。

第三则：
没有哪个行业的钱是好赚的。

第四则：
干工作，没有哪个是顺利的，
受点气是正常的。

第五则：
赚不到钱，赚知识；
赚不到知识，赚经历；
赚不到经历，赚阅历；

以上都赚到了，
就不可能赚不到钱。

第六则：
只有先改变自己的态度，
才能改变人生的高度。
只有先改变自己的工作态度，
才能有职业高度。

第七则：
让人迷茫的原因只有一个
——那就是本该拼搏的年纪，
却想得太多，
做得太少！
送君三个字：用心干！

（2017 年 7 月 6 日　作于京城梅地亚中心）

64 《小暑随感》

小暑为小热
虽然不太热
旱涝风雷电
随时会出现
防暑又防身
防灾则防生

常有警惕性
幸福伴终身

（2017 年 7 月 7 日　作于京城三里河南里）

65 《宁静致远》

清浅岁月
流年花开
静静地倚靠着
生活的平凡和安稳
坐拥一份
心中的娴静和安然
沏一室茶香
捧一卷诗书
品茶中余韵
觅书香芳华
胸怀自会开阔
心中自有生香

（2017 年 7 月 8 日　作于中京城梅地亚中心）

66 《难忘 7.13 之夜》

观茅台，住茅台，喝茅台，迷醉在茅台，梦家乡。
魂已断，曲空传，人已远，清目血泪含，坠红颜。

（2017 年 7 月 14 日凌晨 3 时　作于贵州省茅台镇）

67 《庆祝建军 90 周年》

威武雄壮解放军，
解放中国立功勋。
保家卫国敢担当，
军民团结稳乾坤。

（2017 年 8 月 1 日　作于北京丰台北路）

68 《天佑九寨》

惊闻噩耗夜难眠，
泪泣龙山九寨牵。
一路残垣悲悯地，
千般离恨奈何天。
纵无胜境平安送，

唯有亲情骨肉连。
祈愿神州灾难少，
风光依旧美人间。

（2017年8月11日九寨沟震后　作于北京）

69 《神奇向往》

古往今来
寒来暑往
中华发生了
许多美丽的传说
前世的轮回
今生的吟唱
君不见海枯石烂
地老天荒
不忍见
鹊桥上浸满了
相思的泪
仰天横空
泪眼相望
银波闪闪
愿君七夕节快乐！

［2017年8月27日（七夕节）　作于京城］

70 《自然》

人生在世，
一辈子不长，
只要你尽过心，
用过情，
也就不必遗憾，
更是不必去悔恨。
多行善，
福必近；
多为恶，
祸难远。
不奢求，
心易安；
不冒进，
则身全。
心小不容蝼蚁，
胸阔能纳百川。
顺境淡然，
逆境泰然。
不自重者取辱，

不自足者博学，

不自满者受益。

（2017 年 8 月 29 日　作于重庆观音桥）

71 《变》

苦其心志

劳其筋骨

饿其体肤

空乏其身

内外交困

度日如年

入不敷出

举步维艰

扶贫扶志

创新创意

不忘初心

继续努力

——来自隐形老庚的呐喊

连日来，笔者作了大量社会调研，发觉社会上有很大一部分人群，特别是60年代一部分人把经历的痛苦喜欢独吞，不愿诉说，读过圣书的老庚“死要面子活受罪”。于是，9月4日特为他写出了如上诗篇。

72 《人生之歌》

各位好友，品之有味，做之有益；陶冶情操，健康长寿。

……

天尚好，
云已散，
夕阳正把黄昏恋；
退了休，
上了岸，
人生旅途又一站；
图心宽，
求康健，
是是非非全看淡；
钱多少，
莫细算，
多活几年就是赚。
柳树旁，
小河畔，
手把鱼竿放长线；
没有鱼，
也无憾，
开心健体是关键。
练歌房，
把歌练，

好歌不怕唱千遍；
心情好，
唱不厌，
所有烦恼都驱散。
保健康，
驱病患，
早晚户外走两遍；
老姐妹，
炫一炫，
广场跳舞比曲线；
扭秧歌，
舞长扇，
练就一副好身段；
保健品，
不保健，
不如每天都锻炼。
静与动，
常变换，
电视闲书适当看；
取笔墨，
拿纸砚，
文房四宝摆上案；
先抬肘，
再悬腕，
飞笔行墨似舞剑；
人难免，
有恩怨，
就此一笔全了断。

学诗词，
阅万卷，
写得春天百花艳；
写内心，
写表面，
写好人生各阶段；
写春鸟，
写秋雁，
春花净尽秋花绽；
说一千，
道一万，
夕阳红时最风范。
玩潇洒，
寻浪漫，
不如围着老婆转；
切个葱，
剥个蒜，
帮着家里做做饭；
巧使劲，
不怕慢，
时间一长就熟练；
家务活，
都会干，
全听老婆一声唤；
出点力，
流点汗，
争取当今模范男；
心态好，

是关键，
老来幸福金不换！
带老婆，
四处转，
游遍山水拜寺院；
抽了签，
笑满面，
给点阳光就灿烂；
老贤妻，
心慈善，
花点闲钱为还愿；
为孙子，
要还愿，
因为过了分数线。
对儿女，
别埋怨，
遇事多把自己劝；
儿女钱，
也有限，
给他火盆添点炭；
虽有理，
也不辩，
姑爷媳妇不讨厌；
对生活，
不厌倦，
要为家庭做贡献。
老朋友，
想见面，

不能见面也无憾；
感情深，
未必见，
只要心里常挂念；
玩微信，
点个赞，
不是相见似相见；
山不转，
人还转，
总有机会能见面。
出远门，
要防范，
小心上当别受骗；
花一百，
得一万，
这事纯属是扯淡；
不乱走，
不乱窜，
不该看的咱别看；
各种骗，
都出现，
把住思想一闪念；
小便宜，
不能占，
别想天上掉金蛋。
不传谣，
不杜撰，
不给社会来添乱；

早中晚，
三顿饭，
多菜少肉常吃淡；
宁可缺，
不可滥，
养成饮食好习惯；
学饮食，
长经验，
吃好这碗长寿面；
坏毛病，
快改变，
要给身体道个歉。
进豪宅，
住宝殿，
不如安居两间半；
杂物多，
理还乱，
但凡老伴愿意看；
孙子乖，
绕膝转，
天天都把爷奶伴；
想观景，
家里看，
这是一道风景线；
走好路，
往前看，
回头未必就是岸。
没有愁，

没有怨，
幸福晚年才实现！

（2017年9月7日　作于重庆建东路）

73 《中秋诗二首》

《守望》
滴答透心凉，
八年梦漫长。
经历若干事，
泪洒愁断肠。

《追梦》
独守空门过中秋，
一碗抄手解忧愁。
无须心系不堪事，
永闯天涯不回头。

（2017年中秋夜　作于山城）

74 《老师：您好！》

随风潜入夜，

润物细无声。

那一年，我们年少无知，

这一年，我们开始懂你。

懂你的滔滔不绝，

懂你的挥汗如雨，

懂你的批评教诲，

懂你的良苦用心，

懂你的平凡与伟大。

我们之所以能成为现在的我们，

是因为有了老师！

千言万语，

道不尽那年那月那日，

无尽的恩情，

永远铭记心中。

在这个特殊的日子里，

我要祝福您：

我的老师，

您辛苦了！

[2017 年 9 月 10 日(教师节)　作于重庆山城]

75 《中秋节快乐》

【中】秋赏月好时光

【秋】意渐浓桂花香
【佳】节喜庆秋色怡
【节】日花好月更圆
【快】将诗情斟满杯
【乐】教福音唱九霄
【心】弦旖旎随风舞
【想】望千里共此时
【事】有新奇传佳话
【成】就美梦享朦胧
【但】愿相见嫦娥美
【愿】君团聚来赏月
【人】世沧桑从头看
【长】思相忆逢梦乡
【久】缘摇响相思曲
【千】丝万缕情意浓
【里】程年年十五月
【共】赏相依情似锦
【婵】婵情思尽欢腾
【娟】娟缠绵月儿圆

[2017年10月4日(中秋节)　作于重庆观音桥]

76 《人民万岁》

十五月亮十六圆，

国庆中秋喜相连。

举国上下共祝愿，

人民幸福万万年。

（2017 年 10 月 5 日　作于重庆山城）

77 《学书画》

白石虾米悲鸿马

大千山水名天下

今日时代得和平

富裕人间万万家

习书学画你我他

谁个不想成大家

泼墨挥墨苦寒夏

望有一日名天下

（2017 年 7 月 12 日　作于京城梅地亚中心）

78 《遇见你，不容易》

遇见你不在青春

却让我懂得了

自己存在的意义
所以我更愿意
珍惜这份缘到白发

生命里总有一个人
用他的经历
照亮了你的全部
我们能够遇见并爱着
就是最开心的事情

直到遇见你
我才发现
自己的人生竟是如此的美丽
我才品尝到
一份来自灵魂深处的
甜蜜的颤栗

真正的爱情
是用一颗心
换得另一颗心
心海里起伏的波澜
都是我为你幸福的声音

人生用坎坷换来的幸福
真的来得好不易
一份跨越了

千山万水的相遇
让我相信了缘分的神奇

在有生之年
让这一段故事
更多一些浪漫
更多一些诗意
相信一切都是最好的安排

在心的旷野里
为你开一朵温柔的花
让我们一起静静享受
这段只属于我们的光阴
无论以后发生什么
让我紧紧拉着你的手不放开
……

（2016 年 8 月 9 日　作于京城梅地亚中心）

79 《悼叔父李永琏》

恸闻鹤驭赴瑶台，
千呼万唤不归来；
肃立青松含露泣，
飘摇野草伴风哀。

笑貌慈容渐缥缈，
天光云影共徘徊；
此去路遥多走好，
福佑后昆文武才。

一生授业呕心血，
两袖清风树表率；
家教家风并家训，
优良作风永传承。

（2017 年 7 月 8 日　作于重庆万州）

80 《荷花赞》外一首

自唱歌声耳边绕，贺语随风花枝俏。
荷叶伴蝶翩翩舞，花落琴弦音韵妙。
在京遥望西南方，万般无奈苦相思。
有风指尖白云飘，情深似海在今朝。
生凭如莲不染尘，日出东方入云霄。
快乐清风蝶飞舞，乐于花开尽逍遥。

(外一首)

一阵和风万叶翻，
丹霞翠羽缀晴川。
开合舒卷随天意，

真美原来是自然。

（2017 年 7 月　作于北京颐和园）

81 师道赋　诗三首

——贺教师节

(一)

几曾成泥碾作尘
独面风雨向黄昏
只手撑起参天树
换来身后万千林

(二)

汉赋唐诗多吟咏
元曲明章著风流
师说一篇传千古
从此人人效孔丘

(三)

鞠躬尽瘁谓何求
三尺讲台铸方舟
竭诚助力游学海
书山顶上斥方遒

祝天下教师节日快乐！

（2017 年 9 月 10 日　作于重庆）

82 《水先逝，弱骨裂》

河不在了，石头固执的守在原处
它们说，水是因为
柔软走上绝路的，作为动作迟钝的杀手
它们曾多次洗刷过
手掌，曾试图毁灭来路不明的纹路
并斩杀蒺藜，那时
呻吟漫过干涸的身体
很像一群在冬天失去蜂巢的
花蜜蜂

的确，我没剩多少底气
在越来越薄的外壳下，我大口地喘息
像一束微弱而又淡漠的光
鸟儿们飞得太低，它们掠过的剪影
如同画在白纸上的理想
远方的山、水、天空和草原
都躺在笔和色彩之下
稍不留意
就会被手撕碎

（2017 年 9 月 12 日　作于京城梅地亚中心）

83 《秋夜思》

天籁抚琴静无音，
相视无语了明心。
一年一度仲秋月，
梦中相遇总温馨。

落叶归根依旧亲，
寒鸦枝头岁临新。
远思近见待何日，
夜夜期盼总如今。

（2017 年 9 月 20 日　作于京城梅地亚中心）

84 《绽放人生》

人，不能忘本；
心，不能忘恩！
知感恩者，得人心；
得人心者，受人尊；
受人尊者，必有品！

85 《中秋感言》

一轮明月空中挂，
花好月圆美如画。
浪迹天涯共此时，
复兴之路耀中华。

（2017 年中秋节）

86 《故乡行》有感

八十年代别故乡，
百善之中孝首扬。
离别故乡三十载，
年复一年牵挂娘。
欲想实现安家梦，
更须努力奔小康。
他乡游子返故里，
才知老妈倚门望。

（2017 年 10 月 20 日　作于重庆）

87 《向桥梁建设者敬礼》

桥梁工人不简单，
坐着吊篮往上攀；
他们动作很熟练，
好似小孩荡秋千。
左右开弓一起上，
来把表面打磨光；
再把颜色给涂上，
桥墩显得更漂亮。

（2017 年 11 月参观重庆嘉陵江在建桥梁工程有感而作）

88 《泪别二姐夫》

惊悉姐夫驾鹤去
人间天堂皆有趣
阴阳相隔一瞬间
珍惜当下常相聚

（二姐夫黄怀忠于 2017 年 11 月 20 日 10 时 30 分病逝万州区人民医院；作于当日中午前往万州动车途中）

89 《怀念生母》

鄙人远在异乡客，
诀别娘系二十七。
西南重庆空缱绻，
巴山江水共伤悲。
西风回转相愁绝，
血雨冰心同泪飞。
今跪地门三叩首，
借母生辰感天恩。

（生母张学梅，诞辰于1927年农历十月十六日丰都中和场张家湾，卒于1990年9月30日李家沟）

90 《新岁感怀》外一首

一缕愁怀不可删，经年羁旅总思还。
行吟感逝青衫老，鬻纸留痕墨色斑。
草树无心沾客泪，浮云有梦越关山。
几许实现自己梦，遥指倒挂天际间。

(外一首)《随想》

谁愿意

冥思苦想一个问题
人活着
究竟有什么意义

好像无从说起
又好像从没
问过自己

问苍天
天无应
只把万物普照润浴

问大地
地不语
只把一座座山峰托举

问父母
把孩子抚养成人
是我们一生的目的

也有的不屑回答
他们从未审视过内心
与僵尸无异

（作于 2018 年 1 月 1 日凌晨）

91 《百年之约　珍惜当下》

——观蓝血月全食有感

今夜天空中的月亮
一会儿红
一会儿蓝
尽管你在南
我在北
忙碌得披星戴月
然而我们
熟视无睹的还是星月

今晚的月
你悄悄地
蒙上眼睛
猜猜你是谁
我是谁
我的眼前
特别的属于
百年之约
瞪大双眼
仰视着月全食的天
寒风刺骨
丝毫挡不住

身心的惊奇挂牵
“天狗吞月”
这是小时大人
讲给我们的故事
天体的运行
自然稳健
变化万千

一会儿红
一会儿蓝
超级蓝血月全食
今晚出现在眼前
百年后
我不在
你也不在
人生也一样
珍惜当下际遇
顺应时光变迁

（2018 年 1 月 31 日　作于京城梅地亚中心）